啊！

冯骥才 著

作家出版社

图书在版编目（CIP）数据

啊！/ 冯骥才著．-- 北京：作家出版社，2025. 8.
--（冯骥才小说文库）. -- ISBN 978-7-5212-3650-7
Ⅰ. I247.5
中国国家版本馆 CIP 数据核字第 2025H42S37 号

啊！

作　　者： 冯骥才
策划编辑： 钱　英
责任编辑： 省登宇
装帧设计： TT Studio
出版发行： 作家出版社有限公司
社　　址： 北京农展馆南里 10 号　　**邮　　编：** 100125
电话传真： 86-10-65067186（发行中心）
86-10-65004079（总编室）
E-mail:zuojia @ zuojia.net.cn
http://www.zuojiachubanshe.com
印　　刷： 北京博海升彩色印刷有限公司
成品尺寸： 145 × 210
字　　数： 320 千
印　　张： 14.75
印　　数： 001—5000
版　　次： 2025 年 8 月第 1 版
印　　次： 2025 年 8 月第 1 次印刷
ISBN 978-7-5212-3650-7
定　　价： 52.00 元

写作中的冯骥才

摄影：ALEXANDER RUAS（美）

冯骥才

1942 年生于天津，祖籍浙江宁波，中国当代作家、画家和文化学者。在中国当代文学史上，冯骥才是新时期崛起的第一批作家，也是“伤痕文学”的代表人物，其作品题材广泛，形式多样，尤以“文化反思”系列小说著称，多次在国内外获奖。已出版各种作品集二百余种，代表作有《啊！》《雕花烟斗》《高女人和她的矮丈夫》《神鞭》《三寸金莲》《珍珠鸟》《一百个人的十年》《俗世奇人》《单筒望远镜》《艺术家们》等。作品被译成英、法、德、意、日、俄、西、阿拉伯等二十余种文字，在海外出版译本六十余种。冯骥才的绘画以中西贯通的技巧与含蓄深远的文学意境见长，因此他又被称为“现代文人画的代表”。自 20 世纪 90 年代初以来，他投身于中国的城市历史文化保护和民间文化抢救，其倡导与主持的中国民间文化遗产抢救工程、传统村落保护等文化行为，对当代人文中国产生了巨大的影响。

◎《铺花的歧路》 1979 人民文学出版社

第　一　卷

◎《铺花的歧路》首版第一卷卷首插图 1979 沈尧伊作

◎ 左：“枪头上还粘着那块血” 1979 沈尧伊作

◎ 右：第二卷卷首画 1979 沈尧伊作

◎『你真的永远也不能原谅我吗？』1979 沈尧伊作

◎『她骑马往回走，一点力气也没有了。』1979 沈尧伊作

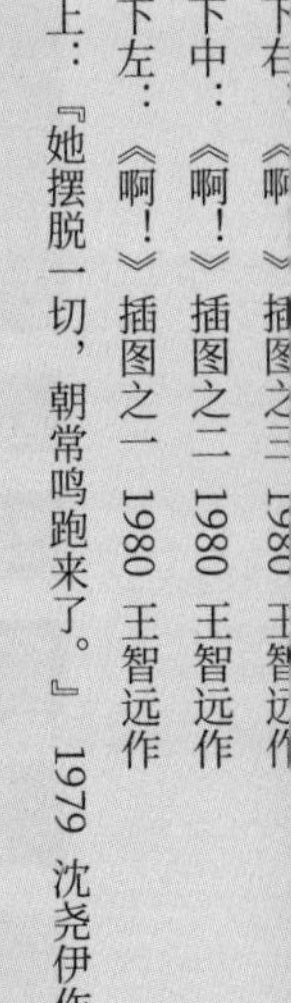

◎下右：《啊！》插图之三 1980 王智远作

◎下中：《啊！》插图之二 1980 王智远作

◎下左：《啊！》插图之一 1980 王智远作

◎上：『她摆脱一切，朝常鸣跑来了。』1979 沈尧伊作

◎曾经为自己的《啊！》设计的封面草图

Feng Jicai

Ach!

Ein Kurzroman

Aus dem Chinesischen übertragen
von Dorothea Wippermann und
mit einem Nachwort von Helmut Martin

Eugen Diederichs Verlag

◎为德文版《啊！》自绘的主人公吴仲义的形象

◎《雾中人》 1983 百花文艺出版社

◎右：『在大雾里，她那通身乌黑的身影飘然而去。』 1983 沈尧伊作

◎中：『幸福使人长久幼稚，苦难使人很快成熟。』 1983 沈尧伊作

◎左：《雾中人》首版插图 1983 沈尧伊作

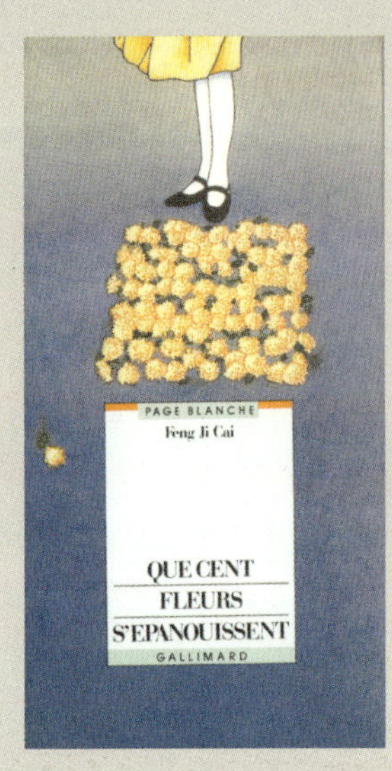

◎下右：《感谢生活》西班牙文版 1997 西班牙 EVEREST

◎下左：《感谢生活》意大利文版 1995 意大利 EDIZIONI E · ELLE

◎上右：《感谢生活》法文版 1990 巴黎 GALLIMARD

◎上左：《感谢生活》1995 江苏文艺出版社

左：“火车已经开过三站……”（法文版《感谢生活》的插图）

右：“不幸者不敢轻信于人”（法文版《感谢生活》的插图）

◎ 左：黑儿（法文版《感谢生活》的插图）

◎ 右：“无论你怎样，我都跟着你”（法文版《感谢生活》的插图）

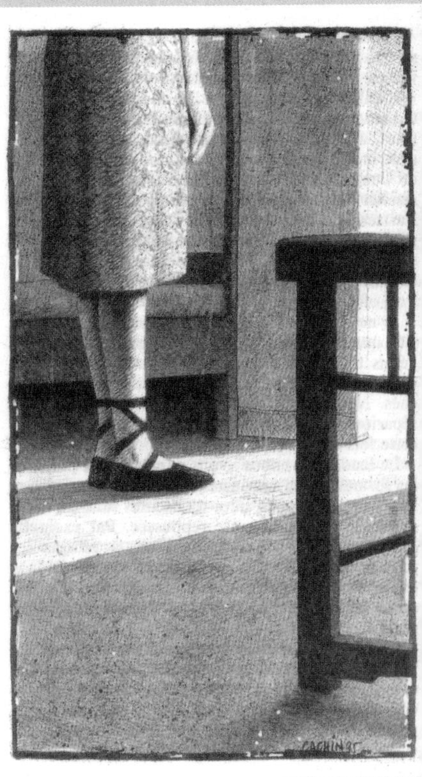

◎ 左：“我砸的好像不是画盘，而是普普通通的土块”（法文版《感谢生活》的插图）

◎ 右：“世界上有这么多可爱的事，我才不死呢！”（法文版《感谢生活》的插图）

◎『火车已经出站，天已经亮了。』（法文版《感谢生活》的插图）

我的小说库

（自序）

作家出版社要帮助我以出版方式建立起我的小说库。这想法我不曾有过。

从字面上解，库是存放或收藏东西之处。“我的小说库”应是专放我的小说的地方。可是我的小说都在哪里呢？还不清楚。

和多数作家一样，每写完一篇小说，发表或出版后，便不会再去顾及。写作时与小说的情节、人物、细节、语言死死纠缠，以至“语不惊人死不休”。待写完发表后，便与小说的一切再无瓜葛，很少去翻看，有的甚至一眼也没再看过。为什么？作家竟如此无情吗？当然不是，是因为作家把自己的全部心灵、精神与创造力，都放在下一部小说里了。

作家的工作就是不断拿出对生活的新发现、对文学的新理解，创造出具有新的审美价值与思想深度的作品来。作家永远属于将要写作或正在写作的作品。这样，一路写下来，一边把一篇篇小说交给读者，一边随手放在身边什么地方。丰子恺说放在身边一个篮子里。我没有篮子，我随手乱放。

断断续续写了四十多年小说，究竟写了多少，都是哪些小说，我不大清楚了，以致今天整理我的小说库时，充满了好奇——我怎么写过这篇小说？那篇小说又写了什么？时隔久了，记不清楚，这很自然，就像分别太久的老朋友们。

但谁还需要这些在岁月里长了胡子的小说？

前些天法国一位艺术家把我一个短篇改编成话剧，要在戏剧节上演。据说她很喜欢这个叫人发笑、自谑性、黑色幽默的故事。这小说名叫《我这个笨蛋》，是我1979年写的小说。细节大多记不得了，只记得这小说充满了批判性的调侃和那时代的勇气。还有一次，我收到一位意大利读者寄来的一支名贵的石楠木刻花的烟斗。他是看过《雕花烟斗》后受了感动寄给我的。《雕花烟斗》是我的第一个短篇，写于上世纪七十年代末。

我很奇怪，这些早期的小说还有人会读吗？读者没有把它当作陈谷子烂芝麻吗？其实对于读者来说，没读过的书永远是新的。或者说，书不分新旧，只是有没有阅读价值。有的小说会过时，有的小说可以跨时空。好小说是不长胡子的。

由于这次对“小说库”做整理，我才知道几十年里我写了一百多部长长短短的小说。现在，当我触摸它们时，我仿佛碰到了一个个阔别已久的朋友，感到一种老友重逢的欢悦，我很快拥抱起它们！我闻到了它们曾经的动人的气息，看见了它们昔日的光影与表情，甚至感受到那些过往生活特有的一切。尽管昔日里年轻、单纯还幼稚，但是我被自己昨日的真诚与情感打动了。我从中发现我曾经苦苦的追求、曲折的探索、种种思考，以及得与失，它们原来全在我的小说库里。

只有我离开过它们，它们从来没有离开过我。

在写作中，小说是其中一种；但小说不同于其他写作，它是一种特殊的写作，是虚构的、无中生有的、想象的、创造的。它通过现实主义的写作，对社会现实做出一己的判断；采用浪漫主义的写作，张扬生活情感与想象；凭借荒诞主义写作，强烈地表达生活与人性中的假恶丑与愚昧。一个作家不会只用一种手法写作。何况我生活和写作的城市又是一座“天下无二”的“双城”：一半本土，一半洋化。我是吃着两种食品——煎饼果子和黄油面包长大的。我在两种文化的融合又撞击中生存，我不同于任何人。因之，我的小说世界错综复杂，我的探索之路辗转迂回；尽管小说是纯虚构的，但它或隐或显地折射出我身处的时代的变迁、特异的地域和我人生与精神多磨的历程。

本小说库凡八卷，长篇两卷中篇三卷短篇三卷。虽非全集，略做取舍，但它是我迄今为止小说作品最为齐全的版本。其本意为二：一是为读者提供我小说作品的全貌；二是为自己漫长的小说人生留下一份见证。

为了这个小说库，我的工作室同仁和作家出版社编辑们对我散布各处的小说广为搜集，严格整理，勘误改正，悉心尽力；此事此意，有感于心，在此一并深表谢意。

是为序。

目录

铺花的歧路

第一卷

乌云在无声的静寂中会合。忽然，闪电用它尖利的手撕裂天空，霹雳用它粗壮的声音的锤震撼大地，狂风搅动起一切空间。大自然在这紧张的喧啸中显出蓬勃的活力。万物被暴雨猛烈地、彻底地冲刷之后，涤尽了污垢，无一不呈现出本色。汹涌的洪流使旧日沉默下来的长江大河重新变得生气十足，然而，它不可抑制地冲决堤坝，泛滥开来……

回溯一下吧，六十年代中期我们生活中骤起的无比剧烈的风暴！

这是光明赢得了胜利之后，光明与黑暗斗争的一次大反复。

一下子，无形潜在的对立，变得具体可见，尖锐地冲突起来，殊死地搏斗着。所有人的目光都从日常的事物上移开，凝望着一件抽象的最庄严的大事：党、国家、民族和阶级的命运，也思考着自身。几万万人，不管是投进，还是被卷进，都在这急转的斗争旋涡中跃动。千千万万人的命运在发生转折。

霎时间，界限没了，准绳没了，秩序没了。更多的是怀疑而不是信任，更多的是废除而不是保留。存在的一切，都需要重新甄别、判断和划分。一切人都要重新站队。然而，敌人依然不都站在敌人一边。一些人过了时的面具揭去了，另一些人悄悄蒙上更应时的面纱。敌与友、真与假、忠与奸、是非和曲直全纠缠一起。赤诚的战士、政治的赌徒、利欲熏心的冒险家、化了装的魔鬼，一时混杂不清。拔剑相向的双方有时恰恰是阶级的手足，并肩的伙伴很快又化为仇敌。这是空前奇特的、不可思议的、不拿枪的大混战。

斗争渴望思想，行动需要精神。在众人注目的地方，领袖挥动着巨大的、那样的手臂，他把他发现的真理交给人民去实践。当一种思想被奉为法典而具有至高无上的权威时，它精确的成分会建立宏勋，谬误的成分就会化为灾难。检验它的代价无法计算。另一边，权威在被窃用，真理在被偷换。冒牌货总有它更为炫目的外表。隐身的骗子们在蜜果四边撒下拌了糖的毒粉，在征途两旁布下铺了花的歧路。分辨它，不单需要时间，还免不了经受痛苦的磨难、上当、受害，留下深深的创伤。这也是成就一身钢筋铁骨前真正的锤炼。历史即便在重复，也以一种完全陌生的、全新的形式开始的。革命是开天辟地，不是精雕细刻。它要创造前所未有的事物，它把它的教训留给后人。

现在呢？炽烈的气氛像热空气注入人们的大脑。脑袋里的细胞发了酵似的膨胀起来……

一

白慧，十七岁的姑娘，高中二年级的学生。她穿一身绿色的军衣，和她的同学们站成一排，横穿马路，像占领城市的队伍那样把一条街的街口封锁住。

身后是他们的学校。今天，另几个学校在这里联合开批斗大会。白慧他们执行保卫会场的任务。

他们的左臂上套着一色鲜红的臂章。在那过去的、使人不能忘怀的、可歌可泣的时代，红军、工人纠察队、农会，都戴过它。这是正义、光荣和神圣的标志。她感到今天戴上它，不单很神气，还意味着过去那严酷的斗争又回到身边，红色的天职落在他们身上。他们每人手里端一支军事操练用的模拟的木枪，并不觉得是一种象征。感觉是真枪，是讨伐旧世界残余的逼真的武器。

愤怒的火在白慧心里猛烈地烧着。心里没有杂质，火烧得那样纯，还有两朵炽热的小火苗跳到她细长的眼睛里。在挑起来的黑眉毛下边，闪出逼人的利剑似的光芒。这张白皙、清秀的少女的脸儿冷若冰霜。她抬着细俏的下巴，凸着微微隆起的胸膛，双手像拼刺那样端着木枪。自我的正义感在她身上塑造了一副感人的姿态。

她和所有的女同学一样，把辫子塞进军帽里。军裤簇新而碧绿；军衣褪了色，是爸爸当年的战服，曾在漫长的征途上雨淋日晒发了白，有硝烟熏黄和子弹擦过的痕迹。袖子上还有一个枪洞，正是爸爸当年负伤的地方。这个洞眼已经给一块略新些的绿布补上了。细细的针脚是死去的妈妈留下的纪念。爸爸一直珍藏着它。白慧非要不可，因为穿上这件褂子会感到充实，增添许多力量和勇气。

褂子大。她个儿不高，还没有长饱满。帆布腰带紧紧一扎，下边的衣襟像短裙一样张开。

后面有人喊她。她回过身。

一个瘦高、穿绿军衣绿胶鞋的小伙子跑来，到了她的面前。这小伙子长得端正，脸盘瘦削，轮廓像刀刻那样清晰有力。一双眼大而亮，显得很精明，只是两眼的距离近了些，挤在隆起的笔直的鼻梭两旁。他叫郝建国，现在改名叫作郝永革，是白慧的同班同学。原先，郝建国是学校团总支副书记，白慧是总支委员。目前，共青团不再工作，学校、教师、同学这些概念也不存在了。他们一切都是军事化了，红卫兵这个极端的组织取缔并代替了一切。郝建国做了连长，白慧是排长。噢，对了！连排长的胸前还都悬挂一只亮晶晶的金属哨子。

“白慧，批斗会马上开完了，各校押走的那些坏家伙都要从这儿经过。咱们拉开阵势，等他们来了，再狠狠压压他们的气焰！”

白慧嘴唇抿得紧紧的，在微微张开的唇缝里吐出三个字：“我知道！”

白慧吹响哨子，下了命令。她的一排人立即向后转。一排木枪头向着学校的大门。

大铁门漆成红色。一旁方形的洋灰门垛上挂着校牌。在迅急扑来的新思潮中，校名改了，来不及重新刷写，就在牌子上贴一张刺目的黄纸，写上“红岩中学”四个墨笔字。大门两旁的高墙全被大字报盖住。这些大字报揭发、谴责、控诉昨天站在讲台上的所谓“有罪”的人。无数粗大的惊叹号和狂怒的词句混成一片。“我校必须大乱！”“坚决砸烂校党委！”“横扫一切牛鬼蛇神！”等大幅横标穿插其间。远处，教室大楼、办公楼、图书馆、实验楼，从下面墙根到三楼的陡壁也都给大字报和标语包严。看不见砖，像一个写满了字的大纸盒子。屋顶上插着红旗，站着几个绿色的小人影。那些小得勉强能看见的胳膊激烈地挥动着。

校园里的批斗大会进行最后一项：呼口号。一阵阵接连不断的声讨“敌人”的怒吼，如同重炮阵地在打炮。巨大的声浪越过院墙，像擂动战鼓一样擂动白慧的心。她的脸颊火辣辣的，烧得通红通红。紧攥着枪杆的手背上的血管，像秋海棠的叶脉那样鼓胀起来。

郝建国大步跑到一排人面前，仰起头高喊：“同学们！敌人就要来到咱们面前。对敌人应该怎样？”他的声音很嘹亮，金属一般，像吹铜号。

“狠！”一排人整齐地呼答同一个字。

郝建国满意又振奋。他看了白慧一眼。

白慧没喊出声。她心里有更激荡的字眼。

大门开了。

被斗争的“罪人”排成竖行走出来了。按规定，他们穿蓝或黑的褂子和裤子。一律低头，垂着胳膊，慢腾腾地走来。两旁是持枪的学生，像押解俘虏那样。

这些人在白慧的眼里逐渐清楚了。高的、矮的、男的、女的、胖的、瘦的、白头发的、花白头发的和黑头发的；还有的被剪成秃头的。他们一概失去了素日的精、气、神。狼狈、灰溜溜、服服帖帖。一大群学生在后面呼口号。

郝建国在她耳边说："中间开个口。叫他们一个个通过。认罪、态度老实的，放过去；不老实的，打灭他的气焰！"

封锁线中间开一个小口。

白慧端着光溜溜的木枪站在一边。郝建国倒背手威严地站在另一边。第一个俘虏走到通过口。他在白慧硬邦邦的枪头前停住了。郝建国用审问的口气喝道："你是干什么的？"

"我吗？"这是个瘦瘦的人，头发很长。他略微仰起头说，"我是图书馆的管理员。历史上当过……当过中统特务……可是早已结案了。"

"放屁！"郝建国立即怒叫起来，"什么结案？！以前结的案，今天都不算了？！你那是给修正主义路线、给走资派包庇下来的！走资派搞招降纳叛，就是想利用你这种人向无产阶级进攻，搞破坏！要不是走资派包庇，你早该给砸得粉碎了！你还不服罪吗？"

"我是有罪！罪孽深重！我做过特务。我对人民犯下了不可饶恕的罪行……"

他被郝建国和这场面吓得赶忙顺应地回答，不敢再做半点申辩，然后抬起上眼皮窥探着白慧的态度。白慧见他长着一副可憎的容貌，没有血色的干黄的脸，拉得很长，形状像鞋底，松弛的肉往下垂，面颊上都是垂直的深沟；嘴角向下撇，带一种霸道惯了的样子。只看这样子就知道准不是个好人！但此刻他眼里却放出恭敬、殷勤和乞怜的神情。

他是特务——白慧想——反革命的暗箭。手上沾着革命先烈的鲜血，灵魂是一摊乌黑的臭泥。白慧曾经在银幕和图画上看过的那些特务可憎的形象与眼前这个人重叠在一起了。她气愤得声音都颤抖了，“你……你认罪吗？！”

特务埋下头，“认，认罪。我接受监督改造，重新做人，赎自己的罪恶！”他做得太服帖了，软软的，像一团破絮。不管他真的也罢，装出来的也罢，反正对他使不出劲儿来。白慧的脸煞白。

郝建国不想为他耽误时间，朝他大吼一声：“滚！”

特务走过去。第二个人停在这里。这是个白发、方肩膀、结实的男人。他嘴唇发黑，穿一双矮靿的绿球鞋。

“你是干什么的？”郝建国喝问。

“当权派！”

“你认罪吗？”

“认罪。我执行了修正主义路线。我接受革命同学的批判！”他诚恳地低声说。

“滚！”郝建国吼着。

跟着第三个、第四个……十几个。随后是最末的一个。

这是个中年妇女。个子不高，胖胖的，蓬乱的花白短发，黑黄脸儿，穿一身抓皱了的旧蓝制服，裤腿和胳膊沾了土。她和前面通过的人不一样，没有低头，眼睛瞧着前方，慢慢地走来，站在白慧的枪头前。

郝建国的目光忽然像聚了焦似的，炯炯放光。他敏锐地从这女人身上发现了一种顽固的迹象。他叫起来：“你为什么不低头？！”

这女人抬起她一双眼，又黑又大，相当沉静，直视着郝建国和面前持枪的女孩子清秀却冷若冰霜的脸。

“你为什么不回答？”郝建国威吓地叫着，“你是当权派吗？你不认罪吗？”

“不，同学们，我是人民教师。我，没有罪！”她一字一句平和又执拗地说。

女教师的回答大胆到了极点。学生们还没遇到过这样的先例，先是感到意外、惊讶，跟着被激怒了。在这种场合，反抗是一种刺激剂，马上引起一片不可遏止的吼声：

“她不老实，不认罪！”

“这是向咱们挑战，是反扑！”

“好顽固！打垮她！打垮她的反动气焰！”

女教师的态度依然那样沉静。她的做法可以认作是失去理智了。她对着四周愤怒的叫喊着的人群，固执地说：“不，过错我有，愿意接受同学们的批判；罪，我没有。我一切都为了党，为了祖国……”她居然眼泪汪汪了。

郝建国一把抓住这个顽固而死硬的女教师的衣领，用力摇着，冲她喊道：“你放屁，你毒害青年、腐蚀青年，你妄想把我们培养成修正主义分子！不准你的臭嘴玷污我们伟大的党！你为的是国民党，为了复辟你失去的天堂！”然后猛地搡开她。

“我？为了国民党？天堂？你们怎么知道……”她说不下去，流泪了，嘴角痉挛般地抽动着，使干裂的嘴唇渗出血来。

郝建国踮起脚对同学们大叫：“同学们！在我们中间这个敌人是顽固不化的！她不服输！变相地和无产阶级拼刺刀！咱们怎

么办？”

跟着响起一片喊打之声。

押解女教师的一个瘦小的男学生对白慧和郝建国说：“她是我们学校里最顽固、最反动的。怎么斗、怎么打也不认罪。要不今天弄到这儿来！就是想打消她的气焰，她还是不服！”

白慧听着，狠狠咬着下唇，死盯住面前这个顽石一般的敌人。

女教师黑黄的脸上满是汗污，油腻腻的。失去光泽的像鬃麻似的花发黏在上边，显得狼狈。痛苦的表情使这张脸变得更加难看。在白慧仇视的眼里，简直丑恶极了！白慧心中的怒火，已经猛烈燃烧起来。

郝建国忽从身旁一个学生的手里夺过木枪，叫着：“今天非叫你老实不可！”他的动作很大，疯狂一般抡起木枪。左右的人要不是急忙躲闪，很可能被枪头扫上。木枪带着一股有声的迅风，唰的打在女教师的双腿上。

女教师猛摔在地上。剧疼使她来回打了两个滚儿，双腿抽搐似的一直弯曲到胸前，两只手胡乱抓着腿上挨打的地方。她没叫喊，而是偏着脸对郝建国哆哆嗦嗦、愤怒地说：“你们、你们这么做，不是革命，是法西斯！”

白慧的怒火爆发了。她的脸像喝醉酒那么红。脖子、耳朵都红了。她大叫：“反动，反动，你诬蔑革命，对抗革命！”

郝建国喊着：“打，打，打，打死阶级敌人！”

学生们怒不可遏。有几个学生拥上去，手中的木枪在头上闪着，在狂乱的冲动下砸下去。没有选择，一支枪的枪头击在路面上，折断了。郝建国不停地把他砸下去的枪棒再举起来。白慧挤在这几个人中间，朝敌人狠狠一砸。这一刹那，她感到身后有人拉了一下她的胳膊，但没起作用。木枪头打在女教师的头上，位置在左耳朵上，靠近太阳穴的地方。几乎同时，一股红色的刺眼的鲜血从头发里涌出来，沿面颊疾流而下……这之后的一瞬，女教师的肩部还挨了另一支枪重重一击。

女教师从胸腔里哼出沉闷的一声。她黑黑的眼睛睁得特别大，最后的目光停留在白慧的脸上。这目光好像没有任何含意，像井里的水，黑亮亮，冰凉的，随后闭上眼。脖子失去了支撑力，脑袋像个鼓鼓的布袋子撞在地上。

白慧身旁一个矮小的女学生，不由自主地叫出声："死了？！"

这声音如一股电流从白慧全身流过。她控制不住自己，惊栗地一抖，不自觉收回了木枪。刹那间，好像一切都停止了，不存在了，只留下一个可怕的疑问：到底发生了什么事？耳听郝建国依然怒气冲冲地喊着："装死！她装死来对抗运动！先把她押回去！"

白慧一动不动地立着，眼瞧女教师被几个学生拖走。女教师整个身体的重量全压在那几个学生的胳膊上。那一群人挤在一起，晃晃悠悠地走去。好像一架行进艰难的笨重的耕地机，后面伸出两只耙，那是女教师的双腿，软软地拖着。脚尖在地上擦出吱吱扭扭刺耳的尖音，在给伏日晒得快融化了的柏油路面上，划出两条歪歪曲曲、断断续续、漆黑发亮的线。

白慧的目光无意中碰到自己的木枪头。那里沾着一块鲜血，蚕豆一般大小，湿的，黏稠的。她看呆了。

郝建国正在她身旁，敏锐地看了她一眼，说："看什么？这是光荣的，我们就是要和敌人血战到底！"说着，他跑到同学们的前面，举起手里的木枪，用嘹亮的声音叫道："同学们，战友们！刚才发生的事情告诉我们什么？敌人并没有全部缴械投降，他们还在疯狂地进行反扑。用狡猾的伎俩和我们较量。我们要鼓足勇气，不能退缩。在敌人面前退缩是可耻的！为了保卫革命先烈用鲜血和生命给我们换来的胜利果实，为了使红色江山永不变色，我们就是要和党内外的阶级敌人血战到底！和形形色色的反动分子血战到底！对顽抗之敌，必须用革命的铁拳砸烂他们！格杀勿论！"他给自己的话冲动得满脸通红；脖子伸长，使枣儿大小的喉结整个凸出来。他使着全身的力气，两条瘦长的胳膊激烈地比画着，好像在空中胡乱画着圈儿。

挂在胸前的哨子像秋千那样摆动跳荡。他用喉咙里最高的一个音节，鼓舞他的同学："敌人在磨刀。我们呢？以血还血，以牙还牙！我们什么也不怕，为革命敢作敢当，敢于冲锋陷阵，浴血奋战。胜利就一定属于我们的！"他把拳头用力举到可能的最高点。

勇气又回到所有人的身上。热血重新沸腾起来；在口号声中，一齐庄严地举起手里的枪。白慧也举起枪。在她白白的脸上，自我的正义感赶跑了刹那间的惊慌，恢复了先前那种冷若冰霜的容颜和坚定的神情。刚才给疑惑弯曲了的眉毛，此刻又昂然扬了起来。

然而，枪头上还沾着那块血，看上去有种肮脏和腌臜的感觉。她转过枪头，使那块血看不见，但这杆枪拿在手中仍觉得不舒服。她急于抹掉它。在回到连部时，她趁别人不注意，装作无意那样，将枪头在门框上用力一蹭。她再没敢看，谁知那块血留在什么地方了。

二

她做了整整一夜噩梦。

一大堆破碎的、可怕的形象纠缠着她。其中一个短发的女人背朝她站着，就是不回过头来。她恐惧得使劲喊叫，但怎么也喊不出声来；跑也跑不掉。

爬到窗前的火一般的骄阳，用热辣辣的针芒把她刺醒了。她揉开眼睛，看见一面雪白的墙壁，显得特别干净、纯亮。随后是柜子、门、发光的玻璃杯、衣架；衣架上挂着一件套红臂章的绿上衣和哨子。爸爸坐在过道的方桌前吃早饭。

她起来梳洗过，在爸爸对面坐下，拿起大饼和腌菜卷成个卷儿，闷闷地吃。爸爸戴着一副普普通通的黑边的花镜埋头看报纸。他像编辑看稿子，逐字逐句，唯恐失漏什么似的；嘴唇轻轻嚅动，无声地念着报纸上的话。他满头花发正对着白慧。白慧的目光忽然惊跳一下，这花发使她又仿佛看见昨天那个同样花了头发而不知死活的女教师。她心里还残留着方才梦中的感觉。

“你昨天干什么去了？”爸爸问，眼睛没离开报纸。

“我？”——难道爸爸知道了什么？

“当然是你。昨夜你又喊又叫。我叫醒了你。不一会儿又喊起来……”爸爸的目光仍滞留在报纸上。

“……我喊些什么？”

爸爸抬起头，从透明的镜片后面看了女儿一眼。女儿的脸白得像梨花瓣儿，目光惊疑不定。

“我一句也没听清楚。你怎么啦，小慧？”

“没什么。我们……昨天开了整整一天会。太累了！”她好像急于要把什么秘密掩盖住，又怕脸上露出破绽而扭向一边。

爸爸注意又疑惑地看了她一眼。然后低下头，接着看报纸。

爸爸近来沉默了。

本来他也不爱说话。整天忙他的工作，很少对女儿讲话。要是白慧回忆起爸爸说过的话，差不多每句都能记得，因为他说得实在太少了。有时，爸爸那张方方的、红润的、皱纹很深的脸显出高兴的样子时，会多说两句什么“好家伙，这回提前一个季度零两天！”或者“这回可好了。来了一台新式铣床！小慧，你知道这意味着什么吗？就好像……好像当年弄到手的一挺机枪！来，爸爸今天高兴，出去请请你！”于是，父女俩就出去吃一顿丰盛的饭。

爸爸的话顶多如此。也许因为那时她是个小孩子，对她说有什么意思？后来她大了，老习惯也延续下来了。她所知道的爸爸的一些情况，还是从爸爸单位来串门的叔叔伯伯口中听到的呢！连爸爸由办公室主任提升为厂长兼任书记的事，也是从旁听来的。爸爸的单位是个机床制造厂。原先有五百人，后来听说发展到七百人、八百人、一千多人了。她去找过爸爸。那儿有六七层楼高的大烟囱，机声震耳的大厂房。开会和演电影的礼堂又漂亮又气派；在厂里找人办事，常常要骑自行车才行。她从爸爸的同事和朋友那里，感到爸爸是个宽和、正派和值得尊敬的人。

爸爸常把女儿从自己的日程表上挤出去，很晚回来才想到女儿没吃饭，他挽起袖子动手来做。这时，他会对女儿歉意地笑一笑，还要骂她“小累赘！”他就这样爱自己的女儿。多年来，白慧没过几次生日。大多是因爸爸忙得安排不了；或者忘了，也是因为忙。但妈妈牺牲的日子，年年都要纪念。每逢此日，父女俩的神情都分外庄重。在悬挂在墙上的妈妈的遗像下，摆一个用白纱、丝带和花纸自制的精致的小花圈。父女俩面对遗像并排肃立。年年此时，爸爸都要对白慧说这么一句：“别忘了你妈妈。”

妈妈小时在一个开烟馆的人家里当童养媳。她带着满身紫色的鞭痕冲出樊笼。在扫荡日寇和国民党反动势力的炮火纷飞的战场上，和爸爸相识、相知、相爱，结了婚。部队南下过长江时，妈妈怀着孕还在野战医院里坚持工作。一次战斗结束后，爸爸去找妈妈。野战医院的同志们眼里噙着热泪，交给爸爸一个刚生下来两个月、哇哇哭的婴儿和一个小小的绿布包袱。妈妈在四天前被敌机炸死，尸体已经掩埋。这个婴儿就是小白慧。包袱里装着妈妈的遗物，包括几件旧褂子，一把篦发用的、掉了几个齿、粘着头发的小竹梳子和一本识字课本。那时人们没有更多的财物，也不需要它。遗物中顶珍贵的是一张妈妈本人的照片，夹在课本里。这是她参军后的第三年，一位随军记者照了送给她的。如果没有这张照片，回忆便失去了可以附着的轴。白慧也不知道谁是她的妈妈。

爸爸把这张照片翻拍放大，装在一个朴素的镜框里。原片太旧，本来拍照和冲洗就不太好，磨损得厉害，还有折痕。放大后模模糊糊，好像蒙着一层薄薄的烟雾。妈妈那双与白慧一模一样的细长清秀的黑眼睛，就像透过漫长岁月的烟尘似的冷静地看着自己的亲人与骨肉。白慧不会忘却妈妈。她自信深深了解死去的、差不多没见过的妈妈。知道妈妈的生命为谁贡献出来和被谁夺去的！她应当有一个多么美好和圆满的家庭，有一个多好的妈妈呀！万恶的旧世界和阶级敌人啊！

爸爸和妈妈的过去成了她的精神财富，何况这中间还包括她自己呢！

妈妈的遗像最早挂在爸爸的房间里，自她懂事那天起，就亲手把它移到自己的房间去了。

她的爱和恨分明而强烈，从来没在这方面怀疑过自己。爸爸对她这方面也深信不疑，因为她一直是班级和学校最好的学生之一。一年级就戴上红领巾，上了中学就加入共青团。她能力强、肯干、办事果断，在团组织做总支委员。每年两次，她都把一张填满红“五分”的成绩单拿回来给爸爸过目，再拿到妈妈的遗像前给妈妈过目。她做得真诚和纯洁极了！

爸爸满意女儿的一切。以他的习惯，他对女儿的全部慈爱，都装在一个缄默，甚至有些严肃的套子里。白慧习惯了这种表达方式，不自觉地学会了。她和爸爸像一大一小两滴水珠儿那样相似。不过大水珠里含着许多酸甜苦辣，浓重而混浊；小水珠纯净透明，晶莹闪光，像一颗水晶珠儿。

她非常自信，感情坚强而不外露。她从来不要别人帮助，一切都希望自己来做，自己解决。因此在同学中间显得有些落落寡合。由于自小就不像一般女孩那样爱唱爱跳，因此带点僵硬气，脸上缺乏表情。爸爸也习惯了她。在这个仅仅两口人的家庭中，有时近似是无声的，各忙各自的事，很少交谈，却不寂寞，充满安静又和谐的气氛。

“大革命”来了！家里的气氛变了，虽然还是沉默，但是另一种沉默。

爸爸只要回到家，就跑进自己的房间，不是看报纸、读文件、翻看毛主席的著作，就是独自思考着。他抽烟抽得挺凶，以致夜晚睡觉时咳嗽得很响。

外边开始揭发当权派。爸爸是当权派，他究竟怎样呢？近来很少有同事来找爸爸，旁听也听不到了。白慧只问过爸爸一次：“你单位怎么样？有你的大字报吗？”

爸爸脸上的皱纹反而舒展开了，现出少有的宽和的表情。

“大字报？它是去掉身上灰尘最好的扫帚，没有可不好。有！”

白慧的心也舒展了。她多么相信爸爸！他真行！一个不是为自己活着的人，胸怀必定是豁达的，必定欢迎各种形式的批评，必定不会在个人得失上打转转儿，必定痛恨自己的缺点而希望快快除掉它！还用自己来给爸爸说教吗？

最近，外边斗起当权派。斗得很厉害。白慧他们在学校里也这么做。她不敢再问爸爸而留神察看爸爸的神情。她常常看不见爸爸。爸爸有时回来得很晚，一声不吭地吃过饭，回到屋里，给抽得浓浓的烟裹在中间。事情就是这样离奇、凑巧。她去革人家的命，人家来革她爸爸的命。但她相信这一切都是对的。尽管在感情上接受起来有些困难。

现在，她在想：爸爸是不是也挨打了呢？他不该挨打，因为他和那个女教师不一样。爸爸是真正的革命者，那女教师是敌人。难道敌人还要受保护吗？

她吃着东西，没滋没味。那件事像只小甲虫总在她心里爬，轰也轰不走，真有点折磨她了！从来没有一件事像这样，说又不能说，不说真难受。

“爸爸，你说应该怎样对待敌人？”

爸爸的眼球在镜片后面显得特别大。女儿的问题并不成问题。难道生活中早有了答案、非常明了的问题，也需要重新思考？也有了新的含义吗？爸爸没吭声。

“爸爸，你们过去捉到敌人的俘虏怎么办？”

“你都知道，孩子。党有一贯的政策！”

“如果他顽固怎么办？应该打吗？”

“打？！那不是党的政策，不是毛主席的政策！”爸爸忽然激动了，这也是少有的。不知什么原因，他被这个问题刺激得又痛苦又气愤，好像已经超出了问题本身之外。他把眼镜摘下来扔在桌子上，站起来向一边走出三四步，停住猛回过头，脸涨得很红，“敌人才打俘虏呢！因为他们虚弱、理亏，无理可讲，不敢讲理，不能以理服人！我……曾经在战场上抓到一个敌兵。连长从别的俘虏的口中听说他也是个穷庄稼汉，就叫我给他做工作。我找他，他挺硬，不服我。我气极了，给他一个耳光。连长批评我一顿，说我犯了纪律，叫我向他道歉。我想不通，但还是服从了命令，憋着火向他道了歉；再和他谈，谈呀，谈呀，谁知居然谈到一块儿去了。最后真把他教育过来了。那时，我才真正懂得革命是怎么回事。不单要在战场上杀敌，还要消灭反动阶级的思想，后者更为重要。因为反动阶级的思想不都在反动派身上。不是说‘无产阶级只有解放了全人类，最后才能解放自己’吗？就是这个道理。不过，这个道理是后来才听到的。那个被我教育过来的人，参加了人民军队，编进了我们排。他懂得了谁是他真正的敌人，所以在战斗中很勇敢，立了功。我还做了他的入党介绍人，介绍他加入党组织……当然，为了这件事，现在有人说我把敌人拉进党。他们还……”他停顿了一会儿，似乎有一股怒气从胸膛涌上来，又给他压下去。然后他好像空过半句话，一下子跳到他的结论上，“革命首先要分清敌我，还要分清是非。敌和我，是和非……都要分清，迟早要分清。嗯，迟早要分清！”

这是爸爸有史以来头一次对她说的成本大套的话。显然他心里的话也是拥塞得太满了。

爸爸抬起手腕看看表，赶快收拾起眼镜，戴上那顶檐儿磨毛、晒得发白的旧军帽。近来这顶帽子在爸爸头上显得大了些。

“我走了，该上班去了。”

爸爸走了。他的一番话，把白慧思维机器的开关拧开了。

阳光从明亮的卧室向幽暗的过道迈进了两步，又渐渐退去。

问号有时有很强的繁殖力，成倍地增加。

她面前放着一堆无意识中撕碎了的小饼块。

有人敲门。她开开门。门外站着一个胖胖的、圆眼睛的姑娘。她左眼有点微微向外斜视；整齐的短发又黑又亮，梳着一条小歪辫儿；穿一件崭新的绿军衣，挽着袖子；斜背个军用挎包，包儿贴在后腰上。这姑娘笑着说：“怎么？不认得啦！你还做着梦吧！”

“噢，莹莹，进来……”

她叫杜莹莹，和白慧同年级，不同班。所以目前她们在一个连，但不在一个排里。她父亲在军队里，是个团政委。四年前她随爸爸到这个城市来的。开始上初中时，她插班插在白慧班里，两人同座，家住得又近，很要好。后来升到高中分了班。两人依然常来常往。杜莹莹是个无忧无虑、不爱动脑子、性情温顺的姑娘。从小因为患上心脏病，受父母的照顾和关心太多了，自己的主见反而不多。她无论有什么事总要告诉白慧，请白慧替她出主意，做主。白慧自己的事也告诉她，却不听她的意见。白慧是把事情连同自己的决断一同讲给她听。

杜莹莹告诉白慧，郝建国催她快去学校，今天上午又开批斗大会。白慧方才想起，她已经把一次非常重要的战斗忘掉了。

白慧今天说话有气无力，心里的事从脸上透出来。杜莹莹根本没注意到，只管催促白慧快走，一边在怨怪父亲送给自己的军上衣的袖子太长。

她们走在路上。白慧闭着薄薄的小嘴。杜莹莹只管张开扁长的嘴巴，饶有兴趣地谈论郝建国。她对郝建国的口才很欣赏，还埋怨自己没长这样一张嘴，以致在辩论中说不出一句带劲儿的话来；有时明明有理，就是表达不出来；还有时，自己所占的理总是事后才想起来……

“莹莹！”这招呼，好像要阻止对方喋喋不休的议论。

“嗯？”

“你说，阶级敌人该不该打？”

“打？该吧！你说呢？”

“该不该打死呢？”

“怎么会打死呢？”杜莹莹笑呵呵回答，根本没认真去想。

白慧顺手一巴掌啪的拍在杜莹莹的手背上，气恼地说：“哎！你真是所答非所问！”

杜莹莹这才发现她的好友今天有些反常。她略感惊讶又莫名其妙。昨天，她俩没在一起活动，她连白慧那块心病的边缘也摸不到啊！

她俩来到学校。校园的广场作为会场，主席台设在一个洋灰和砖石砌成的方形的高台上，这原是上课间操时体育教师领操用的。台上一切都已布置好，一大片绸制的红旗在阳光下缓缓翻卷，两三丈长的巨幅横标扯在中间，写着“红岩中学红卫兵批斗反革命修正主义分子和牛鬼蛇神罪行大会”一行大字。台下已聚满学生。学生们都穿军衣。绿色连成一片铺满会场，很是壮观。还有些队伍在场外集合，整顿好的陆续开进来。尖厉的哨子到处响着。很少有人说话。会场四周站着一圈戴红臂章、持木枪的学生……

会场的气氛庄严而肃穆，一切都在紧张地进行着。人人脸上都很严肃，紧绷绷的，没一个人面带笑容。犹如战前摆列阵容，一种闻不到的火药味混在空气里。一段时间以来，白慧已经很熟悉这种气氛了，但置身其间，心里免不了像潮涌一般一阵阵激动着。

她找到了自己的排。副排长马英——一个矮小、黑瘦的姑娘已把队伍列好。白慧站在队伍后面和马英等几个同学小声说了些话。那些同学谁也没提到昨天的事。

郝建国大步从人群中走来。他在很远的地方就发现了白慧。

“白慧，你来主持今天的大会吧！”

郝建国和白慧都是学生们的中坚人物。

“不，不，还是你来吧！”白慧推辞说。

郝建国明亮的目光在白慧不舒展的脸上停留片刻。

“你不舒服吗？”

“嗯？嗯！”

郝建国立即判断出，这不是白慧的原因，她另外有事。郝建国便说：“好吧，我来主持！”

主席台上很快地出现郝建国瘦长的身影。他用嘹亮的、金属般的声音，像吹起进攻号角似的宣布大会开始。被批斗的对象，佝偻身子，由一对对学生用木枪头顶着后腰，在口号声中押上台。他们在台边面向群众密密站了一排，向台下弯下腰、低头，垂着胳膊和头发，好像河边一排弯弯的垂柳。此后便是一连串控诉、揭发和批判。这情景凡是从六十年代末期生活过来的人，都清楚记得，并恍如昨日。

一个少年架着木制的单拐，一瘸一拐上了台。他的控诉使这场战斗上升到沸点。

这少年曾是全市中学生知名的、最优秀的跳高选手。他控诉一名叫李冬的体育教师，用“运动健将”“第一名”“奖杯”诱惑他，使他对锦标的荣誉痴迷了。他说李冬像“恶魔”一样，每天天刚亮就到他家门口招呼他去训练。他太疲乏了，摔坏了胯骨。一条腿完了，成了终身残疾。一个生龙活虎似的青年，现在还不如一个老人。他哭了，哭得伤心而痛苦！

“他，就是他——”这少年倚着单拐，伸出一只手指着站在台前的一个高高个子、宽肩膀的男人，愤恨地说，“事后，他还假惺惺地跑到我家来看我，还掉眼泪。当时真把我骗住了。现在我才把他看透。呸！这是鳄鱼的眼泪！他用资产阶级的功名利禄腐蚀毒害我。他使的是一把杀人不见血的软刀子，几乎要了我的命啊！他害了我，夺去了我的一条腿，夺去了我的青春，他必须偿还！”

一条腿、一条腿啊！

义愤填满所有学生昂然凸起的胸膛。广场爆发起愤怒的吼声，一只只拳头不断从人群中举起来，仿佛翻腾的绿色的怒海上掀起的浪花！

愤怒犹如一只无形的手，狂扯着所有人的心弦。

白慧挥着她攥得坚硬的、白白的小拳头。她喊着，一时恨不得自己能像炮弹一样飞过去，打在那罪人的身上。她喊着喊着，感到心里有种说不出来的畅快。这时身旁有个男学生猛叫了一声：“打死他！”

白慧一惊。扭头正和这男学生面对面。这男生脸上洋溢着高涨的激情，热烘烘地感染了她。

“真应该打死他！”白慧对那男学生说。

“对，他太可恨！打死他！”

“打死他！打死他！打死他……”

白慧随着喊起来，周围的人也跟着喊起来。似乎这三个字，此刻最能倾泻出他们的情感。她喊得嗓子都哑了。然而，一天来一直挂在心里边那个沉甸甸的东西，仿佛随着喊声甩出来了。她觉得分外轻松、兴奋，痛快淋漓，浑身轻快而舒服地流着热血。

会散了。她刚走出大门。

“白慧！”

郝建国追上来。他显得精神十足，皮肤上泛着激动过后的未消失的血色。瘦长的手抓着一个白色的纸卷，哨子在胸前跳动。

“今天的会开得怎样？”

“好！”白慧流露出的心情比嘴里表达出来的更强烈。

“你身体觉得怎样？”郝建国问，同时留意白慧的表情。郝建国的目光有种穿透力，好像能看进别人的心里。

白慧头一次怕他的目光，赶快低下头，“郝永革……”

“什么事？”

“我并不是因为什么不舒服……”

“我知道。”

白慧怔住了。他俩目光相遇，跟着白慧的目光就像兔子遇到了鹰那样，滴溜溜地乱跑，不知躲闪到哪里才好。她惭愧地嘟囔着：“我动摇了！”

“为了昨天那个挨揍的牛鬼蛇神？”

白慧惊异地看了郝建国一眼，诚实地点了点头，并默默佩服郝建国的敏感和观察力。

“你同情她吗？”郝建国问。

“没有。她是阶级敌人。我恨她！”她肯定地说。

“你害怕了？因为看见血了？”

“我想不是……”她说着，同时也在探索一天来自己产生那些心理的根由。

“你认为我们不对吗？”

“我……我不知道。”

“不，白慧，我必须提醒你！你可要警惕右倾保守思想，警惕资产阶级人性论的侵袭啊！这些思想侵袭，正是那群乌龟王八蛋多年来拼命向咱们灌输的！以此麻痹咱们的斗志，瓦解咱们的队伍，把咱们变成一群小绵羊，好任他们宰割！刚才对李冬的控诉你听到了吧！说明什么？说明阶级敌人的凶狠。他们虽然不拿刀，不拿枪，却和拿刀拿枪的敌人一样狠毒！咱们文质彬彬、客客气气地和他们斗争行吗？不行！革命就是大杀大砍，就要流血，就要掉脑袋！”这时，他明显冲动起来，面对白慧，两条瘦长的胳膊上上下下比画着，好像在轰赶蚊蝇，并且不自觉地把嗓音放得很大，和喊一样，“革命是非常时期，什么条条框框、规章制度？叫它们见鬼去吧！在非常时期，连法律也可以保护敌人，成为敌人防止冲击的挡箭牌。你爸爸当年在战场和敌人用的是法律还是暴力？很明显，是用革命暴力击垮反革命暴力。现在仍然是这样。我们必须高喊‘红色暴力万岁’！‘红色恐怖万岁’！你不要一听‘恐怖’两个字也感到恐怖；感到恐怖的应当是敌人。如果他们真感到恐怖了，那很好，就表明他们感到革命威力了！你应当高兴，应当欢迎！一个革命者应当使用和发挥这种威力！”

当下，他俩是站在大街上说话，但谁也没觉得。好像两只船在激荡的波涛上兴奋地颠簸着。白慧心想，郝建国真是个了不起的演说家。他演说从来不打腹稿。可是每次演说记录下来都是一篇有头有尾、非常精彩的文章。他又富于激情和号召力，真能把素不相识的路人过客也号召起来，把石头也点起火苗。当郝建国讲他们的一切都是“为了保卫革命，保卫党中央和毛主席，即使抛头颅、洒热血也在所不惜”时，他的理论就叫白慧完全拜倒和心悦诚服了。

因为这个姑娘对党、对毛主席的忠诚，可以拿她的生命来做考验。

“可你呢？白慧……”他把到了嘴边要责怪白慧的话收回去，抬抬略尖的下巴说，“看你的了！”

他没再要求白慧表达看法。因为他从白慧眼睛里已经看到了一种燃烧的思想，还有对他的感激。他对这姑娘感激的目光有一种朦胧的快感。

白慧像一个气球，给他打足了气，鼓鼓的，饱满又充实，似乎再一碰就要弹起来。

那看不见的创伤，仿佛涂上一层颜色漂亮、油烘烘的止疼膏，不再作疼。

她好了。

三

公园的大门早被一群大学生用大字报封死。他们谴责这里是“少爷小姐消闲享乐的乐园，是阶级敌人逃避革命的避风港，是培养资产阶级情调的温床”……大字报白纸上的墨笔字，个个都有椅子面一般大，拉开一种不可侵犯和违抗的架势。此外，还贴了一张学生们自撰的要“永远”禁园的通令。

几个月来一直就是这种样子。公园的工作人员改从一个窄小的旁门进出。园内的野草都快长疯了。

昨天是国庆节。大批学生和工人群众组织来这里搞庆祝活动。人们喊着：“放屁！谁说无产阶级不准进公园？”

大门就被轻易地冲开了。那张禁园令的有效期只好截止到昨天。

今天是十月二日。天气好。无论阳光照在脸上，还是风吹在脸上，都柔和而舒服。郝建国的连队在这里庆祝国庆，随后就分散活动。白慧和六七个女同学分开上了两条船。她们都不会使桨，几个人的胳膊全累酸了，船离岸并不远。

两条船上的姑娘们互相打闹着。使力撞船头，往对方的身上撩水。杜莹莹满脸水珠。她肥胖的手指合拢起来没有缝隙，像只勺儿，把对方一个姑娘的上衣泼得湿淋淋的。长时间来，她们一直严肃地板着面孔，头一遭儿这样开心打闹，笑得也那么尽情。

唯有白慧没笑，孤零零坐在船尾，身子朝外，光脚丫拨着清凉的、滑溜溜的秋水。船儿摇晃，撩起的水珠儿溅在脸上，她一点也不觉得，目不转睛地望着远处出神了。

爸爸的景况愈来愈不佳。他在厂里认真做了十多次检查。对过去工作中的缺点错误，做了严肃的自我批评。工人们认为他的话实在，没有虚假和藏藏掖掖的地方，态度坦白中肯，历史又清白，可以通过了。但总有不多的几个人和爸爸纠缠不休，抓住爸爸的缺点错误不放，在爸爸的检查里挑毛病，说爸爸是工厂里“修正主义路线的代理人”“顽固不化的走资派”“死心塌地的黑帮分子”，非把他打倒不可。好像他们几个是和爸爸有私仇的冤家。他们甚至说爸爸是“反革命”，并把这样的大字报贴满工厂内外，也贴到家门口。白慧又气愤又害怕。她怕不明真相的邻居、朋友、同学、路人真把爸爸当作“反革命”看待。她不敢到别人家串门，连学校也不常去了。爸爸明明是老革命，为什么偏说他是反革命？她气极之下，写了一张支持爸爸的声明。声明上面向外人公开了爸爸和妈妈光荣的历史。她要把这声明盖在家门口的大字报上，还要找那些人去辩论。爸爸火了，和她吵得厉害极了，骂她“帮倒忙！”爸爸向来没对她发过这么大的火，好像要把心里憋着的闷火全泄给她似的。她委屈又赌气地把声明撕了，哭了一夜……

这期间，白慧的同学们发生了分歧。那个矮个子的副排长马英认为郝建国前一段时间的做法“打击面太宽”“动手打人不符合毛主席的一贯教导”等，在连部里与郝建国吵翻了。

运动前郝建国做团总支副书记时，马英担任过支委，还做过一段时间的总支书记。他俩和白慧关系都不错。郝建国的工作能力和组织能力很强，又一直非常肯干，把学校当作家似的，因而深受马英的钦佩和信服。这一点，郝建国都曾愉快地感到了。现在马英这样指责他，他受不了，便骂马英“攻击革命小将”和“替牛鬼蛇神翻案”。两人分裂了。马英不再到学校活动。白慧站在郝建国一边，因为郝建国在她眼里一直是个充满激情的、虔诚的革命青年。

然而马英的观点无形中碰到了白慧心里的那件事。

伤快结痂了，此刻又在药膏下隐隐作痛。

现在她脑袋里像打仗那样太混乱，没能力给那件事做出结论。

她在摇摆的船上。同学们笑得那么响，她一点儿也没听见。白得刺眼的阳光在坦荡的湖心闪耀一片迷乱的亮点。

杜莹莹打败了邻船的女友。对方笑嘻嘻地投降了。杜莹莹要跳到邻船上，慰问那个湿淋淋的败兵。她站在船边刚要跳出去的一刹那，眼底下漾动的水波使她害怕了。但重心已经出去，慌乱中她使劲一蹬船舷，人扑过去。只听扑通一声！杜莹莹没有落水，她蹿到了邻船上；这边的船猛烈摇晃着，船上的两个姑娘站不住，都蹲下了。但船尾白慧坐着的地方却是空空的了。

“哎呀，白慧掉下去了！”

“哎呀！哎呀——”

“快救人呀！”

只见水面上忽然涌出白慧的黑头发和一只白白的手，胡乱抓着；跟着又像水底下有人拉她似的，沉下去不见了。白慧不会游泳。船上的几个姑娘也都不会游泳，急得向四外大声呼救，声调都变了。杜莹莹又哭又叫……

岸边有人跳下水，奋勇游过来。幸好船离岸不太远，来人飞快赶到。翻身一个猛子扎下去，水面留下两个漩涡。跟着咕噜咕噜漂上来一串气泡。很快，人浮上来了。一个蓝色的，一个绿色的。白慧得救了！

这人把白慧托出水面，姑娘们抓住白慧的胳膊拉上船。这人也上了船。

在船上，这人帮助白慧吐出两口水。白慧没有昏迷。她满身是水，倚着一个同学的身子、伸开腿坐在船板上。她扬起了挂着水珠的眼睫毛，直视着救了她的人。同学们这才注意到这个见义勇为的人。

原来是个青年，高个子，模样普普通通，却显得挺淳朴；黑黄的脸儿，厚厚的嘴唇；唇上生着稀疏的软髭，眼睛非常黑，不像郝建国那样锋芒外露，而是含蓄又幽深。他下水前没来得及脱衣服，全都湿透了；湿衣贴在身上，显示出结实的身形。他面对白慧站着。从裤腿淌下的水在脚周围汪了一摊。

“你怎么样？”他问白慧。

白慧摇摇头说：“没事。”

“你回去多喝点热姜糖水就好了。哎——”他对姑娘们说，“你们把船靠岸吧！我走了。”

姑娘们向岸边摇船，一边对他说了许多感激的话。白慧没说。她觉得无论说些什么都显得多余，没分量。人家救了自己啊！

姑娘们还问这青年在哪里工作，叫什么名字。青年无声地笑了笑，作为回答，似乎并没有把这件事当作什么事。完全没有施恩求报，乃至接受谢意的意思。

他脱了鞋，把鞋子里的水倒入湖中。又脱下褂子拧下许多水来。姑娘们争着要把自己的外衣借他穿。他不要，但穿这件湿衣怎好回去？他只得答应了。杜莹莹把自己外边的军上衣脱下来，摘掉臂章，给他穿上。这件上衣穿在杜莹莹身上显得肥大，穿在他身上却非常合适。杜莹莹说："你穿去吧！你住在哪儿？怎么称呼？过几天我去取好了！"

"河口道三十六号，我叫常鸣。"他说完马上又改口说，"你别来了，还是我给你送去吧！"

"不，不，我去取！"杜莹莹客气地说。

"不！"常鸣以坚持使对方服从自己的口气说，"我明早下了夜班就给你送去。你们是哪个学校的？"

"红岩中学，以前的五十五中学。我叫杜莹莹，她叫白慧。"

常鸣看了白慧一眼。白慧一直在静静地瞧着他。那张白白的脸习惯地没有笑容，一双给水泡得发红的眼睛里却温和地闪着深深感激的光。

船靠岸了。常鸣挽起裤腿跳上岸坡。他摇了摇手中的湿衣服说："再见吧！明天我给你们送褂子去！"就转身走了。

姑娘们和他道："再见！"白慧站起来目送他。大家全都怀着感激的心情，看着他走进一片给秋风吹得疏落了的小树林子。

她们也上了岸，岸上围过来几个人。这几个人刚才都目睹到白慧落水又被那青年奋勇救起的一幕。一个上了年纪、胡楂挺密的人对白慧说："你好险呀！这湖是个锅底坑。你懂得什么叫作'锅底坑'吗？和锅底一样。人掉进去，一碰到底儿就往中间滑。中间有四五丈深，满是水草。要是陷进那里边，甭说你，就是水性好的人也没命了！多亏那小伙子救了一命呀！”

另几个人也这么说。听他们的口气，显然都被那个青年的行为感动了。

他确确实实救了白慧的命啊！

白慧仰起头，追索般地往大堤那边望去。在那边夹杂着茶褐色的绿柳堤上，走着那高个子青年渐渐远去的身影。

转天上午。白慧来到河口道三十六号的门前。她还是穿一身绿，但没戴帽子，一双梳得光溜溜的短辫垂在后肩上。

这是所旧房子，三层楼的大杂院。残缺不全、满是红锈的铁门大敞四开。门轴已经锈死，固定住了，再开大点或关上都不行了。

楼房的东侧大墙给爬墙虎浓绿色、巴掌状的叶子盖得严严实实。秋风把一些老叶子染红了，瞧上去斑斑驳驳。窗口处的枝叶都被剪掉，露出一个个方形的洞，当下窗玻璃在黝黑的洞里反着晨光。院里几棵枝叶繁茂的洋槐长得和楼顶一般高。

院子挺大，安静。由于房身遮翳，大部分躺在凉爽的阴影里。靠墙根停着几辆自行车。扫过的地面又落了许多干卷了的槐树叶子。一个蓬头发的老大娘在门口生炉子，从长筒的拔火罐冒出来的浓白色的烟升到半空中，在阳光里化成一片透明的蓝雾。

“老奶奶，您这儿有个姓常的吗？”

“姓常……”她偏过耳朵，干哑着嗓子说，“是姓常吗？没有。”

“这不是河口道三十六号吗？他说住在这儿呀！姓常，叫常鸣。”

“没有，没有。我在这儿住了四十年了，从来没有过姓常的。是不是姓藏？姓藏的那家十年前也搬走了呵！没有。你准是把地名弄错了。”

白慧觉得奇怪。这时，院里跑过来一个十来岁、模样挺伶俐的小女孩。她刚才在院里玩，听见这位老大娘的话，她叫着：“呀，张奶奶，您真糊涂。前些天刚搬来的那个人不是姓常嘛！”

“唷！对呀！您瞧瞧，您瞧瞧！连小丫头都说我糊涂了，可不是吗？！”老大娘皱巴巴的脸带着窘笑说，“对，是姓常。一个单身的小伙子，高高的个儿，对吧！人家天天上班下班碰见我，还和我打招呼，叫我‘奶奶’，我倒把人家忘了。来，您就进楼吧，见了楼梯一直往上走，上到顶头。他就住在顶上边的一间。”

从这儿看得见那间屋子的窗户，是扁长的，快被爬墙虎的叶子吞没了。大概是间亭子间。

在楼梯的尽头是个两米见方的小过道。迎面是扇低矮的门，早先涂着白垩漆，已经发黄。门两旁堆着破木头、炉子和炉具、花盆等物。还有一盆玉树没有死，绿叶上积了厚厚一层灰尘。这儿的房顶抬手就能摸到，的确是间亭子间。她敲门。

“谁？”房里有人问。声音微弱。

“我，我找常鸣同志。”

“请进吧！门没锁。”

白慧转动门把，门开了。她走进去。屋里光线昏暗，空气窒息，如同进了山洞一般。迎面的窗子遮着厚窗帘，却有一长条的地方没遮严，射进一道强烈的阳光，恰好拦在白慧面前，好像一堵固体的墙，反而前面什么也看不见了。

“噢，是你。我应当给你把褂子送去。不巧发烧了，叫你跑一趟。衣服在柜子上，你自己拿吧！”常鸣的声音在对面发出。

白慧向前走了两步，穿过阳光，看见常鸣躺在床上，盖着薄被和一条毯子。

“你坐吧！这儿有椅子。”

白慧坐下。椅子和床之间是一张小圆桌。桌上放着水杯、药瓶、破报纸、书和一只竹壳的旧暖瓶。

这个还挺陌生的青年面颊烧得很红，白眼球也红了，目光浑浊而黯淡，一些头发贴在汗津津的脑门上。他好像烧得很难受，连打起点精神应酬一下来客的念头都没有了。白慧见桌上有一支温度计。她捏着玻璃杆儿横在眼前。银色的水银柱指示数字的一端，停在40℃刻度的边缘上。

“哟，你烧得这么厉害！我，我给你请医生去！”

“不，不用了……我刚吃了药。”

“不行。要不我陪你去医院。”

“不，没关系。我只是有点感冒，没别的病，退了烧就好了。”他从被窝里伸出手用力又无力地来回摇着。他仿佛也有一种拒绝别人帮助的固执的个性。

白慧拿起桌上的药瓶，是安痛定。

“你还有别的药吗？”

“这药很好，有它就足行了！”

白慧听了，忽然站起身说：“我去一会儿就来。”跟着出去带上了门。

“你去哪儿？”常鸣在屋里叫着。

白慧跑回家拿了钱，到了药店急匆匆地问：“有哪种药治感冒、退烧退得快点的？”她扶着玻璃柜台头向里探着，好像要跳进去似的。

药店的售货员见她这副样子，很觉好笑，但知道她很急，立即说了一长串对症的中西药的药名。

“一样来点儿吧！安痛定不要了。”她说。

售货员便一边把各种药的服法告诉她，一边把几种药按剂量包好放在一个小盒子里交给她。她拿了药付过钱，转身就走。售货员惊奇地看着这个姑娘匆匆离去的背影，对另一个售货员说：“真奇怪！买糕点倒是有一样来一点儿的，买药的还没见过。头一遭遇见！”说完，他笑了起来。

白慧真去买糕点了。还买了一大包鸭梨和苹果，都要最好的。随后她回到河口道三十六号，把这些东西往常鸣床旁的小圆桌上一放。

“你……”常鸣非常不安。

“先吃药！”白慧说着一拿暖瓶，分量极轻，“哪儿有热水？”

“我每次都找邻居要。”

白慧没说话。下楼找门口那位姓张的老大娘要了一瓶热水，拿回来给常鸣斟了一杯，然后把药片从撕开的药盒和纸袋里挖了出来，“先吃阿司匹林，快！”

常鸣对她笑了，笑里含着被对方的真情感动了的意思。他吃了药，把一双胳膊交叉在脑袋下边枕着。

“你昨天下水着凉了。”白慧说。

“不是。我夜里没关窗户着了凉。”

白慧想到他说的不是真情，因为照他昨天在船上说的，他昨天上夜班，夜里不会在家睡觉，显然是下水救她时着的凉，回来就发烧了。

随后两人无话可说。他俩还很陌生。白慧拿起水果找水来洗。

“要不要给你家里人送个信？”

“我家里没旁人，只我自己。”

白慧一怔，看着他。

“我是孤儿，早没了父母。”他停顿了一下说，“是叔叔养大的。他前两年也病死了。”

白慧把水果洗好擦干净，放在一个碟子里，又反复交代了两遍药的服法，便要返回家去。“再见！”白慧站在门口说。

“你不用再来了。我明天好了就上班去。”

白慧没吭声，低头走出去了。她走后，常鸣发现那件借穿的军上衣依然放在柜子上。

屋里静静的，只有常鸣自己。阳光移到身边的小圆桌上，洗过的、擦得发亮的红苹果，颜色非常鲜亮，散着香气；纯白色的小圆药片一对对排在一张干净的纸上。这个刚走的、脸上没什么表情而话又很少的姑娘，在他心里留下一个最初的却有分量的印象。

四

事情的开头往往很重要，更重要的是接连下来的第二次和第三次。

如果白慧第二次来看常鸣，常鸣的病好了，她取走了杜莹莹的衣服，也许下面的波澜不会产生。偏偏白慧再来时，常鸣的病情加重，感冒转成肺炎，她请医生来给常鸣打针，还必须天天来照顾这个无亲无故的青年。

她一接触到这个青年的生活，才发现单身无靠的人的生活处处都有困难。这种人的生活得不到照顾，没有分工，生活机器上每一个部件照例一样也不能少。如果没能力多照顾一下自己，很多地方只能将就将就。于是，凡白慧见到的都默默帮他做了，做得认真，细心，又诚心诚意。常鸣阻拦她。当他对付不了这个姑娘的执拗时，只能报以一种无可奈何的微笑，任她去做。

白慧感到了常鸣有种古怪的自尊心。他不愿意，甚至怕对方因为受恩于己而来感恩报德，不愿做那种施恩求报的庸人。白慧呢？尽管深深感激常鸣的救命之恩，但一直没对常鸣提起过那天自己被救的事。这不单是为了迁就常鸣古怪的自尊心。她的嘴向来是挺硬的，即使由衷钦佩、强烈感激哪个人，嘴里也吐不出轻飘飘的漂亮话。

在这一点，他们还挺相像呢！

常鸣病了十多天。两人天天在一起，虽然不大说话，渐渐不陌生了。爱说话的人碰到不好说话的场合会感到尴尬，习惯于缄默的人则不然。无言中，一样可以相互了解和熟悉。白慧从常鸣对待病的态度上看出他是个坚强的人，极有克制力。虽然年轻（他说他二十二岁），却没有一般年轻人的浮嫩。他比较成熟，连模样也显得比年龄大几岁。这一切恐怕都是他长期孤儿生活中养成的。白慧很想知道他的孤儿生活是怎样的，常鸣一字没提到过。他只说自己是红旗拖拉机厂的技术工人，喜欢跳高、游泳、滑冰和看足球比赛，这都是无意中说出来的，不是故意告诉白慧的。白慧不好问旁的，她有什么权利打听别人的私事呢？她偶然间也谈到自己的家庭。提到自己从小也没有妈妈，但没讲过妈妈的事。妈妈的历史是神圣的，她从来不随随便便讲给别人听。不肯让人家误以为她拿父母的光荣往自己的脸上贴金。

她总坐在椅子上，和他只隔着那张小圆桌。

常鸣在同病魔进行艰苦的斗争。他使劲皱着眉头，紧闭的眼皮微微抖颤。脸颊一阵烧得通红，一阵变得纸那样白，牙齿咯咯打战，但喉咙里没发出过一丝叫苦的声音。只有一天，他烧得厉害的时候，昏昏沉沉中忽然叫了一声“妈妈”，眼角里溢出一颗明亮的淡青色的泪珠，沉甸甸滚落到枕头上……这情景在白慧心中唤起了同情。白慧没有妈妈，在病痛中也希求过母性的温存和慈祥的爱抚。况且常鸣是个孤儿，还没有爸爸。

她见他痛苦，自己也感到痛苦了。每天来到这儿之前，都盼望能够见到常鸣康复的面容。

过了十多天，白慧盼到了。这天，常鸣击败了病魔，面颊上病态的红晕褪去了，眉头舒展开，好像风暴喧闹的湖面，终于在一个早晨恢复了风平浪静。他苍白的脸上微微泛着笑的涟漪；黑黑的眼睛闪出清明的柔辉，一眨一眨看着白慧。白慧忽觉得这双眼睛里仿佛含着一种东西，使她感到一阵慌乱，心儿像受惊的小鹿，腾腾地蹦跳起来。她不由自主躲开常鸣的目光。

“我好了！”常鸣说。

“呵，是吗？”白慧没抬起头说。

常鸣没再出声。白慧大胆地看了常鸣一眼，常鸣低眼看着自己放在胸前的手，手指无意识地动着。他好像也没有勇气来瞧白慧了。突然之间，他们重新变得陌生了。有人说：熟悉中也会感到陌生，大概就是说这种时刻吧！

白慧慌忙提起暖瓶，转身往外走。

“我去打点热水。”

“不，你不用去了。”常鸣说。

“怎么？”她问。没回头，脸朝着门。

“早晨张奶奶上来给我灌了一壶，还满的呢！”

白慧这才感觉到手里提的是装满了水的暖瓶。刹那间好像有什么秘密叫对方发现了似的，她的心猛烈地跳着，脸上热辣辣的，大概很红呢！

她像一只舵杆出了毛病的小船，顷刻失去了平衡，一切都乱了，驾驭不住自己，做事颠倒，连最平常的话也说不出来了。

她回到家，对着镜子好奇地打量自己，镜子里那个人好像不是自己。然后她朝自己的脑袋击了两拳，悔恨自己刚才莫名其妙的、失常的举动。

第二天，她来看常鸣，自己已经恢复了常态。神情、举止、做事、言谈都很镇静。她努力收拾起慌乱中所失落的。

船尾上的舵杆修好了，小船平稳不摇，好像抛了锚。

她见常鸣的目光不含那种意思了，神态很自如，自己就故意做得更自如一些，说话也随便一些，无意间招致一场冲突，这原是想不到的。

常鸣下床了，还很虚弱，走了几步摇摇晃晃，和他结实的身形很不调和，只得坐在椅子上。白慧替他收拾床头，发现有几本旧书。她拿起一本翻了翻，皮儿残破，纸又黄。她扔在桌上，随口说："这种乌七八糟的东西还不烧了？！"

这是杰克·伦敦《热爱生命》的译本。常鸣看了她一眼。

"乌七八糟？你看过？"

"我不看，这是资产阶级的！"白慧从来不隐讳自己的见解。

"如果列宁也看过呢？"

"他看？"白慧怔了一下，马上找到一种按照自己的想象假设出来的理由，"那是为了批判！"

"仅仅为了批判？谁说的？"

"我这么想，肯定是为了批判！"

"如果列宁挺喜欢这本书呢？"常鸣微笑着问。但辩论中的笑，容易被对方误解为一种讥诮和挖苦。

"我，我不知道。可能把它当作一本很好的反面教材吧……"她迷惘了，停顿了片刻，跟着想急于摆脱这种迷惘似的，急躁地一摆手，“反正资产阶级的东西都不应该看，所有旧的东西都不应该保留，因为……”她不得不又停顿下来。因为她一向认为不值得推敲，非常充分的道理，却没有充分的语言可以表达出来，甚至没有更多的话来为自己辩解。她有种自我的贫乏感，“反正不应该……”

“不应该？谁规定的？”常鸣也认真起来。

“革命！”她说出这个词儿，立刻感到自己理直气壮了。单凭这个词儿，谁也不能反对，拿它足可以压倒对方，她便以一种胜利者的神态反问常鸣：“不对吗？”

“听起来很完美。”

“什么意思？”

两人思想的锋尖已经对立起来。常鸣见白慧板着的白白的脸冷若冰霜，充满对立的情绪。十多天来，他只接触到她女性的体贴、关切和懂事的一面，头一次领略到她还有好斗、僵硬又幼稚的一面。他开始担心这样对立下去，会弄坏他们的关系，便换了一种方式说：“我给你打个比方。比如说‘我们要消灭一切敌人’，这句话对吗？当然对。我想，没人会反对这句话。可是怎么消灭？都打死吗？”

白慧一怔。常鸣哪里知道他的比拟，恰恰碰到白慧心上的那块症结。

“打死不能算错！”她叫起来。

常鸣对这个姑娘的思想表示惊讶了。

“消灭仅仅是肉体吗？在肉搏的战场上是需要的，甚至是必须的，但在思想战线上……”

“一样，一样，都是要革敌人的命！”

“你怎样划分敌人和同志？”

“敌人？”她在自己的字典上忙乱地搜索词汇，“反对革命的都是敌人。敌人就是反革命！”

“什么样的是反革命？怎样才是革命的？”

“反正，反正谁反对革命谁就是反革命！那得看具体事实！”

“如果……我再举个例子说，比如一名教师……”

这个例子简直像块烧红的烙铁触到她心中的痛处。她一惊，急于挡回去。

“不，不，教师这个词儿不确切，是超阶级的。只有革命教师或是反革命教师！”

“什么叫反革命教师？”常鸣紧锁眉头，说话的口气很不平静了！

“利用讲台宣传封资修，宣传白专道路，毒害青年，搞资本主义复辟，就是反革命！”她叫着。细长的眼睛里有股激情，像翻涌的水浪在湖中冲荡。

“也该消灭吗？”

“该！”她不知不觉重复起郝建国的话，“革命就要大杀大砍，用革命的铁拳砸烂他们！就是要用红色恐怖埋葬敌人！”

常鸣猛站起身，两条胳膊激动地抖着。那病愈之后略显得消瘦的脸白得非常难看。他给白慧的印象是成熟而有涵养的，此刻不知为什么他却控制不住自己了，冲着白慧喊道：“你这不叫革命！是法西斯！”

白慧惊呆了，这句话竟和那个女教师说过的话完全一样。但现在用这句话指责她的，不是敌人，而是救了她生命的人，自己的恩人。

旧伤口崩裂了。她痛苦地垂下了头……

常鸣一声喊过，自己也呆住了。他好像站立不住那样，一只手撑在小圆桌的桌边上，另一只手捂住了脸。额前乌黑的头发直垂下来。这样一动不动地沉默了多时，才离开桌旁，慢慢走到屋角那边。

“白慧！”这个声音好像在喉咙里打了两个转儿之后爬出来的，低沉极了。又停了片刻，似乎平静了下来，才接着说，“请原谅……我太冲动了，话说得也太过分了。你的话刺激了我……我暂时不能告诉你这是为了什么。但请你相信，我仍然相信你是个好人。你有革命激情、信念和勇气，可是你过于单纯。请原谅我的直率，你的思想是拿口号连缀成的，你却自信有了这些口号就足够了；而对你所信仰的马列主义、毛泽东思想知道的并不多。革命领袖不是教孩子做事的大人，而是引导人们去思索、去斗争的导师。革命总不像消灭老鼠那样容易。如果你不善于学习和思索，单凭热情和勇气，就会认为那些叫得愈响的口号愈革命，就会盲从那些口号而误入歧途……白慧，我不想教训你。因为这是党的历史上的教训。”说到这儿，他像吃米饭吃到沙子那样，活动着的嘴巴忽然停住了。随后又说：“我的话太多了。照目前某些人的判断，我这些话应当算反革命言论呢！水平线给他们拔高了，原来水面上的东西倒成了水下边的了。正常的变成反常的了。噢，我的话实在多了……你总不会拿我也当作敌人吧！”

白慧一直低着头，两条短辫的辫梢压在肩头。她的头发软，辫梢像穗子那样散开。她摆弄着自己的衣角。

后来她站起身，说声:“再见！”就走了，始终没看常鸣一眼。昨天她也是这样走的，但情况和心情完全两样。

昨天她像一只快活的小鸭，今天却像只受伤的鹰。

五

大约一二百名学生像一群惊马，从红岩中学的街口乱哄哄地飞跑而来。后边是一倍以上的学生拿着木枪、呐喊着追上来。一边追一边抛出砖头瓦片，如同飞蝗一般落进前面奔逃的人群里，噼噼啪啪摔得粉碎。被击中的抱着脑袋奋力奔跑。岁数小的女学生吓哭了，跑慢了的做了俘虏。

两群学生大多穿绿衣服，戴红臂章。败逃学生的臂章一律写着“红革军”。追击者的臂章上印着“浴血”两个黄色的大字，还打着一面这样字号的红布大旗。

近来，运动和前一段时间不一样了。它往深处发展，人们对各种问题的思考和认识进入表面，不同的观点就产生出来。辩论到处激烈地进行着。在大动荡时期，辩论不是平心静气的，火气、自尊心、妒忌心理、人与人之间旧的成见与新的看法，都难免加了进去。误解和误会也不可避免。斗争更加难解难分。各种奇怪的论调又扰乱了人们的思想，敌我和是非一时分辨不出。分歧就演化为分裂。对立演化成敌对。红卫兵也不是铁板一块了。各个单位、工厂、学校，都分化出许多大小团体。名目繁多的群众组织像雨后春笋，拔地而起。斗争出现了异常复杂的局面……

这期间，坚持己见的马英从郝建国那里拉出一部分观点一致的学生，在校外组织一支队伍，叫作“红革军”。他们刊行了一种油印的四开纸对折的小报纸，专门批判修正主义，还配上生动的漫画，在社会上受到许多革命群众组织的欢迎。他们还在市中心自发而有组织地值勤站岗，维护治安。别看他们人不多，但联系面甚广，颇有影响。郝建国感到对他是一种压力，他骂“红革军”“邀买人心”，骂马英“有野心”。自己也成立一个造反总部，叫作“浴血兵团”，和马英针锋相对，还用了不少办法想搞垮“红革军”，但没能成功。一月份以来，各地掀起夺权的热潮。各个地区和单位的群众组织都纷纷从当权派手中把权夺过来。其实，这些权力实际上早不在被打倒的当权派手中，它却意味着造反派掌权获得公开的承认和合理化。按当时“夺权”的规矩，夺权应由该单位各群众组织联合起来一齐干。但郝建国事先没通知“红革军”就单方面夺了权。今天，郝建国派人把“红革军”请来，说要开庆祝夺权胜利大会。“红革军”来了，在会上才知道郝建国已经把权夺到手，请他们来无非是想叫他们来承认这一行动和夺取的权力。“红革军”当然不干，会场顿时大哗，两个组织约数百人面对面展开集体的舌头大混战。郝建国早有准备，使用了武力……“红革军”猝不及防，被打出了学校。他们跑出一个路口，忽被一个声音叫住了。

“别跑，同学们！咱们跟他们讲理，他们为什么打人？”

败逃的“红革军”停住了。前面站着一个矮小、黑瘦而爽利的姑娘，梳一双小短辫，绿棉袄，脸儿冻得挺红。她是马英。“红革军”转过身，面对追上来的“浴血”的人。马英勇敢地站在最前头，朝“浴血”呼道：“你们找我们来开会，有分歧可以辩论，为什么打我们人？为什么搞武斗？”

她的喊声并不能制止猛冲上来的“浴血”的人。“浴血”中有人用金属般嘹亮的嗓子叫：“你们是走资派的孝子贤孙，是复辟资本主义的马前卒，就该打！好人打坏人——应该！”

这声音在他们中间搅动起更凶猛的狂潮。他们呼喊着，声音中有嘶哑的怪调。又一批砖头像雨点一般飞过来。大半块砖嘣的打在马英的胸脯上，马英双手捂住胸，一窝腰，坐在马路中央。

“活捉马英！活捉‘红革军’的坏头头！”

跑在最前头的几个“浴血”的人，蛮横、勇猛，直朝卧在地上的马英奔来！

“红革军”中的几个男学生迎上去和他们混战一团。马英被救走，可是大批“浴血”的人赶来，又一些“红革军”的人被捉住。

“红革军”的学生们发怒了，拾起打来的砖头抛回去。“浴血”受到阻击，停止了攻击。“红革军”的残部撤下来，有的人头破血流。他们走到一个十字路口，看见便道边站着一个人，立即从她白白的脸认出是白慧。白慧围着一条驼色头巾，胳膊戴着“浴血”的臂章。“红革军”的一些人发出叫喊声。

“‘浴血’镇压群众，罪责难逃！”

“‘浴血’搞武斗，绝没有好下场！”

“打倒‘浴血’一小撮！”

这些人刚挨了打，此刻都把满腔怒气朝她发泄出来。尤其那些被打伤的，喊得更凶。白慧完全不知道是怎么回事。有一个短发的女学生朝她叫着：“真不要脸！你老子是走资派，你还混在群众组织里！”

“回去教育教育你的反动老子去吧！”又一个人叫道。

白慧听了，气得浑身直抖，她不准别人侮辱她的爸爸，跺着脚朝他们喊：“你们住口！放屁！”

于是“红革军”和她对骂起来。此时，马英从人群里站出来。她双手捂着胸口，那样子似乎在忍着疼痛，愤恨地说：“白慧，你还不醒悟？郝建国都搞些什么？他搞的资产阶级专政，你充当他的帮凶、打手，还不及早回到毛主席的革命路线上来？”

“你诬蔑！我们打的是阶级敌人！我们是正确的！我们……”

她的话被一片口号和起哄声压住。她使劲喊也听不见自己的声音。耳朵里灌满了“红革军”的哄喊。

“打人凶手快快低头认罪！”

“捉住她。拿她和‘浴血’换咱们的人！”

这时已有几个“红革军”朝她跑来。

情况不妙！她转身朝学校那边拼命地跑，渐渐把追赶者的脚步声甩在后边。跟随着她的只是一片愤怒的呼喊，还有几块砖头从她身边飞过，并有一块重重地打在小腿上。她不觉得疼，一直跑到学校门口。

学校大门紧闭。门两旁的墙上站着自己的人，手持木枪。脚跟旁还放着一堆堆砖头瓦片和空瓶子，以及原先上体育课用的铁头的假手榴弹。他们见白慧来了，开了一道门缝放她进去。

广场上的人极少。主席台那边挂一幅大红布的横标，写着“庆祝红岩中学革命造反派夺权胜利大会”。空荡荡、平光光的广场上，给斜阳印着十数面拉成几丈长的飘动的旗影。中间满是大大小小的砖头。还有军帽、废纸、一两支折断的木枪头；砖块在地上砸成许多小坑儿。显然，刚才“红革军”和她的“浴血”在这里发生过武斗。眼前的景象表明这场恶斗有多么激烈。

“白慧！”

她搜寻叫她的人。远处跑来一个姑娘，原来是杜莹莹。小歪辫在头上一扬一扬，挎包“啪、啪”拍着圆圆的后腰。杜莹莹跑到白慧的跟前，一边喘气一边说：“你跑到哪儿去了？”

“我？”

“呵，是你呀！还有谁？最近郝建国叫我找了你五趟，每次都碰到你的大门锁，要不就叫不开门。你出门了吗？”

“找我什么事？”

“什么事？刚才还出大事了哪！”杜莹莹睁圆了眼睛说。左眼的斜视较平时更明显一些。

“怎么回事？”

“这些天，咱‘浴血’的人分化出去不少，都叫马英的‘红革军’拉过去了。郝建国急坏了，还以为你也跑过去了呢！我说你不会，他倒是挺相信你的。马英真不是东西，她剜心眼想把咱们搞垮、吞掉！”

“咱的人怎么会去加入‘红革军’？”

“还不是相信了马英那套鬼话。马英很会造舆论。她说郝建国搞资产阶级专政，打人，镇压群众；还有什么‘打击一大片’啦！破坏党的政策啦！纯粹胡说八道。居然有人相信她那套。人家郝建国为了革命，从运动开始就天天住在学校里。说他搞资产阶级专政，哼！他为什么搞资产阶级专政？难道为资本家吗？纯粹放屁！我看马英不单单恨郝建国、嫉妒郝建国，她有野心！你说对吗？”

白慧怔着，没说话。杜莹莹接着说：“刚才又发生一场武斗。

可吓死人了！大砖头来回飞，差点出人命。前两天咱夺了学校的权，今儿请‘红革军’来开会，‘红革军’说咱单方面夺权，不承认。随即就大打起来。事先，郝建国布置好，马英要是反对就把她扣起来。咱人多，不怕他们闹事。几座大楼都布下埋伏。谁知马英很鬼，她本人没来开会。你没瞧见刚才那场面呢！好家伙，可把我吓死了！照这样下去，我心脏准出毛病。”

“郝建国呢？”

“在办公楼，二楼总部办公室里。你去吧！他见了你保管高兴。我回去了，还得给弟弟妹妹做饭呢！我爹‘支左’去了，不知道什么时候才能回来，妈妈下班又晚，家里的事缠得我分不开身。我可走啦，过两天到你家玩去！”

两人分手，白慧进了办公楼。

楼道里挤了许多人，一片片吵闹声，而且吵得相当厉害。这里光线暗，白晃晃的日光从楼道另一端的玻璃窗射进来，从这边只能看见黑压压的人影。白慧挤上去看，原来是些“红革军”的俘虏被围在中间。这些人大多和白慧不是同年级的，面熟但不认识。“浴血”的人正在用硬邦邦的拳头教训他们。他们不服，发出被激怒的抗议声。

“你们凭什么单方面夺权？我们就是不承认！你们用拳头棒子也不能使我们屈服！”

“去你的！你们破坏会场，想保走资派的权，妄想！印把子在我们手里了！”一个“浴血”的人叫着。

“我们宣布：夺权无效！”被俘虏的“红革军”气咻咻地喊道。

“呵——你宣布无效，是吗？”另一个“浴血”的人用一种含着戏谑意味的怪腔调说，“你不过在这儿放了一个屁！”

人群中爆发一阵开心、胡闹和讥诮的笑声，并夹杂着辱骂“红革军”的话的起哄声。有人把“红革军”的帽子摘下来扔在半空中。还有人上去动手动脚。这些“红革军”大叫：“你们这是耍流氓，有理可以辩论嘛！”

看来，这种场合毫无辨明是非的可能。

白慧一声没出，看了一会儿，从喧闹和扭打着的人群中挤过，上楼找到了郝建国。他在总部的办公室，正与另一个学生研究大字报和标语的内容。

郝建国见白慧进来，只说一声：“你坐！”然后扭过头来继续对那学生摆着瘦长的胳膊说：“再加上一条‘红革军的坏头头马英是制造二二七反革命反夺权事件的罪魁祸首！’”

那学生的目光一亮，兴奋又赞佩地说：“好！这就带劲了！”

“就是嘛！擒贼先擒王，箭头要对着靶心，目标要找准，打得还要狠！”郝建国一拍那同学的肩膀，用一种老练的指挥者干练的口气说，“你快去写。必须不出今天把这条标语贴到他们总部门口的大墙上。”

“好！”那同学兴冲冲地走了。

屋里只剩下他们两人。郝建国没说话，先回到办公桌前坐下，低着头，两只手玩弄着胸前的哨子。他对白慧的态度完全不像杜莹莹说的那样。他相当冷淡，明显表示出对白慧的不满。

屋角戳着几杆卷起来的旗子和一大堆木枪。靠墙排列几个档案柜，柜上的暗锁都撬去了，露着洞眼，却贴了交叉成十字形的封条；还有两张黄木桌，放着一架油印机和大堆白纸与印好的传单。

墙上涂满毛笔写的各种各样的口号、漫画人头像和辱骂当权派的字句。办公桌上有一台电话。这儿原是校长办公室。郝建国坐在这里确实很神气。屋里没生炉火，空气很凉，依然飘着一股挺浓的油墨和墨汁的气味。

“你的政治态度如何？”

郝建国终于说话了。他第一次用这种口气——几乎是一种审问的口气——问白慧。他没听见对方回答，便抬起头用他敏锐的目光瞥了白慧一眼。这张白白的脸上没有任何表情，可是那双细长的眼睛里好像有种莫解的又确定了的含意。他刚要说话，白慧已经站起来，走到桌前摘下了臂章，又折成两折放在桌面上。郝建国突然像被咬了一口似的，跳起来，椅子撞在身后的墙上。他双手按着桌面，朝她咆哮着：“叛徒！你果然向马英投降了！”

白慧从细巧的鼻孔里发出一声冷笑，板着面孔说：“不许你诬蔑我！谁是叛徒？”

郝建国抓起桌上的红臂章，在她面前用力地摇着，吼着：“你这是为了什么？”

白慧什么也没说，转身把小辫儿从胸前甩到背后，跟着在总部的门口消失了。

转天，杜莹莹来找白慧。她同白慧扯闲天，表面上没什么事，可是表情不大自然，显得挺费劲。然后，她好像把背着的一件什么重东西扔在地上似的，松了口气说：“算了，我不和你绕圈子了。郝永革不让我说是他叫我来找你的。我不费这份心思，照直对你说吧！他叫我来打听你为什么退出‘浴血’总部。”

“不知道。”白慧说，眼睛一动不动盯着窗玻璃上闪烁的冰花，那是寒风奇妙的杰作。

“瞧你！还不说。是不是郝永革冷淡了你？你犯不上跟他生气。他这些日子心情不大好，脾气还见长了呢！这也不怪他。斗争太激烈，咱的人愈来愈少，马英那边愈来愈多，谁也沉不住气。郝永革说……我都告诉你吧！他昨天已经派人了解到你并没去参加‘红革军’。他猜想你是因为你爸爸的事，怕人家揪你的辫子，对不对？”

“我爸爸有什么事？现在我爸爸工厂里有一大半人支持他。他是真正的革命派，谁揪他我跟谁拼！揪我的辫子？哼，敢？！”她扭头对杜莹莹气冲冲地说。

“那为什么？”杜莹莹见她火了，怕再刺激她而小声地问。

“不知道。”白慧仍面对冰窗。从那里透进来的银色的阳光，把她的脸映得雪白，像白雪。

“哎呀，白慧，你怎么有话还瞒着我？”

“我真不知道……”

她好像确实有种说不清楚、不明确的原因。杜莹莹感到困惑了。

“莹莹，你说谁是咱们的敌人？”白慧转过脸，严肃地问。

“你怎么连这个还没弄明白？反革命呗！”

“教师是不是都是反革命？”

“当然不全是了。”

“可是我们前一段时间把他们一概横扫了！”

“触一触有什么不好？”杜莹莹轻松地反问道。

“我们是把他们当作敌人搞的，还是当作犯错误的同志搞的？”

“哎呀！白慧，你真是没事找事。管它呢！革命一搞起来，谁还分这些？”

“不对！毛主席说，分清敌我是革命的首要问题……好，我再问你，《十六条》上明明写着‘要文斗，不要武斗’，我们怎么做的？”

“那可不好说。搞阶级斗争哪能客客气气的。革命不是请客吃饭嘛，动嘴不管事，还不动武？”

“不对！”白慧声音响亮地反驳道，“你好好看看那些书，你的说法不对！”

杜莹莹这才发现白慧床旁的小书桌上放着一堆书。她过去翻了翻，有马恩选集、列宁和毛主席的书、党史、几本宣传辩证唯物论的小册子，还有一些文学书籍。她漫不经心地拿起一本来看。这是本很旧的书，不灰不蓝的封面上印着“热爱生命”四个字，已经磨得漫漶不清。书名下边有一行清晰的钢笔字，是白慧的字迹：“请注意，这不是坏书，是列宁爱看的书。”桌上还放着一个日记本，翻开的那页写满密密麻麻的小字。杜莹莹毫无兴趣地把书放在书堆上，慢声慢气开着玩笑说：“你简直是个学者呀！要写什么文章吧！我看倒是你自己要成立一个总部，另拿出一种观点来。我猜得差不多吧！”

白慧黯然地说：“不，我没有资格。我是有罪的人……”

“你这是怎么了？阴阳怪气的！跟我捉什么迷藏呀！怎么说来说去又是个有罪的人了？你犯神经了吧！”

白慧不说，杜莹莹偏想知道。后来白慧终于把打人那件事吐露出来。并非杜莹莹追得太紧，却因为此时此刻唯有杜莹莹是可以说话的人；而且这件事对于她来说，又大又沉，心里实在容纳不下，说出来或许好受些。她讲了那次打人的过程。

“我当时只是出于愤恨，不想真打在要害上了！我……”

杜莹莹略感吃惊。但她见白慧身上好像压了一块死重的大石板，快支持不住了，便安慰白慧说：“打牛鬼蛇神算什么错？郝永革他们审问当权派哪次不狠揍一顿。不打，他们哪肯服气、哪肯承认呢？”

“不，我准把那人打死了！”白慧缓缓地摇着脑袋说。她愁苦地闭上眼，白白的脸上好似蒙了一层灰色的阴云。

杜莹莹看着她，脑子里好像突然悟到了什么，圆圆的双眼像一对小灯那样闪出光亮。她问：“白慧，你说那挨打的女的是哪个学校的？”

“不知道。我也没打听过。那天一共十多个学校在咱校开联合批斗会，谁知是哪个学校的。”

“你怎么事后也不打听打听呢？”

白慧没回答。她的原因只是一种心理：怕打听来的消息太坏就会更受不了。

“你们打完她，她给拖着往哪个方向去了？”

“花园路。怎么？”

杜莹莹抿着嘴神秘地笑了笑，说：“你等会儿。我先问你，那人长得什么样？”

白慧不假思索就说出来：“短发，花白头发，中等个，胖胖的。大眼睛挺黑，黑黄脸儿。嘴好像比较大。”她只要一闭眼，这个形象就能出现眼前。画家如果有这样好的形象记忆力，便是求之不得的呢！

“噢，是她呀！她哪里死了，还活着哪！”杜莹莹说。

“怎么，你认识她。”

“她是第四中学的外语教师。名字叫什么，叫什么……哎呀，我忘了。马英准知道，她初中是在第四中学上的。”

“你怎么知道我打的就是她呢？”

“那天开批判会，我在场呀！虽然没和你们在一起，可一直坐在台下。那人就站在台前，就是你说的那长相。”

“哎呀，对呀！你怎么知道她没死？”她连呼吸都停住了，期待着杜莹莹的回答。

“入冬后的一天，我还看见她在大街上走，后面跟着两个学生。”

“真的？”白慧的眼睫毛像扇子一样张开，喜悦地震颤着。

“我亲眼看见的哪！那还有错！”

白慧的双眼顿时亮晶晶地包满了泪水。好像是她的什么亲人死而复活了似的。杜莹莹给她的好友失常的、近似于神经质的举动弄得莫名其妙。她不明白这件事怎么会如此严重，值得这样悲喜。白慧抹了一下眼，问她：“莹莹，你知道这人是干什么的吗？你那天在会场上，会上揭发她的问题你准听到了。”

“她？”杜莹莹盯着屋顶一块地方，在记忆中寻找回答对方的内容，“她可能当过圣母军……还净讲些外国资产阶级的生活，什么牛奶面包的，毒害学生。”

“真是圣母军？”

“唉，你不知道我记性不好。这是几个月前的事了，又开了多少次批斗会，哪还能记得。反正她不是好人！说不定你打她一下，教训了她，促使她把问题交代清楚了呢！”

白慧请杜莹莹好好回忆一下，杜莹莹再说的话就不大牢靠了。显然她为了安慰白慧而东拉西扯一些靠不住的情况。于是白慧请杜莹莹帮她再去打听一下。杜莹莹微笑地看着她，答应下来。随后杜莹莹起身告辞，答应明天打听到情况就来告诉她。杜莹莹走到门口站住了，问白慧：“怎么样？你还坚持退出‘浴血’吗？算了吧！你知道郝永革为了你这么做，急成什么样子了？他昨晚到家找我，垂头丧气，眼圈还是红的呢！我还没见他红过眼圈呢！他求我来说服你，还后悔当时他太急躁了。样子也挺可怜的！都是老战友了，何苦闹翻了呢？再说你和马英也不是一个心气儿。”她完全是个和事佬。

“回头再说吧！我得和他谈谈。”白慧的话缓和了，脸上如解冻的大地那样舒朗。

杜莹莹因为完成了郝永革给她的使命，又帮助好友排难解纷，除却烦恼，心里也像扔掉小累赘那样轻松和高兴。她开着玩笑嗔怪地骂了白慧一句：“神经病！”同时拉着门把儿将自己关在门外。

自从白慧与常鸣发生了那场冲突之后，多少天来，她如同失足掉进了思想斗争的旋涡里。

几个月里深深印在她脑袋里的那些事物：激昂的、庄严的、亢奋的、奇异的和怪诞的……以及各种各样的口号、观点、见解、豪言壮语、奇谈怪论，一下子都聚拥而来，铿铿锵锵碰撞一起，迸溅出光怪陆离的火花，弄得她头昏目眩。这些事物在突如其来的时候，来不及思考，全凭对它的表面印象确认它。现在不同了，事物愈来愈复杂。它分化，演变，不是清一色了。某些事物的表里也不是同一种颜色。需要认真辨一辨了。

她成了雄辩中的双方，争辩的中心就是自己。具体地说，也就是自己做的那件事情。

她设法肯定了自己，又不由自主地驳倒自己、否定自己。她是自己顽强的辩护士，又是无情的抨击者。反复地否定，否定了又否定。以致由于铁面无私地推翻了自己而陷入痛苦的旋涡之底……

漩涡是疾转的。转得透不过气来。时而她不能自已，四肢张开随着某一个想法旋转而沉浮。一股汹涌的热流把她掀上来，又一个寒冷的浪头把她压下去……在深夜，她常常由于这种思想搏斗而彻夜不眠。有时，她光着脚丫下了床，走到妈妈的遗像前站住了，忽然她双手捂住自己的眼睛。因为她受不了妈妈冷静的目光，那目光似乎含着一种深深的谴责。

“妈妈，我对不起您，不配做您的女儿……”

常鸣的话那么有力地反复在她耳边响着:“你的思想是拿口号连缀成的，你却自信有了这些口号就足够了；而对你所信仰的马列主义、毛泽东思想知道的并不多。……如果你不善于学习和思索，单凭热情和勇气，就会认为那些叫得愈响的口号愈革命……”

于是，她对爸爸说:“你把书柜的钥匙给我。”

“没有什么可烧的了，都是经典著作。”爸爸说。

“我就是要看这些书！”

她把书抱到自己的房间，贪婪地读着，思考着。在大雾弥漫的海上的航船，会更感到罗盘的珍贵。书上的思想如同一把梳子，梳理着她那些纷乱的、纠缠绞结的思绪。当然，她不可能像大梦初醒那样，一下子明白了整个世界。但是她碰到了一些教给她认识周围事物和自己的、令人信服而十分明晰的格言。

她朦胧地感觉到：郝建国曾经给她涂在伤口上的仅仅是一种麻醉剂，现在失效了，伤口剧烈地疼起来。颜色漂亮的油膏剥落下来，伤口暴露在眼前。她宁肯把那些油膏全刮得干干净净，看一看这伤口究竟有多深，有多么可怕和难看……

在这期间，她见过常鸣几次；希望还能听到常鸣的见解，但见了面竟无话可说。两人都尽量躲闪着思想上的东西不谈，仿佛怕再加深分歧。她更没有勇气把自己的隐痛告诉常鸣。如果常鸣知道了那件事会怎样看她呢？其实，她从上次两人的冲突中已经清楚地感到了。为此，她发愁和苦恼，似乎担心因此失去了常鸣……

两人见面，好像关系变得冷淡的两国使者的会见，渐渐没什么内容了。她顶多是向常鸣借本书。常鸣连书也不谈，一般只说一句“别转借别人”而已。

两人都没多大必要见面了，不知为何还要见。

今天事情意外地发生变化。当杜莹莹告诉她有关那个一直误以为死掉了的女教师依然活着的情况之后，她就像从一个幽闭得密不透风、毫无希望的大铁罐子里突然蹦出来一样，一下子从漆黑的漩涡里浮到光明的水面上来，身上的重赘全都卸掉了。她感到自己如同一只徜徉天空中的鸟儿那样自由。

原来事情并不像想象的那么糟糕，完全可以挽救。一切都可以重新好好开始呢！

她站在屋子中间，双手抱在胸前转着圈儿。由于她从小不会跳舞，转圈的姿态不美，很生硬，却完全可以把心中的喜悦表达出来。

她转着圈儿，看见了挂在墙上的毛主席的画像，口中喃喃地说:“毛主席，我要好好学习，一切照您的话做。”她又看见了镜框中妈妈的照片，喃喃地说:“妈妈，您可以原谅我吗？”她还在镜子里看见了自己，忽然对着镜子停住了，简直不认识自己了。

晚上，爸爸推门进来，花白的眉毛顿时惊讶地扬起来。放在过道上的饭桌上摆满了丰盛的饭菜，都是自己爱吃的；女儿容光焕发地坐在桌旁等着他。多少日子来，家里清锅冷灶，常常到外边买着吃。女儿不是紧锁眉头，就是咬着下嘴唇，总像有什么心事似的。他几次想和女儿谈谈，但女儿只报之以沉默。今天到底有什么变化？一时显得屋子都亮了。

“小慧，今天是什么日子……噢！”他恍然大悟似的拍了拍自己的前额，对女儿歉意地笑了笑说，“我又差点儿忘了。今天是二十八日，你过生日，对吧！”

“您真糊涂，爸爸！我的生日是上月二十八日，早过去了！”

六

痛苦是一种秘密，高兴希望公开。无论谁有了高兴的事，都想叫亲人和知己快快知道。

白慧吃过饭就出来了，急渴渴奔往河口道。她走到新兴路和光荣大街的交口处，突然站住了。常鸣就站在对面。他穿一件深色的棉大衣，戴一顶灰兔皮帽。帽子在夜色里微微发白。他笑吟吟看着白慧，好像一直在这里等候她似的。

“你上哪儿去？”常鸣问。

“我？我……上前边买点东西。你呢？”

“我要到那边找个人。”常鸣指着白慧过来的方向，“不过，不是非去不可的。”

于是，不知从哪里伸来两只无形的手，扯着他俩的衣襟，轻轻拉进横着的一条小街。别看这条街很窄，几乎没有便道，像宽胡同，却又直又长，通向很远的地方。

刮了一天的寒风，傍晚时无声无息地停了下来，空气反而有些暖意。鞋底擦着地面的声音十分清晰。路灯下慢慢行走着的一对影子，一会儿变长了，一直拉成几丈长。一会儿缩小了，渐渐缩小了，缩到脚尖里，然后跑到身后去。当走过一盏灯下，影子重新从脚尖双双钻了出来……白慧看见他们的影子，心跳得像敲小鼓那么响。她不敢看，又忍不住偷看一眼……

她本想把自己的秘密全部向他袒露出来。那件事也可以原原本本告诉他了。还有爸爸的情况，妈妈的历史，以及自己对各种事物的看法、想法、疑问和这些天来精神上某些宝贵的收获。可是，不知是何原因，她现在一点也说不出来了。好像一只瓶子刚刚倒竖过来，又堵上一个塞子。她看了常鸣一眼，常鸣低头不语，脸遮在黑影里。忽然她感到一种从来没接触过的东西悄悄来到身边。她害怕了，有如从冬眠中初醒的小树，在春潮将临时颤瑟了……她反而什么也不想说了，生怕打破这奇妙、不安又温馨的沉默。

他们走啊、走啊，一直沉默着。

一道大堤似的黑影横在前面，白慧才知道他们已经走到火车道旁了。喧闹的市声从耳边消失了。这儿有一片小槐树林，当下树叶尽脱，林间给月亮照得雪亮。周围太静了，只有远处一家工厂的气锤声，一下一下清楚地传来。一片灯光在那边闪烁。这里是月光世界。铁轨像两条银色、夺目的抛物线，伸进漆黑的夜雾里。头顶上充满寒气的淡绿色的天空，澄澈而透明。大圆月亮，散碎的星星都挂在上边……

他们走进小树林，躲着月光。天空的月亮却死跟着他们。

白慧靠着一棵最粗的槐树干背光的一面，抬起眼睛看着常鸣。常鸣的脸浴着月光，朦胧而柔和。幽深的黑眼睛里把一切都表达得非常明确了。白慧的心都快跳出来了，但她努力不使自己低下头，大胆地望着常鸣。常鸣对她说："白慧，尽管我们在看法上有分歧，但……但我相信，我能理解你……"

这正是她需要和渴望的话呀！

她突然离开粗糙的、冷冰冰的树干，投进常鸣温暖而有力的怀抱里。脑袋斜倚着常鸣的肩头，脸儿朝外，身子微微颤抖，一滴滴映着月光、水银似的泪珠儿，从眼角落下来。

她听见两颗心猛烈地跳动的声音，但分不出哪个声音是自己的了。常鸣抚弄她的小辫儿，嗫嚅着说："你是好人……"

并且还说了一些像孩子感到幸福时说出来的那种傻话。

白慧什么也没说，一直流着泪……

夜深了，他们往回走。走了许久，又回到刚才两个人相遇的那个路口。当下四外一个人没有，只有远处传来的高音喇叭的声音。路灯显得分外明亮。他俩该分手了。

"白慧，你能对我说一句话吗？你一句话还没说呢！"

"说什么……"

"我最想听的。"常鸣期待着。

白慧没张嘴，却给了他一个难忘的、恐怕是终生难忘的目光，常鸣充满幸福地笑了。

"咱们该回去了，特别是你。你爸爸准不放心了，说不定还以为你参加武斗去了呢！明天见吗？明天正好是我的公休日。"

"明天见！"她忽对常鸣说，"我明天再告诉你。"

"告诉我什么？"

"一切。"

"好。明天我也要把我的一切都告诉你。"

白慧把手伸给常鸣。两人握住手。常鸣把她拉到身边，紧紧拥抱在一起。

"常鸣，如果我做过错事呢？"

常鸣陶醉在幸福里，他滚烫的嘴唇贴着她光滑而冰凉的前额。

“只要是你，我一切都可以原谅……”

白慧无限感动地仰起她在爱的冲动中显得美丽动人的白白的脸儿。他要吻她。她使劲一推常鸣，摆脱了，随即蹦蹦跳跳地跑了。她甩动的小手在灯光下闪了一闪，整个身影便在夜的蓝色中隐没了。

第二天上午十点多钟，白慧去找常鸣。

今儿，她穿一件轧了竖条子的绿棉袄，虽然很旧，颜色发白了，却洗得干干净净，又很合身，显出她苗条的身影。她脚上套一双黑条绒面的肥头棉鞋，鞋面用棕刷刷过，乌黑如新。鞋带扎成一对一般大小的黑色的蝴蝶结。头发梳得光溜溜，辫子编得又紧又利落。不知因为天气好，还是怕弄乱头发，她没戴头巾。白慧向来不为博得旁人的好感而打扮自己。现在如何，只有天知道了。

她白皙的脸微微透出一些红晕，眼睛里仿佛藏着许多感受。这时，如果一个看惯了她往常那种缺乏表情的面孔的人，碰到了她，准会大吃一惊的。

她进了常鸣所住的大杂院。上了楼，敲敲门，没人答应。一推门，原来门是开着的，屋里没人，不知常鸣做什么去了。炉火暖烘烘地烧着，地面刚刚洒了水扫过；空气中有股湿尘和燃烧木柴的气味。屋内收拾得挺整洁。床上罩一条天蓝色的新床单，像无风的水面那么平整和柔和。床旁的小圆桌上放了几本书，还有一盆玉树，就是先前扔在屋门外边的那盆，积尘已被冲洗掉，那肥厚、光滑、饱含汁水的叶子，给窗外射进的阳光照得湛绿湛绿，仿佛是翡翠做的；叶面上喷挂的水珠，像亮晶晶的露珠。

她第一次发现这间低矮的非正式的房间竟如此可爱与舒适，连竖在屋子中间几棵方柱子也显得挺别致。老槐树的枝丫在窗洞口交织成一幅美丽又生动的图案……

门儿吱呀一声，她扭过头。眼睫毛扬起来，心也跟着提了起来。没见人进来。哟，原来是只小猫。小猫从下边的门角探进来一个白色的、毛茸茸而可爱的小脸。用它蓝玻璃球似的一双眼睛陌生又好奇地打量着白慧。白慧知道常鸣没养猫，多半是邻居家的。她朝小猫友善地打招呼。小猫走进来，通身雪白，后面翘起一条长长的非常好看的大尾巴。尾巴一卷一舒。

“你来找谁呀？”她小声、像逗弄孩子那样亲昵地对小猫说，“常鸣同志没在家。你怎么自己跑进来啦……”她说着，忽想到她也是自己跑进来的，感到极不好意思，幸好对方是只猫。

小猫走到跟前，傻头傻脑地看着她，朝她柔声柔气地叫，随之用下巴蹭着她柔软的鞋面，表示友好。她弯下腰抱起小猫，轻轻抚摩小猫的光滑而蓬松的毛。白慧向来是不大喜欢动物的。前半年，她和郝建国去搜查一个被揪斗的教师的家，这教师爱养金鱼。他们曾把这种嗜好当作剥削者的闲情逸致，甚至当作逃避革命和厌恶革命的行为。对那教师狠批一顿，并亲手将一缸金鱼都倒进地沟里了。

小猫卧在她怀里，撒娇似的扭着身子，和她亲热地打着呼噜，又朝着小圆桌那边咪咪地叫。

“你是要吃的？噢，不是。你想看书，是吧？好，咱一齐看。”

她抱着小猫走到桌前拿起一本硬皮书。这是鲁迅的一本集子。

她翻着，忽然不知从哪页里跑出一张硬纸片飘忽忽、打着旋儿掉落在地。她弯腰拾起来。原来是张四寸大小的照片。照片上是个中年女人。穿制服，略胖的一张脸儿，黑黑一双眼睛温和又慈祥。深陷的嘴角里含着舒心的笑意。白慧觉得这女人特别面熟，尤其是这双黑眼睛。突然！照片上这双眼好像对她睁大了，睁得非常大。跟着额角涌出一股刺目的鲜血，顺面颊急流而下。双眼闭上了，目光在最后一瞬分外明亮，仿佛不甘心消失似的……紧接着一个冷冰冰的声音在白慧耳边连续不断地响起来："她死了，死了，死了，死了……"

这声音像一只大锤，一下一下猛击着她；她摇晃着，简直站不住了。咣啷一声，怀里的猫和手中的书一齐掉在地上。猫被砸在脊背上的书吓跑了。

白慧手里捏着那张照片，照片上的女人还是那温和慈祥的样子。时间再一次在她身边停止了，她已经不知道到底是怎么回事，到底发生和将要发生什么事了！

这时，楼梯响了，有人走上来，并传来常鸣的声音："你怎么这样慌慌张张？遇见生人了吗？那不是生人，是咱的老相识。她名叫白慧。"

显然，常鸣在和受了惊吓、逃下楼的小猫说话。他刚在楼下的盥洗室漱洗过，手端着脸盆走上来。他身穿一件褐色的粗线毛衣，饱满的胸脯把毛线编织的竖条图案全撑开了，里边的白衬衫领翻出来；才洗过的脸湿漉漉地散发着一种朝气，显得清爽又精神。他早听见白慧上楼的声音，知道白慧就在屋里。

"可以进来吗？"他站在门口开着玩笑说。

里边没有回答。他把屋里的白慧想象得幸福又腼腆。

“噢，原来有气派的将军都是这样默许他的部下的。”他笑着说，推开门进去。白慧坐在圆桌旁的椅子上。他一看见她，立刻惊愣住了。白慧的脸白得可怕，只有眉毛显得分外黑；表情难以形容，好像各种最难受、最痛苦的心情都混在一起，从这张脸上表现出来。

“怎么？”他放下脸盆，问白慧，“你不舒服了？”

白慧直怔怔地看着常鸣。

“你怎么了，白慧？”

白慧依然直盯着常鸣，目光呆滞。她没有力量站起来了，坐在那里把手中的照片举到常鸣面前，问：“这是谁？”

常鸣的神色立刻变了。他把照片拿过去看着，痛苦的阴云顿时跑到脸上，眼里涌出泪水。他声音低沉地说：“这正是昨晚咱们分手时，我说准备要告诉你的事情。我不能瞒着你，她是我的妈妈！”

白慧挨了致命的一击。她声音颤抖地说：“她是做什么的……”

“是第四中学的外语教师……”

没错了，就是她！白慧声音小得连自己也听不见了。

“她现在在哪儿？”

“死了，活活被那些极左分子折磨死、打死了！”常鸣身子一歪，一屁股重重坐在淡蓝色、铺得平平的床单上。床单的皱折向四边张开。他好像坐碎了一块玻璃。

一刹那，白慧心中的伤口猛烈地撕开了。她的心碎了！她觉得，命运偏偏在这里给她安排了一个大陷阱：落进去了！没顶了！然而凭着生命的本能，她在绝望中挣扎，好似溺水的人拼命去抓漂在水面上的破碎的小木板。

“她一定有罪！”

陷入痛苦中的常鸣完全没有去注意白慧和她的话。常鸣仰起满是泪水的脸，哀号着：“她哪里有罪？她热爱党，热爱毛主席，热爱祖国，热爱生活、青年一代和她自己的事业……她哪里做过半点危害人民的事？有罪的不是她，是折磨死、打死她的那些人，那些凶手！”

“不，不！”白慧拦住常鸣，生怕他说下去似的，“你了解她只是表面的。你不知道她的历史。她在旧社会难道没做过坏事？没当过圣母军？”

“什么‘圣母军’，你胡说些什么。她的过去我全都知道。她不止一次对我说过！”他受感情的驱使，冲动地叫着，“你听，我把这一切都告诉你，但不能告诉那些打人凶手！他们也不想知道，不想承认。如果他们承认这一切，还有什么理由毒打人？他们必须否定一切……我妈妈和爸爸都是原北师大的学生，是穷学生。毕业后，每人只有一张文凭，两手空空地失业了！爸爸给一个报馆抄写稿子——对，现在他们会说这是抄写反动文章；妈妈给一个有钱人家洗衣服，看孩子——对，他们会说这是给资本家当奴才，为资本家服务。后来，爸爸和妈妈把积攒的不多的钱全花了，才托人谋到一个中学教书的差事做。妈妈教外语，爸爸教中文。爸爸痛恨旧社会，上课时宣传了进步思想，被人告了密，触怒了国民党当局，给当作‘赤化分子’弄到警察局蹲了一年的监狱。在狱里挨打挨饿，受尽折磨，得了胃穿孔，差点死在狱里。出来后不成人样了，工作也丢了。那时我才两岁多，妈妈怎么能养活得了一家三口人。多亏解放了，救了我们一家。爸爸和妈妈一直没离开讲台，因为他俩都热爱教育工作。更因为热爱青年一代。妈妈说过‘总跟青年在一起，心也总是年轻的’。爸爸带病坚持工作。后来两人都先后被评为‘一级教师’。妈妈这张照片就是当时照的。五九年爸爸旧病复发，大吐血死了。爸爸临终时，手指着我就是不合眼。妈妈说她一定把我培养成材。爸爸摇头，表示妈妈错会了他的意思。妈妈明白了，哭了，说‘我一定为党、为祖国把像常鸣这样一代代的孩子们培养成材’。爸爸才含笑闭上眼……妈妈她……整天像牛一样工作着。下了课，就和同学们谈思想、谈学习和工作，做个别辅导，常常忘了吃饭，很晚才回家。吃过饭，又带着身上的粉笔末子趴在书桌上批改学生作业，有时到深夜……当然，现在他们会说这是‘不遗余力地毒害青年’，那就由他们说去吧！反正历史不是靠他们作结论的。妈妈是个多么忠诚、勤恳、善良的人呵！年复一年，她把多少批学生送上了大学，或者送到工农业战线上去。年年春节，我家都聚满了妈妈历年教出来的学生们，有的看上去和妈妈的年龄差不多了。他们在哪儿工作的都有。有的已经很有成绩了。但他们依然还是那样尊敬和热爱妈妈……你看，你看吧——”他跳起来，拉开柜子的抽屉拿出一包报纸裹的挺大的包儿，两只激动得抖颤的手从中撕开纸包。把一二百张照片撒在圆桌上。照片上的人各式各样。有的是军人，有的是三三五五在一起照的。还有和常鸣的妈妈一同合影的。常鸣大把大把抓着这些照片，“看吧，这些就是所谓的妈妈毒害的人！难道这就是她的反革命罪证？凭这个来要她的命吗？妈妈的身体原来并不坏呀，她还能为革命做多少年工作呀！但被那些凶手关在学校的地下室里活活折磨死了，冤屈死了！一次次的毒打、酷刑、人格侮辱。他们揶揄人的尊严还不够，还要像法西斯一样，从肉体上消灭一个人。那些自称为革命派、喊得最响最凶最漂亮的家伙们，他们的所作所为正是摧残革命的本身！我就是因为妈妈，给他们赶出家，到这里来的！不，不，不，白慧，你不要捂着耳朵，你不要怕听这些悲惨和残忍的事情。你应当了解我的妈妈……她临死的时候，两条腿全被打坏了，站不起来。身上的伤口还没有愈合……"

"她肯定不满运动，仇恨运动！"白慧双手捂着耳朵大叫。

"不！毛主席发动这场大革命是要把我们的党和祖国变得更强大！她所恨的是那些背离党的政策而胡作非为的人，恨那些破坏运动的人！恨那些真正的人民的敌人！妈妈临终时对我说……'鸣鸣，你要相信党，相信毛主席……我相信是非早晚会分明，到那一天，别忘了到我的灵前告诉我一声……'一个人临终的话，往往是他心里最想说的话。白慧，你不要摆手，你听我说下去……"

"不，你不要说了。这不是真的！"白慧紧闭着眼，激烈地摇着双手。

"是真的，没有一点虚假。你听我说呀！"

"不！"白慧突然张开眼睛，眼珠通红，带着泪水，强硬而发狠似的说，"她不是这样一个人！"

常鸣呆了。他从迷乱的痛苦中惊醒过来，奇怪又困惑地望着白慧。白慧忽然站起来几步冲到门口，拉开门跑下楼去。她的模样完全像个疯子。常鸣大叫："白慧，白慧！你这是怎么回事？"

常鸣一夜没睡。天亮时疲乏极了，昏昏沉沉刚合上眼，忽听门那边嚓嚓地响。他睁开眼，问："谁？"

没有回答。只见从门缝底下一点点地塞进来一个白色的东西。

"谁？"

他下了床。这时他听到一个人跑下楼梯的脚步声。他开了门，从地上拾起那东西，原来是一张信纸，折成一个交叉成十字花儿的菱形小纸块。他急忙跑到窗前，掀开窗帘往楼下看去，只见一个围着头巾、穿浅绿色棉外衣的女孩子慌慌张张地跑出大门去。这正是白慧。他想喊住她，但已经来不及了。

他打开信笺看，顿时呆住了。想不到世界上还有这样的事。下面是信的原文：

常鸣：

你恨我吧！我打过你的妈妈，而且是狠狠地打的，打得头破血流！我是你的仇人！

我昨天本想告诉你的正是这件事。谁知事情这么巧、这么残酷。她恰恰是你的妈妈。但我觉得这种巧合很好，它是对我最公道、最有力的惩罚。比我自己恨自己、自己打自己解气得多！

虽然不见得是我把你妈妈打死的（这绝不是为自己辩解，也绝不想求得你的宽恕！），尽管你说过你能原谅我的一切（我知道，这里边绝不包括这件事）。但我想把这一切都详细地告诉你，因此我想见你一面。今晚八点钟，我在东大河大湾渡口的大钟下等你。我知道，你恨我，不愿意再见到我，我却请求你来。这恐怕是我们最后的一面了……

我等你。

你的仇人和罪人

白慧

常鸣捏着这张信纸，地面好像在脚底下液化了。周围一切可视的都虚幻了，化作无声的烟……

当晚，阴了天。下了大雪，又起了大风。

大湾渡口平日人就不多，在这种恶劣的天气里，又是夜晚，几乎渺无人迹。渡船不知停在岸哪边了。漆黑而空阔的河口上，大风雪好像一个巨大的无形的披发魔鬼，在远近发出一片凄厉的怪调的嗥叫。开始时，不知哪儿还传来呼喊渡船的声音，跟着就消失了。

透过一阵阵飞卷而过、白茫茫的雪雾，隐约可见渡口处堤坡上的灯光大钟前，孤零零立着一个人影。钟上那根短粗的时针指着八点的地方。

这是一个女孩子。就是白慧。

雪花给风吹得有了力量，沙沙地打在她的衣服上。大钟圆形的玻璃面上有大字报贴上又撕下来的痕迹。红色的秒针飞快地转动，时针渐渐移到九点、十点、十一点……她还是孤零零地站着。风雪愈来愈大，她却像一段锯断了的树干，一动不动地立着。浑身挂满雪，快变成白色的了。积雪已经盖住脚面，但她那一双细长的眼睛瞪得大大的，闪着绝望而依然坚定的期待的光。

第二卷

一

“傻瓜！地道的傻瓜！要不就是临阵脱逃的懦夫，没出息、保命、毫无作为的逍遥派。逍遥派就是对革命的颓废派。你同意我这么评价白慧吗？”

郝建国用他金属般嘹亮的嗓音说。他和前几年的样子有明显的变化。脸颊更瘦，颧骨突出了，下巴尖了，轮廓也就更加清晰。由于长期处于严肃状态中，鼻唇沟过早地加深，和他的年龄、和他年轻的面孔很不调和。但那双距离过窄的大眼睛依然明亮有神，敏感而犀利，锐气不减当年。他一方面，有种在复杂的斗争中养成的成熟、老练的劲儿；一方面还有种青年人过早发迹而洋洋自得、忘乎所以的狂气。他还戴军帽、穿绿色军裤，上衣换成蓝华达呢制服。脚上不穿胶鞋了，穿的是厚底的黑牛皮鞋，鞋面像漆过那样亮，鞋底沾过水，走起来吱扭吱扭地响。当下他倒背手在屋子中间极慢地溜达着，仿佛有意欣赏鞋底发出的吱扭声。

他对面坐着的是杜莹莹，只是人胖了些，其他变化不大。孩子般的单纯气和温和的性情仍保留在她的圆脸上；左眼自然还是那样向外微微斜视的。她说：“我就不同意你这样议论白慧。你总骂她，好像和她有什么私仇似的。”

“我和她有什么仇？我是说当年她不该当逃兵。不然的话，她也和我一样干出来了。不至于到一千里地以外‘修理地球’去！我没说她是‘坏蛋’，而说她是‘傻瓜’！这是恨铁不成钢的意思。”

“不，你不了解她。她是自己要求走的，怎么是傻瓜呢？”

郝建国咧嘴笑了笑，说：“好，我们撇开她，先说说什么样的人是傻瓜……”他正说着，外边有人敲门。“哦！你等等，有人给我送椅子来了，咱一会儿再接着说。”他到外边去开门。

当下他们是在郝建国的房间里。时间已过了五年。现在是春天。屋内阳光明亮，窗外的树全绿了。

五年中，无论什么都有显著的变化，人更是如此。在六十年代末的大动荡暂时平歇下来之后，学校的大部分学生都去支边支农。白慧走了；郝建国留了校，靠着运动中冲锋陷阵的资本和拼力奋斗，飞黄腾达了；杜莹莹因心脏病，留在家中休养。时代、社会、环境的变化，改变着人。这些暂且不说，单说郝建国的名字，也从“郝永革”改回来了。

郝建国的皮鞋声从外边响了进来。他一边扭回头说：“放在过道就行了。”

“不不，我给您放在屋里吧！”随着这声音走进来一个四五十岁、矮粗、眼球发红的男人。他穿得破旧，形容猥琐；头发和肩膀上沾了几朵柳絮。他搬进两把亮闪闪的电镀折叠椅，靠墙放好。杜莹莹认出他是学校财务组的老张。老张看见她却没认出来。他对郝建国挤了挤红红的小眼睛，露出殷勤和讨好的笑容，说：“郝主任，我给您挑了半个多小时，差不多都有毛病。不是电镀有残，就是皮面颜色不鲜。就这对儿最好！”

“嗯！”郝建国朝他满意地、嘉奖似的点点头说，“你倒挺能办事。不坐坐歇会儿吗？”他这句客气话，实际上是不客气的逐客令。

“不了，不了！”老张立刻领会到郝建国的意思，忙摆着手说，“您再有什么事尽管招呼吧！您这儿有客人，我先回去了。”

杜莹莹觉得不大好意思，站起身说：“您歇歇吧，我没事。”

郝建国是背对杜莹莹站着的。他用背在屁股后面的手摇了摇，示意给杜莹莹，叫杜莹莹别再跟这人客气；同时对这位老张平淡地说：“好，你回去吧，回去好好歇一歇。”

老张非常知趣，转身已到门口，又回过头伸长脖子朝杜莹莹使劲点点头，表示再见，随即被郝建国送出大门。

郝建国回来，向崭新的椅子高兴地瞟了两眼，转而对杜莹莹说：“刚才咱们说到哪儿了？噢，说到‘傻瓜’。究竟何谓‘傻瓜’，何谓‘聪明人’呢？”他好像来了灵感似的，目光一闪，“我先问问你，你说，刚才送椅子这个人——他是原来咱学校财务组的会计老张。你还记得他吗？好，咱就说他吧！你说他是聪明人还是傻瓜呢？他费了很大劲给我买来椅子，还向我献殷勤，你准认为他是傻瓜吧！不，也许你还不知道老张的情况。他贪污过一千元，定为坏分子，已经调到后勤组监改去了。我呢？校领导，革委会副主任，专案组长。他拍我的马屁还算傻吗？当然，这只是想讨些好，早点给他摘去帽子。小聪明，算不得什么。但由此可以引申出一个道理——评价一个人聪明还是傻瓜，先要看看他所处的地位，再看他怎么去做。聪明人善于改变自己的处境，能够发现和抓住他周围的有利因素、有利时机，设法变被动为主动。傻瓜则恰恰相反。尤其在处于逆境和劣势时，傻瓜总是听其自然，束手无策，坐以待毙。

聪明人却要调动起全部的主观能动性，所有脑细胞都处在最活跃的状态中。现在，该轮到评价白慧了。她表面挺聪明，在运动初期积极能干，可是她老子一出问题，她就像蜗牛一样缩回去了，不敢干了。其实那时也有人给我爸爸贴大字报，攻得也挺凶。当然他的职位比不上白慧的爸爸，也比不上你爸爸，仅仅是个车间主任。可是我根本没对别人讲过。自己顶着干，比谁干得都猛。怎么样？杀出来了！现在我的职位反比我爸爸的高。我可不是夸耀自己。有些道理，我也不是一下子就明白的。运动开始时，我还有些简单、幼稚、狂热的东西，现在想起来挺可笑。在政治斗争中，不能动私人感情；所谓的'正义感'也轻易不能用。你单纯，就容易被利用。你只有好心，那你准倒霉。没有权，你的好心又顶个屁用？权又是怎么来的？人家白送给你的吗？不……哎，这些话你可别跑出去乱说。我从来还没对别人讲过，仅对你。当然不单因为你可靠，更重要的原因，我不说你也明白……"他用目光表达着另一种语言。

杜莹莹低下头，圆胖的脸蛋涨得绯红。郝建国正在追求她。近半年，他们的关系已经相当密切和明朗化了。郝建国又敏锐地、不大放心地瞅了她一眼，半开玩笑地说："你可别出卖我呀！出卖我的人绝没有好下场。马英怎么样？闹了一通也没留校。滚蛋了，和白慧一块儿要锄头去了！"

"去你的！谁出卖你？我不懂你那些什么聪明呀，傻瓜呀。我就是你说的那种傻瓜，听其自然，束手无策；我没你那么大能耐，一辈子也聪明不起来了！我只想快点把病养好，早点工作。至于白慧，你说的还是不对。你根本不知道是怎么回事。她当时退出'浴血'并不是因为她爸爸；她去支边，一是她愿意去，二是她非去不可的！”

杜莹莹给郝建国刚才那句话气急了，一不留神把一件秘密暴露出来。这件秘密正是郝建国一直没弄明白的问题：到底白慧当初为什么退出“浴血”？到底她为什么那么坚决地要去支边，而且还要求“愈远愈好”？现在，郝建国好像忽然从杜莹莹身上发现了一根拴着这秘密的绳头。他要牢牢抓住绳头，把那件百思不解的秘密拉出来。

“莹莹，这些话你以前从没对我说过。我反正把心里的话都告诉你了。要是有一点隐瞒，你查出来，可以把我弄死！我一直以为你对我毫无保留，原来并不是这样。”郝建国看了看杜莹莹迟疑的神色，改换一种不满的口气说，“告不告由你吧，她跟我有什么关系。她现在想加入‘浴血’也没地方加入去了。‘浴血’对于我，也早完成它的历史使命了！你以后要是有话不想告诉我，就一点儿也别露；别露半句、留半句的。我就怕人这样，好像不信任我，我自尊心受不了！”

“你真能逼人。她不过因为打了人！”杜莹莹说。

“打人？打谁？”

“她说是一个女教师。在校门口打的，还是运动初期的事呢。那个女教师姓徐……”

郝建国恍然大悟。他想起五六年前的那件事。他的记忆力极好。

“噢！我还当什么大不了的事呢！其实这件事发生时我也在场。当时我就察觉到她害怕了，畏缩不前。事后她向我承认了。我还给她打了气儿哪，哪知道她还当作一回事。那时，哪个牛鬼蛇神没挨过揍！白慧不过打了一棒子，见点血，就疑神疑鬼的。我看她的神经不大健全。怕事的人更怕死，她要上战场打仗准是个逃兵。”随后，他又好笑地说，“你还说我刚才判断得不对呢。我说她不是傻瓜就是懦夫，现在看来两样全说对了！”他声音嘹亮地笑了起来。

“不，她说她打死了那个女教师，叫我去替她打听。我一打听，那女教师还确实死了！”

“哦？！”郝建国脸上的笑顿时没了。

“但不是白慧当场打死的，是后来叫第四中学的几个人折腾死的。”

“哦！”郝建国脸上重新浮现出笑容。他问：“那有白慧什么事呢？又不会有人找到她头上来。”

“是呀，我告诉了她，可是她还说自己有罪。后来我才知道……”杜莹莹说到这里忽然停住口，好像遇到什么障碍来个急刹车。

郝建国飞了她一眼，沉吟一下说：“你现在说的这些事，过去可都没对我说过。”这话中有责怨杜莹莹对自己不够忠实的意思。他先用这句话刺激一下杜莹莹，然后追问道：“后来你知道什么？”他的口气似乎非要知道不可。

“她，她因为和一个青年要好……”

“噢，谁？”

“就是那年十月二日咱们在公园庆祝国庆，我们在船上打闹，白慧掉进湖里，那个把白慧救上来的人。你还记得那件事吗？”

“记得呀！你还借给那人一件军上衣穿，对吧！又怎么回事？”

“那人恰恰是白慧打过的那个女教师的儿子。”

郝建国呆住了。一瞬间，这意外的情况在他心中所引起的妒忌、恼恨、幸灾乐祸的心理，杜莹莹是根本不会知道的。他从鼻孔里冷冷哼出两声，撇着嘴挖苦地说：“好妙，好妙！谁说生活中没有小说。这也称得上‘今古奇观’呢！那小子知道白慧打了他妈妈吗？”

“她向他承认了……”

“真混蛋！后来怎么样？你能不能痛快点儿，别这么吞吞吐吐的，要不就别告我！”

“后来两人决裂了！那青年不能原谅她。她去支边，也为了不在这里再碰上那人。”

“原来是这样，这样！这样……”他在屋中间来回踱着步，皮鞋吱扭吱扭地响着，明亮的黑眼珠在眼眶里来回游动。突然他站住了，目光闪闪地死盯着杜莹莹问：“他们现在还有联系吗？”

“不大清楚。我想不会有吧！”

“那小子住在哪儿？在哪儿工作？叫什么名字？”

杜莹莹见他的模样有些狠巴巴的，心里挺怕。

“你问这个做什么？”

“有用！这事关系到我。白慧打那女教师时，我也打了，打得比她厉害！”

“你不是说，这不算什么事吗？”

“你真糊涂！难道你一点也不关心形势吗？现在不算事，将来不见得不算事。造反派现在是大爷，没人敢碰，因为上边支持。明天将怎么样，你敢担保？你笑什么？你以为我胆小吗？我的胆才大哪。胆大不是胡来，细心不算胆小。你没看到目前有人想翻运动初期的案，在搞落实政策。那死鬼说不定也会落实。虽然她不是我们打死的，但死鬼的儿子要是恨白慧，万一说出白慧打过他母亲，事情再一追究，难免我也要受牵累。这事和学校里的事不一样。学校的事我说了算，外边的事就由不得我了。到那时，我的仇人也会借故搞我。我必须设法防备，不怕一万，只怕万一。”

杜莹莹心里没了主意，郝建国恼火了。

“你这人真怪！告诉我怕什么，又牵扯不上白慧。要牵上她就得牵上我。在这件事上，我俩利害相关。莹莹，我明白告诉你，将来如果我要在这件事上倒霉，我本人倒没什么，就怕你受不了。我可预先都向你交代清楚了！”

杜莹莹担心地看着郝建国，说：“我记得那人住在河口道三十六号；名字，名字，记不得了……”

郝建国听了，露出满意的微笑。他说：“这就行了，有线索就好办。谢谢你呀，莹莹！”同时，他给杜莹莹一个温存的眼色，使杜莹莹害羞地埋下头来。

郝建国很快就打听到这青年叫常鸣，是红旗拖拉机厂的工人。他立即带专案组里的一个心腹，以专案调查的名义去找常鸣。

红旗拖拉机厂很大。当前正搞学大庆运动，厂内外大墙上贴满红色标语。一进大门，道旁竖着两排很大的玻璃展窗。窗内挂满先进人物的大照片，作为表彰。每张照片下都写着他们平凡而感人的事迹。

郝建国往里走着，一边漫不经心地从这些照片上扫视而过。他眼里所感兴趣的不是旁人的光荣，而是过错，因为后者对自己有用。但这时他的目光却在一张照片上停住了。照片是一张青年人喜气洋洋的脸。照片下端用红毛笔端端正正写了两个字：常鸣。他扭头对随来的人冷冷地说："就是他！"同时，狠狠地咬了一下嘴角。

到了党委接待室，接待他的是一位上了年纪的厂领导。人矮，不胖，但脸色红润，精神饱满，满头稀疏松软的头发，有一两绺总滑落到额前来。他很热情。当他看过调查介绍信，得知郝建国他们来找常鸣了解情况，便主动而情不自禁地啧啧夸赞这个青年的工作和品行，一边不住地把滑到额前的头发推到脑顶上去。郝建国厌烦地截住他的话，问道："他的政治表现怎么样？"

"很好。他是我们厂一连三年的厂级先进工作者，学习刻苦，能结合实际，很有成效。"

"我问他对'文化大革命'的态度。"

"是积极的，在运动中表现很好。"

"对他母亲死的问题呢？能不能正确对待？有没有抵触情绪？"

花白头发的厂领导看着郝建国冷冰冰的目光，皱起眉头。他对对方问话的内容和审问式的口气明显地流露出不满。他把遮在额前的一绺头发推上去，回答得冷淡又简捷："他的母亲正要被平反。"

郝建国听了这消息一怔，暗中庆幸自己来得正是时机。他不想和这位总去弄头发、不大对味道的厂领导多费唇舌，便说："我见见常鸣本人吧！"

花白头发的厂领导什么也没说，站起来走出去。不多时，一个高高的、结实的青年走进来，说："我就是常鸣。"

郝建国一眼盯住他，上上下下打量他，目光显得挺忙碌，好像要从对方身上寻找出来什么似的。他丝毫没有因为眼前这个青年曾是他凶狠棒打过的已经死去的女教师的骨肉，而有任何感触和不安，反倒非常仇视他。

谁也不知道他心里有桩隐秘——他早在中学时代就喜欢白慧，就是白慧自己也不知道。在恋爱没发生之前，往往是单方面的钟情、痴情，或自我安慰。那时他还小，不会表白，只想接近她并引以为快慰。从校团总支、“红卫兵”连部到“浴血”兵团，他一直和她在一起。他所感到的幸福唯有自己懂得。可是自从白慧突然退出“浴血”兵团到坚决奔赴“愈远愈好”的边疆，她好像一只给风卷去的风筝，愈飞愈远，拉也拉不住。他曾几次找到白慧，先是请她回到“浴血”兵团，后是请她留在城市，却遭到白慧的拒绝。他曾猜想过这里边可能有什么特殊的缘故，但无从得知。白慧和杜莹莹不一样，她不想叫你知道的，你休想知道。这也是他喜欢白慧的原因之一。

在白慧走后一段时间里，他曾给白慧写过一些很热情的信，但他一共只收到两封回信，平平淡淡地回绝了他；此后连张明信片也没再寄给过他。自尊心和感情受到挫伤，爱就渐渐变成恨，这便是杜莹莹说他总是骂白慧的根由。虽然现在他不那样对待爱情了，对这种东西有了新的概念和理解，但他对这个少年时代所爱慕的人却有一定程度的例外。直到今天他才明白，他不能求好于白慧的一个最关键的障碍，原来就是坐在他对面这个陌生的青年……

今天他来找常鸣有两个目的：一是他与杜莹莹谈过的，要设法使常鸣出证明，证明他不知道白慧打过他母亲，免除后患；二是要在常鸣与白慧已然破裂的关系中，再切下一刀，彻底搞散了。

他用自己事先想好的办法，先兜着圈儿问常鸣的工作、学习和生活琐事。常鸣感到困惑，不明白这些话题对他们有何用处，尤其是郝建国以一种漠不关心的态度同他谈他的私事。这做法把常鸣搞糊涂了，哪知郝建国在故布迷阵，麻痹他。就在这时，郝建国骤然扭转了话题，非常迅速地问道:“你认得白慧吗？”然后，一双距离很窄的黑眼睛死盯着常鸣。同时，与郝建国同来的那个人打开一个小本子，准备记录常鸣的回答。

常鸣遭到意外的袭击，如同挨了一枪，全身震悚般地一颤。一瞬间，他眼中流露出的全部心理，都给郝建国敏锐的目光捕捉去了。

“我认得。”常鸣说，并极力恢复平静。

“你怎么和她认得的？”郝建国要乘对方混乱之际多弄出一些实情，所以追问得很紧。

“我救过她。那次在公园，她掉进湖里……”

“不用说了，我们全知道。你和她是什么关系？”

“偶然相识。”

“后来发展成什么关系？”

“熟识。”说到这里，常鸣已经平静下来，思路也清楚了。

“她找过你几次？”郝建国问。旁边一个飞快地记录着，钢笔尖在纸上嚓嚓响。

“十来次。”

“你找过她几次？”

“我没去过她家。”

“真的吗？”

“真的！我不认识她家。”

“你们什么时候中断的联系。”

“认识后的两三个月。”

“为什么？”

“因为——”常鸣想了一下，说，“因为她不来找我，就中断了。”

其实，郝建国已经知道事情的底细，不是他不想揭露，而是不能揭露。他所需要的回答恰恰不该是事情的真相。他脸上没有一点反应，问话转到另一个内容上：“你们都谈些什么？”

“很少谈话。我们的关系一直到中断的时候还是陌生的。她来找我，只是出于感激而来看望看望，因为我救了她。”

“你知道她的情况吗？”

“不详细。”

“你听说她打过人吗？”

常鸣听到这个问题，他的表情变得很难正确描述出来。大概因为他这一瞬间反映出的心理活动太复杂，他低下头沉默了，没有及时回答。郝建国怕常鸣由于憎恨白慧而说出事实，便改变了问话方式：“她说她没打过人。”

常鸣抬起头来。他的脸色灰白而难看，终于这样回答：“这个……我不知道。”

郝建国露出笑容，满意地点了点头。这正是他所希望和需要的回答。由此他也猜想到了直到现在白慧在常鸣心里是个什么样的形象。他要借此，把得到的回答落实得再具体一些。

“你母亲是怎么死的？”

“被……被打死的！”

“被谁打死的？”

“第四中学的几个人。这件事军管会和第四中学的革委会都知道，正在调查。”

“她没在别处挨过打吗？”

“我不知道。”

“白慧没打过吗？”郝建国又一次突如其来地问道。

“没，没有。”

郝建国立即站起来，从同来的那人手中要过记录，逐字逐句看过一遍后交给常鸣，口气变得缓和又客气：“你看一遍，如果属实，就请你签名并按个手印。”

常鸣看过后放在桌上，垂下头没有说话，仿佛心里在进行着激烈的斗争。郝建国从公事包里拿出一个圆形的红印盒，打开盖儿，咔嚓一声放在常鸣面前的桌上。常鸣迟疑地伸出手指，指尖微微发抖，在印盒里一个劲儿地按着，好像下不了决心把手指抬起来似的，直把整个指尖都蘸满了黏糊糊的红印油。

“怎么？你的话不属实吗？你如果听说白慧有什么问题就揭发吧！”

常鸣忽然冲动地、神经质地把血红的手指猛抬起来，在记录纸上狠狠按下，又好像咬住了似的，手指按在上边停了半天才拿开，纸上便留下他清晰的指印。他做了一个违背事实的、对不起死去的妈妈却有利于白慧的证明。他仰起头来。郝建国看到他前额全是汗水，神情痛苦，泪水在眼眶里晃动。郝建国完全明白他是什么心情，只装没看见。

“请问你们，她在哪里？”常鸣沉了一会儿，问道。

“谁？”

“……白慧。”

郝建国瞟了他一眼，问：“你不知道吗？”

“不知道。否则就不会问你们了。”

郝建国停顿片刻，眼珠移到眼角上，跟着又移回来，反问常鸣：“你问这个做什么？”

“……没有目的。”

“那你就没必要知道了。”

屋里静了一下，常鸣又问：“再请问你们，要我证明这个做什么？”

“对不起，这是专案工作，性质是保密的，也不能告诉你。我们只是为了澄清事实。我们相信你的话，相信经你盖手印作证的全是事实。刚才你的领导赞扬你对党很忠诚。在我们短短的接触中已经深有所感，你是不会对党说瞎话的，希望你始终如一。至于白慧——”郝建国换了一种关心的口吻说，“你以后可不要再和她接触了。”

“她……怎么了？”

“我们不好告诉你。不过请你相信，我们是爱护你，为了你好。”

说到这儿，郝建国从常鸣脸上表情的变化看出自己的目的和期望的效果都已经达到了，便站起身，表示常鸣可以走了。常鸣走后，他便找来那个花白头发的厂领导，办好取证的手续。在回去的路上，郝建国嘱咐同来的人不要把今天的事对任何人讲，然后跑回家，趴在桌上，给白慧写了长长的一封信。

二

在张家口正北数百里的地方，是一片干燥、平荡荡、浩茫无涯的高原。高原上没有突兀的大山和幽深的峡谷，最多是些碟子样的浅浅的盆地。到处铺着黄澄澄的细沙，长满丰茂的绿草；大片大片乳白色的羊群在上面蠕动。晨曦中，草原是蓝色的，远看就像反映着蓝天的巨大的湖泊，羊群便是飘曳的云影。还有一群群馒头状毡房和积木似的新房舍点缀其间，充满高原草原所特有的空阔、清新和恬美的诗意。

锡林郭勒盟包括的十来个旗县就散布在这儿。盟的繁华中心叫作“锡林浩特”，是个有新兴气象的小城市，却也有着悠长的历史。市区正北有座三四百米高的小山，形状如毡房，因此得名叫作“敖包山”。它在平得像绿色的大纸板似的草原上乳头般地凸出来，非常惹目。早在远古，人们从漫无边际的草原上到这儿来，就以它为标志。山上有座古庙，庙院内保留着一株盘根错节、生长于唐代的古槐。凡是在草原上生活了三四十年以上的人，没有没见过它的。

五月在这里，很像内地的阳春天气。阳光把空气晒得暖融融的，到处那么透亮、干净，好像都用清水洗过，罩了一层玻璃似的；草原早就绿了。百灵鸟在很高很高的空中鸣啭，根本看不见它们，只有一阵阵银铃般动听的鸣唱洒下来。敖包山开满了杏花与桃花。这些花香混同高原上青草的气息，给风吹得到处飘散。虽然气味变得淡薄了，但此地人对这种气味非常敏感，一闻到它，便油然生发一种对珍贵的往事深沉的眷恋……这个季节，很多人都来登山，站在山顶放目远眺，伸向天边的草原的绿色，会把人们的思绪带得一样远。离人遥远的事情总是属于将来的，或者是过去的。连外地来的客人伫立在山顶欣赏这种景色时，也会引起联想，唤起记忆或幻想中的形象而流连忘返……

常鸣在山顶上足足站了两个小时。他在暮色中走下来，心里有说不出的舒畅的感觉，短外衣的袖筒里带着些草原醉人的气息。

他回到市区大街的一家招待所里，进了自己的房间。多日里对面的床一直是空的，现在却放了一个褐色的大手提包，肯定新来了一位客人。再一看，桌上摆了许多点心水果，还有一张便条裹着一张长途汽车票。他看过便条才知道本地拖拉机修配厂的同志们已经替他把明天返回去的汽车票买好，约他明天在车站上见；桌上的点心和水果是留给他吃的。

前几个月，这里的拖拉机修配厂去到常鸣的工厂请一名技术员，工作期限半年，帮助解决些技术问题。常鸣虽然不是专职的技术员，但他很刻苦钻研，对于解决非一般性的技术问题都能胜任。领导很信任他，就派他来了。他在这儿工作不到三个月，一切进行得挺顺利，问题都比较圆满地解决了。他打算明天离开这里返回去。敖包山是草原上的名胜古迹，他来后工作很紧张，一直未能去玩玩。所以今天下午抽暇去一趟，又怕修配厂的同志们知道了要陪他去而耽误工作，便没有声张，自己悄悄去了。

他吃了一点东西。只听屋门“哐”的一响，走进一个块头很大的男人，斜背一个黑色的人造革挎包，两步就走到常鸣面前，简直可以说是闯进来的。这人的脸通红通红，显然喝了酒。他的鼻子、眼睛、嘴、耳朵都是大号的，伸过来的一只大手紧握常鸣的手。这手又热又肥厚又柔软，像个胶皮的热水袋。

“我叫马长春，就是长春市的‘长春’那两个字，你就叫我老马好了。我是独唱演员，在沈阳工作。”

他的嗓音明亮、圆润、柔和，底气很足，显然在发音和用气方面下过很深的功夫。常鸣想起他曾经是位颇有些名气的歌唱家，不过近几年似乎销声匿迹了，听不到他的歌声了。常鸣摇了摇他握着的手，热情地说：“我叫常鸣。听过您的歌，您唱得很好。”

马长春先是兴奋地睁大眼，接着摆摆脑袋，叹口气说：“那是当年‘过五关’时候的事了，现在‘走麦城’了。不提那段儿啦！”他说着，把挎包摘下来扔在床上，又摘下帽子扔在一边，满头浓密的黑发立即像钢丝那样翘了起来，有几撮竖得直直的，那神气仿佛在说：“你压不倒我！”他拿出烟递给常鸣一支，常鸣推回去，表示不会抽烟。

马长春极爱说话，说起来滔滔不绝。而且爱议论不平的事和谈论自己。不知是过量的酒精造成的，还是一种天性。

“我以前唱的都是抒情的歌曲；现在呢？只要激情，不要抒情。歌儿不应该唱，而应当喊，拼命地喊，直嗓门，音量愈大愈好。最好是如雷贯耳，震聋观众的耳朵！因此，我来这儿，想调到这儿来工作。在草原上唱歌，你有多大音量也不够用的。哈哈，我这是笑话。我是给一群‘非常革命派’挤得没饭吃了！哎，老弟，你说说看，凭我这几句话能定上什么？”

常鸣笑了笑。他习惯用笑来回答生客。他并非没有主见，而是怕找麻烦。因为生活中专门有一批人靠找碴儿整人活着。他们善于在干净的地方发现污点。再把污点放大数百倍，乌黑一片地涂在你的脸上……

老马又来问他了：“哎，老弟，你是极左分子吗？是靠小汇报过日子，还是靠勤劳、实干和能力生活的人？你是不是也想拿个小本子把我的话都记下来？”

“我希望咱们谈点别的。”常鸣微笑着说。

“噢！”老马张大嘴朗朗地笑了，指着常鸣说，“老弟，我头一眼就看出来你是个正派人！你准打心眼儿里就憎恶林彪那种人，你绝不会为了往上爬而陷害好人。对不对？嘿！我的眼睛可厉害呢……当然，有时我也会把人看错，那就是每天围着我转的几个非常的革命派。他们过去和我要好，我信以为真，不分彼此。后来整我最厉害的恰恰就是他们几个。他们搞我的主要罪状是十年前我在电台演唱过一些外国民歌。按照他们给我定罪的逻辑：产生那些民歌的国家，只要现在是资本主义性质的国家，他们就说我宣传资本主义；如果是修正主义性质的国家，他们就说我宣传修正主义；如果现在是真正的社会主义的国家呢，而我也唱过不少的革命歌曲呢，嘿，他们提也不提。或者说我是为了宣传封资修故意设置的障人耳目的红色挡箭牌。然后，他们又在我身上找一些缺点，无限上纲，或者胡乱给你歪词。比如有一次歌舞团庆祝新年的宴会。我平时很少喝酒——你知道，歌唱演员是不适宜喝酒的。那天大家逼我喝，我喝了两盅就醉得不成样子了，这就成了我运动中的一条罪状。他们说我对现实不满，借酒浇愁。再比如，有一次我下乡演出，街上有个女人卖咸花生，我买了几角钱的吃，他们就说我支持资本主义……诸如此类，全都拉在一起。你想想，老弟，我又宣传封资修，又支持资本主义，又对社会主义不满，我成了什么人？于是他们搞我，所用的办法你根本想不到。他们知道我有说梦话的习惯，每晚在我床边安排一个人，守着我，就像守灵似的，手里还拿着个小本本，专门记我的梦话。他们说，一个人的梦话最能反映他灵魂深处的东西。据他们说，一次我在梦里叫了一声‘火’，转天就足足审了我四个小时，问我要烧什么。他们就这么搞我！如果有可能，他们会在我的肛门上也安装一个窃听器，连放屁的声音也要分析分析呢！老弟，你不要笑，他们办的愚蠢的事多着哪！这是革命派吗？我只能称他们作‘非常革命派’。就这样，他们‘非常革命’地挤进领导班子。现在呢，落实政策了，当权派恢复了职务；我也被落实了。你想想他们能高兴吗？他们怎么肯把一个关在笼里的鸟儿放了呢？他们整天什么也不干，摆弄人、折磨人已经成了一种嗜好。这也是他们用来表现自己‘非常革命’最便当、最省力气的方式。但落实政策是毛主席的指示，他们不能公开对抗，就暗地盯着我，看我有什么‘复辟行动’。我猜他们的小本子上又记得满满的了。因为他们不断抛给我的眼神等于告诉我了。谁知道，现在有些人拼命叫喊‘复辟’‘回潮’，安什么心？自然报上也这么说，咱就不好议论了。我受不了这种精神负担，只要一激动，晚上准失眠。这纯粹是给他们记录梦话时搞的。这样下去，身体非叫他们弄垮了不可，所以我要赶快离开他们。正巧听说这里的歌舞团需要独唱演员，我就跑来联系。我要到这里来好好为牧民们唱一唱，我要让自己的歌声在草原上飘荡。多年来，我唱不了歌，喉咙里好难受呀！”老马的眼睛在灯光里亮晃晃。他好像在克制自己，泪水汪在眼眶里，没有落下来。他对常鸣说："你那里怎么样，有没有这种‘非常革命派’呢？”

“臭虫跳蚤哪儿没有？有人的地方就有，否则它们就活不了。它们是靠吃人血活着的。”常鸣愤懑地说。显然他给马长春的遭遇激发起来。

马长春听了非常激动。痛苦的人受不了的往往是同情。他睁大眼，泪珠双双掉下来。他叫着："说得对，老弟。我猜想你也是个受害者，对不对？不过，你年轻。不会像我这样，给他们害得这样苦！”

常鸣默然了。他和马长春不同，他从不肯把内心的苦楚对人讲，而能够把生活中的种种感受锤炼成思想。此刻他胸膛里充满有力的情感，神情刚强又凝重。他说："受害的何止你我。重要的是党、国家、人民，是青年一代……”他一时要说的话太多，不免停顿下来。

“对！”马长春跳起来，大手一把抓着常鸣的胳膊，连声叫，“好，好，好，说得好！”他冲动得再也说不下去了。厚厚的嘴唇抖索不止，惊讶地望着这个不大熟识、貌不惊人的青年人。他觉得这青年人非同一般，感情深沉，朴实又成熟，内心的东西似乎很丰富。还有一个很开阔的精神境界，比自己显得厚重得多，“老弟，你好像比我看得开、看得远些。我……”

常鸣瞅了马长春一眼。他知道，一个人太痛苦了，常常会跳不出自己的圈子。在这点上，他有过更深的体会，便不禁问道："搞你的究竟是些什么人？”

“实话告诉你吧！最凶的两个都是我的学生！”马长春变得怒气冲冲，嗓门大而明亮。声音撞在四面墙上，发出嗡嗡的回声。

这里的故事想必又曲折又令人气愤和伤心。马长春抓起桌上的杯子，把半杯水两大口喝下去，又点上烟，狠狠吸了一阵子，仰起头刚刚要讲这段事，忽然有人敲门，进来两个姑娘，一看模样就知是内地来的知识青年。一个胖胖的，另一个苗条又俊俏，年龄都不过二十四五岁。这两个姑娘一听说脸儿红红的大高个子就是她们要找的大名鼎鼎的马长春时，便笑嘻嘻又非常热情地请他去楼上做客。经过简短的对话，才知道她们是盟里从各个旗县临时抽调上来的理论学习班的学员，就住在招待所的二楼。她们从招待所服务员那里得知歌唱家马长春今天刚到，就住在这间房子里，立即来邀请。当然是想听听马长春的演唱了。

“您只要为我们唱一支歌就成，我们要求不高，就是太想听您的歌了！”胖姑娘说。

“您要是不唱，来做客我们也同样欢迎！”俊俏的姑娘微笑着说。

她俩的态度真诚又恳切，还含着一种敬意。即令是倔强的人也不好推辞呢！一个真正给过人精神力量与美的感受的艺术家，自然会受到人们的尊重。这种尊重对于现在的马长春来说就非比寻常了。这等于是马长春的价值的一种见证，还等于告诉他，人们还记得他，没忘了他。

“你们别这么客气！”马长春顿时显得很受感动，兴奋极了。他摇着肥厚的大手，说，“你们想听我的歌，只要招呼一声：‘老马，来呀，唱吧！’我就来了！”

两个姑娘都欢喜地笑起来。她们殷勤地为老马把房门打开。

老马激动地在原地转了两圈。他好像要拿什么东西又忘了似的。突然他拍了拍自己的前额，说：“原来在这儿——”跟着蹿到桌前，抓起烟盒，又掏出一支烟递给常鸣。常鸣笑了，“我说过，我不吸烟。”

“呵，我真是忘性比记性大。哎，老弟！你也来吧！我刚才听服务员说，你明天就走了。差一天咱们此生也许就根本不会认识了，真是‘有缘千里能相会’。我应该给你留下一点歌声作为纪念，你听了我的歌就会更了解我……”

常鸣也很想听到他的歌，高兴地一同去了。当他们走在走廊上，老马突然站住对常鸣说：“老弟，我想求你点事。”

“什么事？”

“请你替我买几片安眠药。我今天太激动了，晚上肯定会失眠。药店就在大门口往右边五十米远的地方，我怕一会儿药店下班了。”

“可以。”常鸣答应他。

马长春掏出钱，常鸣客气不要，马长春把钱使劲塞进常鸣的衣兜里。

“请你快去快回来吧！歌唱家不应该等听众请，应当主动地去邀请听众！好，我们一会儿见！”

马长春说罢，随那两个姑娘上楼。常鸣往大门口走去，耳听他们上楼的脚步声、姑娘们清脆的笑声和马长春洪亮的大嗓门：“你们向往北京吧！好，我先给你们唱一支《北京赞歌》……”

小药店已下班关门了。常鸣向一个路人打听还有哪个地方售药。这个路人倒挺有办法，他叫常鸣去医院看病，就可以买到药。

“这儿有两所大医院，晚间都有值班的。一所是盟医院，另一所是旗医院。盟医院比较近。你看见前面那个亮着锇钨灯的地方了吧！打那儿往西拐，只过两个小路口就到了！”

常鸣找到这所医院。这是座平顶的、白色的、漂亮的建筑物，在夜色中依然能显出这些特点。院子很大，一些影影绰绰、辨认不出名目的花儿在重重暗影中散发出浓郁的芬芳。两盏蛋青色筒形的壁灯在楼门口两旁放着柔和的光。几乎没有人，静极了。

他走到楼门口，见壁灯下贴着一张大红纸的感谢信。

他不经意地扫了一眼，正要推开门走进去，却忽然全身微微一震，停住了。这张感谢信的题目是“感谢我的救命恩人白惠同志”。他忙看了信的内容。上边说：前不久一个夜晚，牧民布仑（写这封公开感谢信的人）从马上掉下来，被经过的一辆拖拉机把腿轧坏了，流血过多，昏死过去。开拖拉机的司机把他送到这儿来抢救，必须赶紧输血。他是O型血，急诊室的O型血暂时没了。在医院值班的几个工作人员中，只有一个临时在这儿学习技术的赤脚医生白惠是O型血。她立即给布仑输了200CC，但还不够。据说这个“白惠”很瘦弱，身子又虚。在这牧民的生死关头，她坚持又献出100CC。布仑得救了。布仑对这个赤脚医生的感激心情用了一连串“救命恩人”的字眼来表达还嫌不够……

感谢信上对白惠所用的代人称是“她”，而不是“他”，无疑这个白惠是女的。

“白惠？难道是她？会有这样巧？她难道支边到这里来了？”常鸣想着，跟着又否定了自己的想法，“不对，这上面写着的是‘白惠’，而她是‘白慧’。音同字不同，不是她！”他推开门走进急诊值班室。

值班的是个蒙古族的女医生，四十多岁，脸盘短而宽，皮肤黝黑而滋润，会说汉语，态度很和气。她听说常鸣因买不到安眠药而来看病，便咧开薄薄的嘴唇笑了笑，给常鸣开了一张取药单。

“你直接到走廊东头的小窗口去取吧！不用挂号了。”

常鸣谢过她，走到走廊东头。这儿有个小小的玻璃窗口。玻璃是磨砂的，窗口是半圆形的，里面点着灯，窗口很明亮。常鸣把取药单递进去，“多少钱？”

他从窗口往里看，桌前坐着一位工作人员，穿白大褂，戴白布的无檐帽和挺大的纱布口罩，正在低头看报纸，看样子是个女护士。她没抬头，而伸出一只手熟练地接过药单并放在眼前铺开。忽然，她的眼睛仿佛在药单上停住了。长长的眼睫毛惊跳了一下，猛然抬起头来。

常鸣简直不敢相信，在这白布帽和大口罩中间一段白白的脸上，一双非常熟悉的、细长的眼睛睁得极大，极其惊讶地直对着他。这正是白慧！太意外了的巧合使双方都惊呆了！

常鸣就像触电似的，浑身一抖。他猛转过身，药也没取就离开了窗口。他大步走到楼门口时，只听后面一阵急促的脚步声赶上来。他赶紧推开玻璃大门走出去。刚刚下了两磴台阶，身后响起一个痛苦的乞求似的哀叫声：“常鸣，你先停一下……”

常鸣在台阶中间站住了。没回头，却看见白慧的影子清晰地印在他的脚旁。

“你……你好吗？”白慧说。她站在台阶上边，两只手好像不知该放在哪儿而合抱在胸前。

“嗯。”常鸣的冷冷的声音。

“你来做什么？”

“办事。”

“你，你住在哪儿？”

“我一会儿就回去了！”

随后便是沉默。这是一种尴尬、紧张和可怕的沉默。白慧见常鸣的右脚又下了一磴台阶，她就像要去抓住断了的缆绳、很快就要被风浪带走的小船似的，急切地往前走了两步，两条瘦瘦的胳臂伸向前，声音哀颤：“常鸣，你真的永远也不能原谅我吗？”

常鸣给这痛彻心扉的呼声打动了，慢慢扭过头来。当转过半张脸的时候，忽然又下狠心似的，重新转回头去，坚定地迈着大步走了。

他走了，没听见身后发出任何声音，即便有任何声音也不会使他再回转身来。就这样，他回到招待所，没上楼，而是回到自己的房间里，锁上门，关了灯；一个人在黑暗中来回走着。在一个很高的空间里，响着马长春动听的、充满情感的歌声。这支歌他从来没有听到过：

迎接你，美丽的朝霞，
因为你是太阳的翅膀。
你是驱逐黑暗的利剑，
你是诛灭妖魔的钢枪。

你不怕乌云遮掩你的身影，
你不怕黑夜吞没你的容光；
那是短暂的，转瞬即逝，
明天早晨，就是你的希望。

你在赢得光明的天空中，
你在争得胜利的大地上；
你还是五彩缤纷的画笔，
把人间，把生活变成瑰丽的画廊……

这歌声一忽儿变得温和又深沉，好像一条雪白的云带飞远了，一直飞到他白天在敖包山顶极目所望的地方。一忽儿又带着激昂的节奏，像飞泉落入谷底那样在耳边轰响。在他心中激起无限的、刚毅的力量，唤起对生活饱满的信心与热望。使他一个人在屋里再也待不下去了。他打开门，跑上楼，一头闯进那充满着歌声和笑声的房间里。

马长春惊奇地望着常鸣脸上的泪光和冲动的表情，莫名其妙地睁大眼睛。跟着，他大步走到常鸣面前感动地叫道："老弟，我说你为什么半天没来呢！原来你一直在门外偷听我的歌！我知道，你受感动了！你刚刚听到的这支歌正是我自己作的。老弟你呀，原来是我的知音！"他一双大手紧紧拢着常鸣的肩膀，大颗大颗的泪珠不住涌出来……

当晚，马长春由于过分激动，又没有安眠药，怎么也睡不着了，索性滔滔不绝和常鸣大谈起来。常鸣的脑袋都快炸了，哪里听得进去别人的话。马长春还总问他:“怎么？老弟，你睡着了吗？”

直到后半夜，马长春实在太疲乏了，说着说着，字儿渐渐咬不清楚，跟着发出鼾声。声音在胸膛里如同拉风箱。

常鸣却通宵未曾合眼。

在夜的黑暗中反复而交替地出现两个人的面容，一个是白慧，一个是他的妈妈。一会儿是几个月里他和白慧相爱时的种种细节，一会儿是二十年中妈妈种种慈爱的音容。这是两种不同的情感，互相不能替代，一样的牵肠挂肚。然而，当妈妈临终时遍体鳞伤的惨相浮现在眼前时，这两种情感竟化作战场上相对的刀枪，铿锵碰撞，发出嘈杂震耳的轰鸣……一会儿又是白慧的哀求:“你真的不能原谅我吗？”一会儿又是妈妈临终的遗恨:“这些法西斯！”……

“妈妈，我应该不应该原谅她呢？”他心中嘶哑地叫着这个声音。

谁来回答他？

几年前，当他知道自己所爱的人，曾打过自己的妈妈，断然和她一刀两断。他没赴约去东大河大湾渡口的大钟下与她会面，从此两人再没见过。然而，情感的丝缕最难切断，时时还牵扯着他的心。他冷静下来，却想不明白这样一个心地纯洁、诚挚认真的姑娘怎么会去打人？难道她给自己的印象是一种假象？不，如果这样，她就不会承认那一切……

随着政治斗争的反复与深化，随着善于思考的常鸣对这斗争的性质和本质看得愈来愈清，他渐渐认识到白慧是被某些阴谋家欺骗和利用的人，他开始从这一点上原谅她了；甚至产生一种帮助她廓清迷雾、悔过前非、摆脱痛苦的恢宏而正义的激情。他想去找她——尽管并不知白慧早已离开城市——可是每每此时，死去的妈妈便好像突然出现在他面前。他立刻迈不开步子了。是呵，怎么能去原谅一个打过自己妈妈的人呢？妈妈在九泉之下要恨死自己呀！

他在理智上原谅了她，感情上却做不到。

前年，那两个不明身份的人找他调查白慧，使他对白慧有了新的看法。这两个人怎么知道他与白慧的关系呢？白慧在哪里？出了什么问题？为什么那个瘦瘦的外调人员嘱咐他“不要再和白慧接触了”呢？当时，虽然他由于感情的缘故，出证否认白慧打过自己的妈妈，但事后他对白慧发生怀疑，甚至产生一些很坏的猜想。可是这些猜想却不能与白慧曾给他那些美好的印象重叠一起，统一起来。他留恋着无限温馨的往事，尽管他猜疑这往事可能是一个可怕的骗局。

这样，今天在医院意外碰到白慧时，他便再次拒绝了她。

现在，想起刚才那一幕，想起白慧那痛彻心扉的哀求声，想起那份赞美她的感谢信，种种猜疑就像投进热水里的冰块，顷刻融化和消失。虽然那个外调人员的话仍像一个噪声干扰着他，却很微弱，给心中重新卷起来的情感的浪涛声吞没了。他又开始同情她、可怜她了。尤其是那痛苦的哀求声深深打动了他，总在耳边萦回。到底他该怎么去做呢？

第二天一早，他告别了马长春，走向车站。远远见拖拉机修配厂的几位领导和同志在等候他，汽车也停在那里。

忽然，他觉得，好像有什么东西要远远地把他拉走，或者有什么东西在后边牵住他。他猛然扭过身，直朝昨晚那座医院走去。他走着，走着，眼前又出现妈妈临终时悲惨的面容。这幻象太逼真了，而且十分固执地挡在他面前。他停住了，直条条地足足站了几分钟。最后他下了决心似的，硬转回身，迈着大步重新奔向车站。

他上了车。拖拉机修配厂来送行的几位同志见他神情恍惚，以为他生了病，请他多留两天，他却执意要走。

车开了。直走出很远的地方，他还扒着车窗朝这边看，仿佛要看到什么人在这边出现。

他哪里知道，昨晚，一个姑娘孤零零在这里站了个通宵，天明时才离去，就像当年那个风雪之夜在东大河大湾渡口等待过他一样。

三

这次意外的相遇像投来的一块大石头，在白慧心中激起轩然大波。给岁月沉淀到心底的沉重的东西，又都重新翻上来，混扰一起，一时难以平静下去了。

几年前，她就是带着这些沉甸甸的东西到这儿来的。

她要在这里好好干一番。首先她认为应当这么做，还要以此对自己证明自己是好人；更为了远避那些摆脱不开的矛盾和痛苦……这样，新生活就在她的面前展开了。壮丽的草原，辽阔的天空，弥漫着奶茶香味的小毡房，酷烈的风寒和扬起长鬃飞奔的骏马，以及这在建设中的朝气蓬勃的景象，使白慧耳目一新，宛如一股清凉的水，冲淡了拥塞在心中的那些事。原先她脑袋里好像给绳索紧紧缠着，打了许多死结，箍得很疼。在这儿一下子都松开了。

这儿也有斗争。但较多的时间只是她一个人坐在牧场隆起的草坡上。羊群在远处吃草，除去柔和的羊叫声和窸窸窣窣的啃草声，草原那么静。当微风歇憩下来的时候，耳朵会静得发响……纷乱的思绪便沉落下来，静止了，得以细细分辨。即使有斗争，也是冷静的、理性的、从容不迫的。她从家里带来不少书，特别是那些经典著作叫她翻了不知多少遍。趴在有弹性的青草地上，手捧着书，嘴里咬着一朵洁白的矢车菊的花茎。茎中苦涩的汁水流进口中，她不觉得。没人打扰她，常常是从晨起到日落，直把身子下的草都压平了。她懂得了某些原来不懂的东西，发现了某些自己原以为是正确的东西恰恰是荒谬的。还发现报纸上某些文章所阐述的思想非常可疑。后来，林彪事件发生了，证实了她的某些怀疑是有理的；同时又产生了新的疑问，使她迫切想从书里弄明白。

真理是事物的原则与法则，不是某人某事的详尽的注解，因此它不会一下子就跳到眼前。别有企图的解释巧妙地歪曲它。在人们确认出它的真正面目之前，往往给凶气恶氛扰得忽隐忽现。

白慧在没有认清它的时候，怀疑自己；在看见它的时候，更感到一种痛苦的内疚。这又成了一种反作用力，使她的工作做得更好，非常好。每年旗里评选先进人物时，她是不需要讨论就一致通过的当然的一名。后来，旗里由于缺乏医生，就派她到锡林郭勒盟医院学习半年，做了一名赤脚医生。这个工作无形中使她得到许多安慰。她到处为人治病，解除痛苦；在接生时，为别人的家庭双手捧来幸福。她看着人家病愈后康复的、感激的笑容，便感到有一只无形的、温暖的手抚慰着她的心。当一个病危的生命因她设法获得新生时，少有的笑意就出现在她的嘴角上。她仿佛在默默地赎一种罪过。

于是，她整天斜背一个鼓鼓囊囊的红十字包，骑着一匹短腿的栗色蒙古马在草原奔来奔去。哪里发生病痛，哪里便是她奔往的目标。无论路途遥远，还是风沙骤起，都不能使她退缩。她好像去消除自己的苦痛似的。冬天的草原上，雪坑隐藏在雪被下边，很少有人迹，却常常有她那匹蒙古马驰过的蹄痕。一个给她从死亡边缘抢救过来的斯琴妈妈，送给她一件金黄色的蒙古袍子。她便换上这种装束，头上缠着天蓝色的绸巾，脚上穿半高跟的软马靴，显得英俊极了。坐骑上那副漂亮的镀铜马鞍也是人家送给她的。人们用香喷喷、浓褐色的奶茶迎接她，用马头琴抑扬的琴音赞扬她……她从这崇高的救死扶伤的工作中感到自己存在的意义与价值，获得了生活的勇气。空荡的心也一点点充实起来。

她在这里所收到的来信大多是爸爸和杜莹莹寄来的，间或还收到郝建国的来信。她通常在马背上读这些信。

她从爸爸的来信中看出来，爸爸的落实工作进行得很慢，直到前年才落实，已不在原厂工作而调到机械工业局当一名“顾问”，没有实职。爸爸仍像往常一样，很少谈到自己。但他的落实总是令人高兴的事，为白慧卸下一个沉重的负担。然而为什么不给爸爸安排实际工作，而叫他仅仅做一名有也可、没有也可的顾问呢？爸爸是怎样想的呢？她曾去信问爸爸，爸爸回信却不说。她又写信请杜莹莹帮她打听一下爸爸的情况究竟如何。杜莹莹没有认真帮她去做，多半忽视了这件事，或者由于杜莹莹非常忙，有些自顾不暇。她每天忙于家务，学习日语，其余时间在谈恋爱。可是很长一段时间里，杜莹莹并没告诉白慧追求她的是个什么样的人。

这之前，白慧经常收到郝建国的来信。一开始就表达了自己强烈的爱慕之情，要求做朋友。他称赞白慧在那“横扫一切的时代里表现出的勇敢和坚定性”。也埋怨白慧后来“莫名其妙地消沉下去了”。他说他“一直喜欢”白慧，因为她身上有一种“在其他女孩子身上少见的硬气劲儿”。他很希望“有一个坚强的生活伴侣，一起战斗而不是一起摆弄油盐酱醋”。还希望白慧“回到斗争的旋涡中来，重新体会斗争的快乐与幸福”，并在每封信里都切盼白慧“立即回信”给他。

当时白慧正处于失恋的痛苦中，好像一个叫火烫伤的人，伤痛未愈，看见一根毫无危险的燃烧的火柴杆，也赶忙躲开。再说她从没喜欢过郝建国。她对这个精明强悍、机敏健谈的青年，只有过赞佩之情，或者说仅仅是一种好感而已。现在呢？郝建国在她心中的形象已经不那样完美了。虽然她还不能对郝建国做出明确判断，却好像从一件美丽的瓷器上发现一条裂纹似的，看上去已很不舒服。她回信对郝建国说自己只想在这里好好学习和锻炼，不想回城市，更不想交朋友，只想“独身”，“那样更自由”。由此而引来郝建国长篇大论的议论，表白，发问，以及各种形式的“劝降书”，她却没再给郝建国回信。

后来，杜莹莹来信透露她的追求者也是郝建国，而且流露出她对郝建国的赞佩与倾慕，并要求白慧替她“分析分析”，“出出主意”。这时，白慧偶然还会收到郝建国的信，她便对郝建国产生恶感。难道郝建国的感情是“多弹头”的吗？她猜不透郝建国是怎么想的。一方面想把这件事告诉杜莹莹；一方面又怕杜莹莹知道后难过，因为杜莹莹真的喜欢郝建国，因此她给杜莹莹的回信只说“这件事只能由你自己考虑和决定，不过应长期考验和观察，尽管是老同学、老朋友。朋友和伴侣的条件要求绝不是一样的”。她下决心再不去搭理郝建国。她确实抱有“独身主义”的念头了。

杜莹莹的来信还含蓄地问到她“有没有碰到称心的人”，白慧看了这些关心的话，不由得从鼻腔里冷冷地哼出声来，那颗受过重创的心中便翻起一个小小的、苦涩的浪头。每当此时，她都要驱马，迎着风，在草原上尽情驰骋一番……

常鸣从未来过信。他俩自从那桩可怕的事情揭开后，谁也不知道谁如何了。在她刚刚来到草原上时，还曾经给常鸣写过一封信，但一直没有寄。她手里捏着写好的信盼望邮递员快来；邮递员到了，她却躲开了。信留在自己手里，到现在纸都搁黄了。然而，那些沉浸在爱的甘甜中的日子，包括所有细节，她一点也不曾忘掉。经过的事就像一幅连着一幅的珍贵而迷人的图画珍藏在她心底，偶尔也会像流星一样从眼前一掠而过。那河口道三十六号的亭子间，小圆桌，爬满藤叶的窗洞，以及月光中分外恬静的小槐树林，大街上双双的影子；还有常鸣的种种形象——站在船板上湿淋淋的、病中的、侃侃而谈时的，他的声音、动作、笑貌、说过的话，都像刻在她的心上一样。特别是那充满爱和幸福的目光，常常对她一闪一闪……但这一切再不会回到她身边了，不属于她了，仿佛给一阵凶猛的风暴吹去了……

有一天，她忽然收到一封信。这封信大大惊动了她，是郝建国寄来的。

信上提到了运动初期他们在校门口打那个女教师的事！居然还提到了常鸣！

据郝建国说："常鸣去到学校找你，吵闹着要揪你，说你打了他母亲，要和你算账。这小子蛮不讲理，充满对你的仇恨。我呢？也不客气，否定了这件事。我叫他拿出证据来，他拿不出来，我把他驳得无话可说，他才走了。不过，你别害怕，这件事已经过去了。你不必追问、打听，更不要对旁人说，反正这儿有我，谁也怎么不了你。我永远和自己的老朋友站在一起，你只管放心好了。我只是不明白，这小子怎么知道你打过他的母亲？"并嘱咐她"你如果有什么事，有什么想法，尽管给我来信好了。不要对旁人说，更不要对杜莹莹说”。

这封信扰得白慧整天胡思乱想，冷静思考之后，却觉得郝建国所说的这件事有些细节是不可信的。因为常鸣既不是那种人，也不会那样做，何况事隔数年，常鸣为什么当时不来揪她呢？但其中也有可信的根由，郝建国并不认识常鸣呀！后来，她想到，此事她只对杜莹莹说过，是不是杜莹莹与郝建国谈恋爱，关系密切，告诉他了。郝建国为什么不叫自己对杜莹莹说呢？她便没给郝建国回信，而去信问杜莹莹；此后她回去探亲时也找到杜莹莹问过，杜莹莹回答得含含糊糊，只说一句：“别理他，神经病……”

白慧便意识到这件事不大真实可信。

这件非真非假的事却弄得她又矛盾，又苦恼。一会儿她怀疑到郝建国的品行，一会儿又怀疑常鸣当真这样做过。此外还勾起那桩往事，叫她总去想……

岁月的尘埃层层覆盖，生活的浪潮慢慢冲刷。过去的事总会逐渐淡薄下来，但那桩往事、那桩罪过在她心中并没淡漠，而是沉甸甸地落入心底。

日久天长，表面总算平静了，有时连条波纹也没有。

这次相遇太意外、太突然了！她重新失去平衡。无论怎样努力也稳定不住了，因为常鸣仍不能原谅自己。这表明她依旧是个不能原谅、不可饶恕的人……

往后的日子难过了。

那些沉重的东西再沉不到心底，而在中间悬晃着。偶然碰到什么有关的事，那东西就在心里边来回撞得发响。

外边在搞落实政策了。老干部、知识分子恢复了名誉和工作，她觉得这一切都是对的，理所当然应该这样。另一方面，便更深深地感到一种内疚。外边又搞“反复辟”“反回潮”了，这些张牙舞爪的理论完全可以把她那个自认为的罪过解释得合情合理，完全可以从中找到安慰。但不知为什么，这些理论对于她愈来愈显得无力了，好像失效的药膏，于事无补。她如同一个破皮球，单靠打气是打不起来了。

有一次，知识青年的代表聚在盟里开会，她碰到了马英。马英是和她一起分配到草原上来的。但不在一个旗里，距离很远，再说两人以前有隔膜，从来没有来往。马英在牧场中的一个奶厂工作，干得非常出色。在这次大会上被选为出席整个自治区知识青年代表大会的代表。她与白慧见面亲热极了，还像运动前在学校团委工作时那样。白慧也是一样。旧友重逢，可以享受到一种温暖的情谊。谁也不想再碰一碰曾经隔在她们中间那堵看不见的、令人烦恼的墙，因此，两人都没谈到郝建国。

闭会那天，各旗代表纷纷返回去。白慧与马英骑马上了草原，并骑高高兴兴地走了一段路。将要分手时，两人激动地在马背上紧紧握了手。草原的太阳把马英黑黑的小脸儿晒得更黑了。身子却显得比以前健壮得多，简直像一只立在马背上的矫健的小鹰。马英忽然带着一股冲动劲儿止不住地说出了心里的话：“白慧，你干得这么好，我真高兴极了！以后咱俩经常通信，互相勉励；咱们就来做草原上第一代有知识的新牧民吧！这儿天地这样广阔，真能大干一气哪！白慧，说心里话，我过去确实对你有些看法。你、郝建国和一些人在运动初期有些做法太过激了。现在看，确确实实是上了林彪他们的当！不知你是否同意我的看法？当然，这不能说你是故意那样做的。我也犯过‘怀疑一切，否定一切’的错误呀！那时，咱们太单纯，只靠朴素的阶级感情和革命热情，似乎觉得干得愈过激就愈革命，幼稚地以为自己无论怎么做都是为了‘保卫党中央和毛主席’，不会有错。哪知道有些做法恰恰背离了毛主席的一贯教导。阶级斗争、路线斗争真是复杂极了，今后咱们真得擦亮眼睛，多学习、多思考。别看草原上地大人稀，斗争也很复杂；再说，难道现在就没有林彪那种坏人？哎，白慧，你同意我的看法吗？”

白慧听着，点着头。马英亲热地拍了一下她的胳膊说：“你记得，运动初期在校门口你打过一个女教师吗？她叫徐爱华，是第四中学的外语教师。我在第四中学上初中时，她是我的老师。她年年都是模范教师，可以说，除去对我的生活照顾之外，她真比我的妈妈还关心我。而且她关心的不是我一个人。所以，你当时打她那一下时，我在你后边拉了你一下，但没拉住……”

白慧完全听呆了。因为她清楚记得，那天她砸下木枪时，有人拉了一下但没拉住，她一直不知是谁。而后，她幻想过那只手把她拉住了，如果真是那样，一切恶果都会免除。现在她才知道，那只手竟是马英的。生活中往往有这种情况：在事情转折时，好的可能总是有的，但没起到决定作用。它只能使人更加惋惜，追悔不及。白慧怀着这种心情听马英接着说：“她要是还活着就好了，可惜叫第四中学那帮极左派折腾死了。真可惜！你要是知道她是个多么好的教师，准会后悔的。不过后悔也没用，应当记住教训呵！”

随后马英又说了一些话，白慧一句也没听见。马英走了，渐渐走远，一边还不住扭过身子，双手拢在嘴边喊着："白慧，有时间你来看我呀！听见了吗？"

白慧机械地举起一只手，和马英打招呼。她全身猛烈地打战，以致座下的马不安地挪动着身体。她张开嘴回答不出声音来，一种咕噜咕噜的声音在喉咙里响着。

她骑马往回走，浑身一点力气也没有了。最后她趴在了马背上，双手抱着马脖子，脸颊贴在光溜溜、长发一般的马鬃上，心中哀叫着："你呀，你呀，为啥你总和我没完？总找到我头上来呢？"

这之后，她的身体变得挺糟糕，脸也瘦了，颧骨明显地凸出来。幸好她向来不爱说话，脸上没多少表情，别人看不出她的心事。

旗卫生部的领导见她身体不好，让她暂时不要在草原上奔波，她不干，坚持出诊。

有一次，她在马背上昏了，栽倒下来，躺卧在一大片嫩黄的贞洁花里。那匹灵通人性的栗色马用潮湿的嘴唇吻她的头发，把她弄醒。她爬上马背回来了。袍子沾满土，额角破了。领导想让她休息一段时间，却犟不过这个相当倔强的姑娘，就想个法儿，再次把她送到盟医院学习进修，以免她四处奔跑出什么事儿。她已经是第三次来盟医院学习了，医院的医务人员都挺喜欢她。这次来，依然还是那么不言不语，工作起来带着一种忘我的，甚至献身的精神。她向来不提条件，没有要求；但这次很反常，她提出两个条件，而且很古怪。一是不值夜班，二是不在小窗口售药。不值夜班情有可原，因为她身体不好；为什么要求不在小窗口售药呢？这里边奇怪的原因，只能是永远保留在人们心中的一个问号。

一天，白慧所在旗来了个办事的人，给她捎来两封信。她猜想准是爸爸和杜莹莹的信。接过一看，确实有一封是杜莹莹寄来的；另一封不是爸爸的，竟又是郝建国的。郝建国自从寄来那封有关常鸣的信之后，已经相当长的时间没给她写信了，不知又有什么事。

她先打开郝建国的信。信上首先祝贺白慧的爸爸升任为机械工业局第一把手，然后把自己不平凡的近况告诉她：他已经被结合到学校的领导班子里，做了副书记，还在区教育局党委内挂职。白慧对这些并无兴趣，而且感觉郝建国像一杯许久未动过的水，变味了。再看下面的内容，又是老调重弹，自我表白，要求做朋友。但在他前几年来信中的那股热情，却一点也没有了。他说："这几年，我遇到那么多人，最理想的还只有你。咱们已经二十六七岁了，不能不现实一些，搞独身主义要自讨苦吃的！"并且在这封信里，第一次告诉白慧，他与杜莹莹交过朋友，目前却正"面临'散伙'的绝境"。他说他发觉"杜莹莹这个人软弱无能，没有思想，胆小怕事，逆来顺受，既无理想也不实际，整天有口白馒头吃就能长得挺胖。在这个充满斗争的时代里，她只是个无用的人。几年来，我因为心眼太软，一直将就她。但我仔细一想，十分可怕，如果真和她生活在一起，非把我毁了不可"。可是他又说杜莹莹背着他，和一个地毯厂的工人关系不错，因此他感到自己被"甩了"，"很苦恼"，希望白慧能"同情"他，尽快答应他的要求。他保证一年之内在城里给白慧找个理想的工作，"不用再在大草原上受罪了！"并要求白慧"立即回信答复"。

信上所署的日期是今年一月份的，不知为什么直到现在才寄到。

白慧把这张信纸扔在一边，再看杜莹莹的一封。杜莹莹的信主要是骂郝建国欺骗她的感情。郝建国原先拼命追求她，向她表达得“又明确又具体”。当她一心去爱郝建国时，郝建国就把自己打扮成一个“教父”，她好像是个“教徒”，“无论什么事都必须对他说”。还不准杜莹莹和别人接触。杜莹莹一切都顺从他了，他现在却像“没那回事一样”，甚至冷淡她。杜莹莹开始时不明白是怎么回事，后来才发现郝建国正在追求另外一个名叫杨敏的女孩子。杨敏的爸爸也是部队干部，职位比杜莹莹的爸爸的职位高得多，杨敏长得“个子很高，相当漂亮，皮肤非常白，是市歌舞团的舞蹈演员，挺出名，可是听说杨敏不喜欢他”。杜莹莹说，她现在才发觉郝建国并不爱她，爱的只是她爸爸的职位和名誉。而且她逐渐认清：“这个人毫无感情，自私自利，是个政治上爬杆的猴子，伪君子，整天钻营，恨不得一天升一级。目前他为了甩掉我，到处给我造舆论，说我背着他交了一个朋友，抛弃了他。他多可恨！还自命什么革命者呢。呸！他不配！”“不知怎么回事，我再仔细一琢磨，对他的印象就与以前完全两样了。他说话总那么单调，总是用一种吓唬人的腔调。以前我并不觉得，也许他变了。你说说，他究竟哪点可爱呢？我还听说，前一度他到处打听你有朋友没有，是否还要打你的算盘？因为你爸爸当了局领导……嗯，谁知道他是什么人，摸不透！”

在这封信上还告诉白慧说，她近日去探望过一次白慧的爸爸，“我见伯父精神并不很好。伯父是去年提升为正局长的，是不是又被当作右倾翻案的代表人物了？过两天我打算到伯父的单位去一趟，看看有没有轰他的大字报。好人总受欺侮，真倒霉！你要是有时间就回来看看你的老爸吧！你都快一年半没回来了，是不是打算在草原上安家落户了？”

白慧掐指算算，自从去年三月份回去一趟，真有一年半没回去了。应该回去瞧瞧爸爸。爸爸一个人生活，没人照顾和帮助，还不断地有那么多精神压力。她每次回到家，住不上多少天就返回来了，好像她怕在那座城市里碰到什么似的……

于是，她向领导请了探亲假。

这时是一九七六年的十月份。正值中华民族的历史、党的历史上一个极其重大的转折关头。

四

汽车在大道上奔驰，扬起来的灰黄色的尘沙在车身上蒙了厚厚的一层，远看像一只从干土里钻出来的大甲虫。窗玻璃也挂上一层土，乌乌涂涂，坐在车子里看不清窗外的景物。

长途车把人搞疲乏了，可是一些坐惯了这种车的人，照样休息得很好，不管靠在椅背上的脑袋给车子颠簸得怎样摇摆晃动，也能睡熟，甚至还打出鼾声来。

白慧坐在车上。她穿一件质地又粗又硬的劳动布的外衣，这件外衣的肩身都挺大，支棱棱的，穿在身上倒挺舒服。她敞着衣领，露出里面松软的灰羊毛衣和白衬衫。短辫依然梳得光溜溜，辫梢垂在肩上。她座位下的空当处塞了一个大帆布袋子，装满带给她爸爸吃的当地出产的土豆。挎包里还塞着几袋奶粉，也是带回去给爸爸补养的。她一直没闭眼，有时望着窗外。今儿阴天，整整一路没见阳光。天空像一块大铅块压在头上，使人感到憋气，车上的人或都有此同感。人人脸上都是阴沉沉的。

一块重重的大铅块压在所有人的头上与心上。是呵，这正是那个时刻人们共同的感觉。

党、人民军队和新中国失去了三位伟大的缔造者和奠基人：毛主席、周总理和朱委员长……而正是需要他们的权威、思想、智慧与决策的时刻失去了他们。中国未来方向的指针由谁来拨动？它的前景是光明的还是黑暗的？它以五十年来千千万万烈士的鲜血与生命赢来的革命果实，是否会断送在魔鬼的手中？数月来，发生了一连串违背人们意愿的沉重的事件。黑浊的恶浪掀起来了，漫天的狂风刮起来了，暗中作怪的妖魔在关键时刻要现出狰狞的面目了……

多灾多难的祖国又面临着一次兴亡、一次抉择和一次决定性的、严酷的斗争。掌握了马列主义、毛泽东思想的人民群众是不会让祖国给几个倒行逆施的人拉向倒退、拉回到封建时代去的。人民在沉默中感叹着、警惕着、注视着、准备着……

二十世纪，一些小的政治变迁都攸关着人们的生活和一切，国家的命运更与人民的命运紧紧相连。人们对政治敏感得多了，即使在偏远的、人烟疏落的锡林郭勒草原上的人们也是一样，连草原的空气也有政治了。白慧在那里就听到不少消息。那些盛传的有关江青等人丑恶行为的传说，使她听了觉得害怕，不敢相信，不敢议论，甚至不敢听，却又偏偏希望能多听一些。这种心理只有她自己知道。因为早在江青提出“文攻武卫”口号而引起大流血的时代里，她曾对江青产生过怀疑。但她一直不敢往深处想，似乎这种怀疑与猜想是大逆不道的。可是后来——尤其在周总理逝世后极度的悲痛中所发生的一系列的事情，使她对这些人的怀疑不可避免地渐渐加深了……

人们的政治态度是鲜明的，在压力下又必须沉默，所以压抑得难受，难受得像车窗外阴云笼罩下的灰蒙蒙的草原。草原也好像喘不过气来似的。

汽车到了张家口，白慧换乘火车。火车开了一段路，忽然就像换了一个新天地似的：云破日出，大放光明，车厢里分外明亮。她对面坐着一位老者，一直保持着沉默。他大约有六十余岁，清癯的面孔上带几颗灰色的老年痣。下巴一绺银须。披一件黑大衣，戴着花镜低头正在读报。报纸给突然射进来的阳光照得雪亮。老者情不自禁地感叹一声，抬起头对白慧意味深长地说："李白有两句诗：'总为浮云能蔽日，长安不见使人愁。'都说是名句，我可不大喜欢。还是常说的那句民谚：'乌云遮不住太阳'说得好。你瞧，太阳破云而出，有多好！来，咱们把窗子打开，让太阳照得更强烈些，晒晒这张报纸。这报纸有些怪味，潮烘烘的，很不好闻呢！"

白慧感到老者的话里有双关的意思，也略能领略一点儿。她对那老者点点头，表示同意。两人便一齐打开窗子，扶着窗框向外眺望。阳光温暖地照在脸上；风吹纱帘，在鬓旁轻轻拂动。两人没再说话，都给窗外一片雄浑而开阔的景色吸引住了。

青森森的大山矗立眼前。起伏的山峦从眼前跑过，好像掀动着的绿色巨浪。山顶云雾弥漫，而峭拔的峰巅又钻破云雾，在明亮的天幕上显出它峻健的神姿。灰白色的长城宛如一条长龙，纵横蜿蜒，起落于谷壑，腾越于冈峦，直向远处蓝色的群山中伸展而去，虽然它历尽铁蹄狼烟，风剥雨蚀，早已残破不整。然而它依然巍峨地屹立着……

"它是人间的奇迹。是不是？"老者指着高处的长城，用苍哑的声音感触万千地说，"它正是咱中华民族的象征，咱们的骄傲。它是在非人能够想象的困难上建造起来的，因此它不容易被摧毁呢！"

白慧或许没有好好读过中国历史。伟大的中华民族的形象正像这座长城，它包含着非凡的智慧、胆气和想象，包含着无比的勇敢、勤劳、毅力和神奇的创造力。它是人类的奇迹，没有一种力量能够重复它，也没有一种力量可以摧垮它。那些嘲弄和无视它的小丑终究要可悲地死在它的足旁。它仿佛有大自然那种永世不竭的充沛的元气，而永存于天地之间……五千年来华夏文化中所凝结起来的民族精神，在五十年来党的斗争中复活了，变得生气勃勃。谁想伸出肮脏的脑袋来碰一碰我们伟大的中华民族，触一触我们伟大的党，就叫他来撞一撞我们这座钢铁般的万里长城吧！

白慧没想到，在这次回家途中，会有如此激动的感受。

车到站了。白慧到家了，那老者还要继续前行。两人握手告别，白慧提着行李下车。

她很疲乏。可是一呼吸到故乡温柔的气息，精神又立刻抖擞起来。她一步一步地把帆布包从身后挪到脚前。

“要帮忙吗？”

一个胖胖的战士问她，她客气地谢绝了。她还是老脾气：一切都靠自己来做，不叫别人帮助，哪怕自己做起来很困难。这时，忽有一个金属般嘹亮的声音传到耳边。

“哎呀，白慧！”

原来是郝建国！白慧直起腰板时，郝建国已经站在她面前。郝建国依然戴着那顶绿军帽，手里提一个黑色的公事包。他眼里露出惊讶的表情，打量着白慧。一瞬间，白慧觉得他看上去有种说不出来的异样和别扭的感觉。八九年间，虽然白慧回来探亲时，也曾见过他几面，但从未像这次变化这样大。他的嘴好像长了些，眼睛的距离更窄了，仿佛要合为一只。不知是他的模样变了，还是原先就这副样子，连他显露出的那种精明、世故和老练的神情都使白慧觉得不舒服；再加上那两封信引起她的恶感，少年时代他给她的那些良好的印象一点也没了，好像天亮时，曾在月光下的那些诗意毫不存在了。

“刚回来的吗？没人接站？你稍等等，我送你回家。”郝建国说。

“不用。你忙你的去吧！”

郝建国怔了一下，忽问：“我给你那封信收到了吗？”

“没有。”白慧自己也不知道为什么这样回答他。

郝建国又怔了一下，敏锐的目光在白慧脸上打了一个转儿，又问：“我请你回信，你为什么不回信？”

“我没时间。”

白慧说完这句冷淡的话，突然怔住了，因为她发觉郝建国已经狡黠地获知她收到了那封信。她很尴尬，同时心中被惹起一种反感和厌恶的情绪。郝建国感到了白慧这种情绪，立即来打破这很容易僵化的局面。

“你回来太好了！同学们都挺想你，尤其是你的老伙伴杜莹莹，她也不知道你今天回来吧。哎，你等等，我是来送一个朋友的。他的车很快就开，我过去和他打个招呼就来，还是我送你回去吧！我骑车来的，可以帮你驮东西。”

“不用！不用！”

“你等会儿吧，我还有话跟你说。”说着，他把公事包往白慧怀里一塞，“你先替我拿着。”转身跑去了。

白慧拿着他的公事包，不得不等他。郝建国的小聪明更加引起白慧的憎厌。白慧真想把他的公事包扔了，自己走掉。

郝建国跑到那边一节车厢门前。他送的是一个女孩子，高个子，长得非常漂亮，看样子最多不过二十二三岁，皮肤雪白，头发乌黑而光滑，卡着一个银灰色珠光有机玻璃的发卡。穿着式样时髦的薄黑呢外衣，背一个深红色崭新的皮包，上边电镀的卡子、锁扣、提把，熠熠闪亮。这可能就是杜莹莹信里说到的那个舞蹈演员。她和郝建国说话时，神气挺傲慢，动作姿态都很美，只是略有些做作。郝建国显得规矩而拘谨，脸上掬着笑容。他一边和那女孩子说话，还不时向白慧这边瞧两眼，看看白慧是否在注意他们。白慧忙移开目光，装作没瞧见。

不一会儿，站台的铃响了，车开了。那边传来一个响亮的声音："多保重！问伯父好！"跟着，急匆匆的脚步声跑近，郝建国回来了。白慧不等他开口，把包儿塞给他，说："不用你送了。我坐公共汽车回去！"

"我刚送一个亲戚，叫你多等了。你别急，我路上还有话跟你说呢！"

"改天说吧！"

"不，我想择重要的先和你简单说几句。"

"什么事？"

"就是我在信里提到的，要求和你做朋友。哎，白慧，你先别这样，听我说。我确确实实渴望有你这样一个朋友，在困难时互相鼓励、支持和战斗。目前的形势更加强了我这种渴望。这些天发生的事你都知道了吧！"

“我什么也不知道！”白慧确实不知道他说的是什么，但她不想搭理他。

“算了吧！你怎么能不知道。你别对我这样冷淡好不好？我们又没什么仇。你听我说。眼前这些事不是结束，而仅仅是开始。说不定就要出乱子、打内战。白慧，这些年来我们从没有好好谈过。你不知道我的情况，不了解我的思想，我多需要一个知音呀，我相信你是能理解我的……”他急急切切地说，好像他有足够的把握能说服对方，只是没有充裕的时间，“一两句话没法儿说明白。你愿意找个时间咱们好好谈谈吗？谈上半天或一天。到我家来……”

“行了。我没兴趣了解别人，我只想快回去了。”白慧不耐烦地拦住他下边的话，极其平淡地说，“你也该回去了。”

郝建国碰了钉子。他先怔了一下，跟着在白慧冷冰冰的脸上找到答案。他恼羞成怒，脸色即刻变得非常难看，鼻孔哼笑出两声，发狠地说：“你要是不想和我好，就全说明白！”

“什么意思？”

“你的事当我不知道吗？”

“什么事，你少胡扯！”

郝建国的唇边露出一条嘲弄、恼恨、带妒意的笑痕，并用一种酸溜溜、挖苦的口气问她：“你那位‘常先生’可好呀？”

白慧听了，呆住了。可是她立刻明白郝建国说的是谁，是什么事。郝建国见她的表情有些异常，细长的眼睛瞪得发圆了，目光可怕。郝建国不知这是怎么回事，心里有些发慌，忙说：“我早就听说那人总缠着你。我怕你上当。你想想，你和他有私仇，他能和你好吗？他是想把你的感情全调动出来，再甩掉你，好对你施加报复。

再说他是个牛鬼蛇神的儿子，你要跟他在一起，有个风吹草动，连你也得跟着一块倒霉。那次杜莹莹把这件事告诉给我，我一听大吃一惊，立即写信给你，本想跟你说明白，但信里不好直说。我一切都是为了你好。你现在和他还有联系吗？”

白慧完全清楚了，郝建国那封信所说的常鸣去找她“算账”的事完全是假造的。那封信曾给她带来那么多苦恼、猜疑和不眠之夜，原来都是他——他的私欲和卑鄙的手段造成的。她的脸颊气得发红，嘴唇直抖，再也抑制不住似的，猛然朝他大叫一声：“你走开！卑鄙！可耻！”

郝建国吓了一跳。他睁大眼睛看着白慧由于极度愤恨而涨得通红的脸。白慧的脸从来没有这么红过。他吃惊，还有几分奇怪和不解。但他觉得，如果再说下去，白慧有可能给他扇来一个耳光。他左右瞟了两眼，发现附近有人投来好奇的、感兴趣的目光。他瞧了瞧地上沉重的大帆布袋子，打了个表示遗憾的手势，装出一副平静自如的神气说：“噢，我还有事，不能送你回去了。咱们改天见吧！”

说罢，他急匆匆地走了。白慧呆呆地站了半天，才开始往站口挪动那只帆布袋子。

六点多钟，她到了家。

这次她回来之前没有通知爸爸，也没告诉杜莹莹。在她的想象中，爸爸是愁闷的，所以她希望自己突然回来，会给爸爸带来意外的高兴。

她站在家门口。面前便是她从小天天进进出出的门。门上陈旧的油漆颜色和每一块痕迹，都是非常熟悉的。于是一股甜蜜的、带点伤感味儿的生活暖流，一下子攫住了她。她的眼睛立刻模糊了。抬起手敲了敲门，跟着听到爸爸从里边走来的脚步声、问话声和开门的声音，她心想爸爸准是那副严肃和忧虑重重的样子。这些年来，她每次回到家见到爸爸时，爸爸总是这副样子。

门开了，没想到爸爸露出惊讶表情的前一瞬竟是笑眯眯的。

她扑到爸爸的怀里哭起来。

“这是怎么啦？小慧，快进来，快进来。”爸爸说着，拉着她走进去。

她没来得及走进房间，站在过道又趴在爸爸的肩上哭了，哭得那么伤心，好像她受了多少委屈似的，当她感到爸爸结实的肩头已经露出瘦棱棱的尖儿时，哭得更伤心了。就像小孩子那样双肩止不住往上一抽一抽。她很少对爸爸这么哭过，况且已经是这么大的姑娘了。

爸爸的大手抚着她的头、辫子和后背，自己的眼睛也潮湿了，鼻子一阵阵发酸，仿佛也要把憋在心里的一大块东西哭出来似的。但他是个坚强的男人，眼泪向来很吝啬。

“好了，好了，快去洗洗脸，歇一歇，你还没吃饭吧！”爸爸的声音压得很低，似乎只有低音才能保持声调的平稳。爸爸把白慧推到脸盆边，拿来香皂、热水和毛巾给她。“把脸上那些没用的东西洗掉。”爸爸用一种温和的教训的口气说。

白慧洗着脸，不觉之间，从镜子里发现爸爸总是笑眯眯的，笑得挺特别，而且是在偷偷地笑，这显然不是为了故意哄女儿高兴。以往每次她回来，爸爸也不是这种样子。这次好像有件愉快的事在心里实在憋不住了，就跑到脸上来。

“小慧，你先歇歇，我去买点吃的。”爸爸说，一边在过道把饭盒、塑料袋、小锅都塞进一个挺大的草篮子里。

白慧跑到爸爸跟前，“爸爸，您别去。我随便吃点什么都行。”

她哭过的两眼红红的。刚洗净的小脸湿淋淋地闪着柔和的光，散着香皂的香味。

“不，今天非吃好的不可。”爸爸花白的眉毛跳动了一下，激动地说，“有件你想不到的事。真的！你没听说吧！好，晚上我在饭桌上告诉你！爸爸今天又要好好请请你了！”

这句话爸爸许久没说了。白慧感到有什么重大的事发生了。她猜不着，也绝不会猜到。这属于那种非得请人告诉才会明白的事情。

“爸爸，您能不能先露一点儿给我？”

爸爸摇摇手，可是有股喜悦的激情在他的嘴角上跳跃，差一点说出来，但还是闭住了嘴巴。那股喜悦的激情就从他眼里闪耀出来。保密喜讯也是一种幸福。爸爸带着这种心情和表情赶忙出去了，仿佛再不走就要泄密了。

她联想到刚才在车站上郝建国说的什么“这些天发生的事”，心想：肯定不是一般的事，是大事……

她一个人在两间屋里转一转。对于远方归来的人，家里的一切都是醉人的。她两只脚踩在地面上觉得软软的，好像踩在厚厚的毯子上一样，脸颊一阵阵发热，说不出是种什么滋味……

屋内收拾得干干净净，陈设如旧，东西都放在原来的地方，一切都是老样子。只是爸爸房间的墙壁上多了三张照片，是毛主席、周总理和朱委员长的，装在一个扁长的金边镜框里；框子上插了一朵洁白而精致的小花……

她自己的房间还是老样子。床上铺了一条新洗过的罩单，很平整，好像爸爸知道她要回来，特意为她收拾和布置好的。忽然，她急扭过头，妈妈的照片仍在那里。她的眼睛湿润了……

“妈妈，您听见爸爸说了吗？究竟发生了什么事？”

五

爸爸似乎已经下了决心，非到晚饭桌上才能告诉她。既然爸爸高兴这么做，就依着他吧！白慧耐心等待着。

爸爸叫白慧帮他把过道的饭桌抬进自己的房间。今儿买来的菜好丰富！有肉、有鱼、有虾，花花绿绿摆满桌子。中间还放了两瓶酒，一瓶是特曲，另一瓶是通化产的葡萄酒。这两瓶琼汁玉液配上华美的瓶签便使晚宴变得不一般了。爸爸向来是不喝酒的，看样子他今天请客。

饭桌四边摆了五把椅子，桌上还配了五双红漆筷子，五个蓝色的酒盅、素白的羹勺和小圆碟儿。他简直要开一个小型的“国宴”呀！

“都谁来？”白慧问。

“你都认识。”爸爸含笑说，可是一句也不多说。

白慧在灶上煮饭，心里仍猜测着那桩不知道的事。外边有人敲门，爸爸把来客请进来。白慧一看，头一个又胖又大又结实，精神十足地挺着胸脯。那神气像摔跤场上的优胜者，右手提着一个大蓝布兜子。白慧一眼就认出是李叔叔。他是原先爸爸厂里的同事，装配车间的一个组长，爸爸叫他“大老李”。白慧上去和他打招呼、握手，互相问候。

后边跟着又进来两个瘦瘦的男人。一个谢了顶，高个子，细长腰，戴副银丝边的圆眼镜，衣着整洁，气质文弱，进门后就先摘下眼镜，掏出一块手绢擦镜片。另一个瘦矮，头发差不多全白了，脸上满是很深的皱纹，好像龟裂开的泥片片，右腿有点瘸。但他显得最活泼，进来就用哑嗓子朝爸爸喊道："老白，今儿非把你灌醉了，否则我们可不走！"

这两个瘦男人看见白慧，都现出惊喜神情。有点瘸的瘦男人说："哎呀，是小慧！长成大姑娘啦！你什么时候回来的？"

白慧听出来，这人认得自己，可怎么也想不起来是谁了。她回答："刚到。"

"老白，你可是大喜临门呀，高兴的事全都一呼啦往你身上跑呀！"

大家都爽朗又开心地笑起来。爸爸对白慧说："你怎么不叫人呢？你忘了他们吗？"

白慧有些尴尬地站着。她确实记不起来了。爸爸嗔怪地对她说："这是张伯伯呀！那是冯总呀！你这孩子，怎么忘性这么大！才几年呀！"

白慧恍然大悟。原来有点瘸的瘦男人是张伯伯，张副厂长。另一位是冯总工程师。他俩也都是爸爸原先的同事，又是好朋友。他俩和大老李十多年前都是她家的常客。这些年像绝了交似的，不见他们来了。真是变化太大了呀！冯总原先是满头黑发，总梳个整齐又油亮的分头。如今谢了顶呢！变化最大的是张伯伯，他的头发给时光漂得这么白，脸上的皱纹比爸爸的还要深，有的皱纹简直可以夹住小纸片儿。在白慧的记忆中他的腿并不瘸呀！大老李还是老样子，所以一见面就认出来了。她忙向张伯伯和冯总招呼。

“瞧，时光不饶人，变化真不小呀！连小慧都认不出我来了！”张伯伯感慨地说。忽然他又振奋地说：“我人老，心可一点儿也不老呢！它像春天的花朵，又开开喽！”

大家在笑声中进了爸爸的房间。大老李说：“你们瞧，我说老白今天准摆得琳琅满目吧！老白，你的酒可预备得不足。这点酒连我都灌不醉，拿什么灌你？不过，你别着急，瞧我的……这是一瓶、两瓶、三瓶！”他说着，一边把三大瓶亮晃晃的“芦台春”放在桌上。

“大老李，看样子，你还真想把我灌醉了！”爸爸笑着说。

“老白！”大老李说，“你可别这么说，今儿谁不喝痛快了也不行！我活了四十多年，还没见到像今天这么出奇的事呢！所有人，不管会喝不会喝，都抢着买酒，跟白给不要钱似的。你知道我费了多大力气，才抢来这三瓶？！今儿都得尽兴，包括冯总在内！”

冯总摇着手，笑眯眯地说：“能者多劳，能者多劳！”

张伯伯朝他嚷道：“干什么，冯总？还没上阵就‘鸣金收兵’了？来，你要看见我今儿带来的酒菜，保管你不用灌，自己就拿起一瓶酒往嘴里倒！”

“噢，什么酒菜？”爸爸问。

张伯伯叫大家猜，谁也猜不对。冯总嘟囔着说：“老张真行，他和我来了一道儿，居然有件什么宝贝连我也没告诉。我猜准不一般！”

张伯伯把自己带来的一个手提包放在桌边，拉开拉链，手伸进去，同时故作神秘地说：“你们可别怕。它们现在是咱的俘虏了！”

说着从包里往外一抻。原来是一条麻绳串绑着四个青灰色、又肥又大的活螃蟹。所有的螃蟹爪子都在空中活动着，“瞧吧，个个顶盖儿肥，不多不少，正是它们四个！”

大家都纵声大笑，呼好喊妙；冯总傻气地拍起手来。大老李叫着：“有了它们四个下酒，今儿更痛快了！你怎么样，冯总？”

“我喝，我喝……”冯总笑得流出眼泪，他摘下镜子用手绢擦眼角。

“来，小慧，你把它们放在锅里蒸蒸，可得蒸熟了呀！”

“小心点，别叫钳子夹着。”

“没事。冯总，你还怕它们吗？早叫我拴得牢牢的啦！”

这些话里的双关意思，白慧听不出来。她拿去蒸了。不一会儿，螃蟹蒸熟，红得像四个压扁了的大红柿子，冒着热气儿，放在一只大盘子里，四边撒上姜末，端上来了。白慧把它摆在饭桌中间。这时酒盅里斟满了酒。酒、螃蟹和菜的味道与爸爸等几个人吐出的烟味混在一起，浓郁的香气直往大家的鼻孔里钻。大家坐好，就要开宴了！

“爸爸……”白慧等着爸爸来揭开谜底，她亮闪闪的目光期待又好奇地望着爸爸。

爸爸的表情忽然变得非常庄重又严肃。他好像没听见白慧的招呼而站起身来，端起酒盅，郑重地对大家说：“来，咱们前三盅，敬给毛主席、周总理和朱老总。他们的愿望实现了！”

屋里的气氛顿时好像被爸爸的神情渲染了一样，变得异常庄重。大家都起身面对着墙上三位中国革命巨人的照片端起酒盅，大老李另拿一只水碗，把酒瓶的嘴儿朝下“咕噜咕噜”地倒满，然后豪爽地端起来。随后便是饮酒、斟酒、再饮酒和撂下酒盅的声音。白慧自小很少喝过酒，也连饮三小盅，因为这三盅是敬给她热爱、怀念和已经离开了她的人。热辣辣的酒从喉咙里一直流到胃里。她扭头恰好看见张伯伯的眼角滴出一滴热泪，在灯光下分外明亮，顺着眼角一条很深的皱纹流下来。再看爸爸、冯总、大老李的眼睛也是亮晶晶的。数月来始终保留在她心里的说不出的难过的情感，此刻被激发出来，泪水滴滴答答地落在地上。大家坐下来沉默着，仿佛都在想心事。突然，张伯伯叫起来："怎么？该高高兴兴啦！这是喜事，咱们为什么还别别扭扭的？来，先吃我的……什么我的！吃它们四个。下筷子，不！吃这个不能下筷子，动手吧！来呀！大家动手，把它（他）们碎尸万段！"

张伯伯的话，立刻改变了屋里的气氛。

白慧觉得好像有一种由衷的喜悦和痛畅的情绪回到这几个人身上。他们的脸上满是开心和轻松的笑容了。众人一齐动手吃螃蟹，响起一阵折断螃蟹骨壳的清脆的声音。

"来，小慧，你为什么怔着，快吃呀！"大老李咬着一只螃蟹爪，心急地说，"小慧，你说吧！你吃'谁'？张伯伯给你拿。"

"吃'谁'？'谁'？"白慧不解其意。

"怎么，你不懂吗？"张伯伯奇怪地看着她。

她的确不明白。爸爸笑了，说："老张，她还不知道这件事呢！她在边远的草原上工作，这才到家。我答应在饭桌上告诉她，一直没来得及说……"

"哎呀，老白，你真沉得住气！"大老李接过话说，"来，小慧，我告诉你，那几个王八蛋……"

张伯伯伸手捂住大老李的嘴，抢着说：“大老李，你别说，我来告诉小慧……”

“要不，我来……”冯总想插嘴，但他的嘴太慢了，插不进来。

大家都争着说，急得站起身来，几双手一齐比画着，好像要打架似的。筷子掉在汤碗里了，酒瓶碰得像醉汉那样晃来晃去。白慧惊奇地看着这几位长辈。他们兴奋得简直像小孩子一样了。

“还是我来说吧！”爸爸说。

大家想了想便一致表示赞同。这件天大的喜事还是由爸爸讲给女儿。

“他们……他们……”爸爸激动得声音直打战，“完了，垮台了！彻底地垮台了！”

“谁？”白慧问，眼睛睁得大大的。

“它（她）！它（他）！它（他）！它（他）！”张伯伯指着大盘子里支离破碎的四只螃蟹。

“哎呀，这么说她还是不知道呀！”大老李给酒烧红的脸显得分外急躁。他大声、痛快、解气地叫着，“江青，张春桥，姚文元，王洪文！四个王八蛋完蛋了！”

这消息真是从天而降！真好像翻天覆地那样巨大！这时，几位长辈都直盯着白慧。尤其是冯总的亮闪闪的一双圆眼镜片一动不动地正对着她，想重新感觉一下听到这个消息时表现出来的无比惊讶和狂喜的心情。白慧完全听呆了，她直愣愣地望着爸爸。爸爸用粗糙的手背抹着眼睛，说：“是的，孩子，是真的！在咱们城市里，大概没人不知道这件事了。顶多再有两三天就要大庆祝喽！”

“庆祝，庆祝，大庆祝！”张伯伯激动地嚷着，“所有热爱党、热爱祖国的人们都要跑到街头上大庆祝喽！今儿咱们先提前庆祝庆祝。来，小慧，你吃哪个？吃江青吧！好，这个就是她！张伯伯夹给你，就这个。”同时，咔嚓一声，一个还剩下五只爪子、一只钳子的大螃蟹扔进白慧的碟子里。张伯伯接着说：“你知道画家齐白石吧！他在日寇侵华时期，曾画了一张《螃蟹图》，上面画着几只大螃蟹，题道：‘看尔横行到几时？’用来骂那些在中华大地上到处横行的日寇。现在我们也借用这句话骂骂这四个凌驾于党和人民之上的横行霸道的罪魁！‘看尔横行到几时？’到时候喽！爪子都没了，看你们还怎么横行？！”

白慧眼盯着这个怪模怪样、残缺不全的玩意儿，耳听张伯伯高兴地叫道：“你呀，冯总，你来哪个？怎么不动手呢？你连死螃蟹也怕呀！”

“不怕，我不怕……”冯总拘谨又乐陶陶地说。

“给他个带钳子的。”大老李吃着、叫着。

“不，老张，你不能怨怪冯总。”爸爸说，“是他们的手太狠、太毒、太残酷了！冯总要是一切都弄明白了，就不会怕了！”

张伯伯听了，沉一下，突然把筷子往桌上啪的一撂，说：“说得对，老白！是他们太残酷了。十年前他们打击陷害了多少人？冤死、屈死、弄死多少人？老一辈革命家在战场上出生入死，在枪林弹雨里、在敌人的牢狱里没死，不少人却死在他们手里。这些人都是中国革命、是党和人民的宝贵财富呀！叫他们活活给折磨死了，弄死了。他们真比国民党还凶狠哪！中外反动派没做到的事，他们全做了！可是他们还把自己打扮成最革命的。好像除他们之外，都是反革命。他们用诡辩论偷换辩证法，用野蛮代替文明。

想用……”

爸爸接过话，把早已成熟的、从来没表达过的思想说出来：“想用法西斯来改造我们的党！总理是怎么死的？是他们迫害死的。他们冒天下之大不韪，疯狂迫害总理。还疯狂地镇压群众！他们把谎言装在刺刀上逼着人家相信和屈从。他们窃用毛主席的权威，歪曲党一贯的政策。用耸人听闻的字眼儿冒充革命理论，欺骗人民，欺骗青年……咱们是从革命战火年代过来的人，知道过去是怎么回事，今天是怎么回事，知道革命究竟为了什么。可孩子们呢？他们不叫孩子们了解过去，不叫孩子们读书。用愚民政策和幽禁思想的办法扼杀人们的灵魂，好灌输他们那一套。他们为了什么？不就为了篡权吗？仅仅为了他们个人的私欲，几乎毁了中国！想一想吧！他们整整影响了三代人。把老一辈的头熬白了，把壮年一代的多少美好的时光耽误掉了。这正是他们大有作为的年华呀！年轻一代呢？脑袋里装了不少是非不明的东西，甚至还有不少错误的东西。要弄清这些不那么简单呢……”

大家听着爸爸的话。大老李在那里不住地喝酒，不用人劝，自己一盅连着一盅。他好像是那种人：习惯用酒压下心中的火气，浇掉烦恼。冯总低着头，一忽儿频频点头，一忽儿连连摇头。不时从胸腔里发出一声声深沉的低鸣，好像严酷的现实逼使这个脆弱的人已经习惯于把不平的思绪收缩到沉默中了。白慧依然像刚才那样怔着，连那惊讶的表情也没有改变地停留在脸上。张伯伯和爸爸这些极其激动、怒气冲冲的话，突然之间把一切都揭开了，打破了。

大是大非之间已经明明白白。不管她原先怀疑也好，解释不通也好，看不清也好，一下子就全真相大白。她可怕地感到原来事情并不复杂，既简单又明了。所惊讶的反倒是自己了。

梦醒了。一切都历历在目。

“啪、啪”两声，张伯伯瘦瘦的手拍在桌面上。说话时，由于干哑的嗓音在喉咙里用力地顿挫，发出“咝咝啦啦”的声音。

“这些混账东西！单单说他们毁了那些青年就可以说是‘罪恶弥天’啦！有一些青年叫他们糟蹋成什么样子？没有理想、抱负，没有知识。有的有工作做，但没有事业心，满脑子实用主义。他们无知得可怕，无知得可怜，却又自以为是，甚至还挺狂妄！更有的少数青年丧失了起码的道德标准，纯粹变成一副铁石心肠。他们打人时，一双手举起棒子砸下来，竟然毫不迟疑，就像打一块土疙瘩。瞧，你们瞧——”他站起来，离开座位往后倒了两步，捋起右腿的裤筒，露出膝盖给大家看。这膝盖变了形，中间瘪下去，一边突起个尖儿，几处皮肤鼓起了暗红色的肉棱子，看上去又可怕又叫人难受。“他们把我打成这样，还罚我站着。后来伤口化脓了，他们把我送到医院。你们猜，他们在路上对我说些什么？他们说：‘给你治好了，接着再打！’他们的头头儿说：‘你这可是自己摔的。你要敢诬蔑革命造反派就打碎你的狗头！到那时，我就说你的脑袋是你自己撞墙撞碎的。’听听这话吧！他们凶狠，可他们也心虚，怕有一天找他们算账。国家有宪法、有法律，党有政策，凭什么任意打人，折磨人，杀人？再说，我从抗日战争时期就跟着党和毛主席，何罪之有？看着吧，看他们今后有什么脸再见我，有什么脸见人！”他扭头对听得发呆了的白慧说，“你觉得我脾气变了吧！不，你张伯伯一直是这样的。好讲直理，不屈服。就是给他们押着的时候，棒子在身上飞舞的时候，也是这样。你爸爸比我们还坚强。前几个月搞‘反击右倾翻案风’时，你爸爸又差点叫他们搞下去。你爸爸跟他们斗，一点也不含糊呢！我们可不像冯总那样服服帖帖，不过因此也招来不少皮肉之苦。他们真把你张伯伯打苦了……”他干哑的声音哽咽了。沉吟一会儿，抬起头来，显出一种顽强的神气。他瞧瞧白慧，又露出慈祥爱抚的笑颜，转而对白慧的爸爸说：“你这女儿是个好青年，绝对和那些人不一样。我相信，正派的青年是大多数的。他们经过十年‘大革命’的锻炼，特别是经过这次同阴谋家野心家的尖锐斗争，必然学懂不少真正的马列主义的道理，愚弄他们已经不容易了！天安门广场上数十万革命青年的大示威不是他们觉悟的最好的见证吗？我一想到那情景，就坚信祖国的将来大有希望，这些青年的前途也无限远大哪！老白，今儿应该高高兴兴嘛！为什么总是提那些难受的事呢？应当往前看嘛！来，来，来，同志们，咱们向小慧敬一杯，预祝咱们祖国的青年一代幸福，大有作为！来呀，小慧，别怔着呀！端起酒盅喝吧！你们的将来多好，我们多么羡慕你呀！”

张伯伯满脸皱纹舒展开了。他满怀着真挚的情感招呼大家，一边把蓝色的小酒盅端到白慧面前。在大家的呼唤中，白慧慢慢地、下意识地端起酒盅。忽然，她觉得这些围聚过来的酒盅在她眼前亮晃晃地旋转起来。跟着，饭桌，人，周围的一切，连同脚下的地面也旋转起来。自己的脑袋像个大铁球，控制不住地左右一摆。当的一声，她的酒盅从手里落到桌子上，酒溅得四处都是。

大家都吃一惊，见白慧的脸色刷白，非常难看。爸爸带着一点微醺说：“她没喝过酒。开始时那三盅喝下去，我都不大行了，何况她？小慧，你到屋里躺会儿去吧！”

白慧直愣愣地站起来，离开饭桌往自己的房间走去。她耳朵里响着大老李对她说话的声音，但只有声音，没有字和内容。

庆祝胜利的聚餐进行到深夜才散。

桌上还剩不少酒，留给明日再尽兴。这种兴奋是一时发泄不尽的，而且是几代人此生总也忘不了的。

除去酒，饭菜也余下不少。唯有那几只螃蟹，只剩下一堆碎屑、爪尖和四个光光的带点腥味的骨壳了。

爸爸嘱咐大老李把张伯伯和冯总分别送回家。因为他俩走起路来都像踩着球儿似的。大老李把冯总的眼镜摘下来，放在自己的衣兜里。冯总用不着眼镜了，他就像一棵藤蔓依附在大老李粗壮的躯干上。三人走到过道。张伯伯居然还挺清醒，他把手指头竖在嘴唇前发出“嘘嘘”两声。

“轻点，别把小慧吵醒，她准睡了。”

“放心吧！吵不醒。她还不醉成一摊泥？”大老李好像大舌头那样，字儿咬不清楚了，“老白，你不用管她，明天早晨醒来，给她再来上小……小半盅，回回酒就好了。叫她多睡会儿吧！心里高兴，睡，睡得也踏实……”

爸爸送走客人，关上门，浑身带着美滋滋的心情和酒意，踩着不大平稳的步子，走到女儿房间。他有一肚子话想对女儿倾泻出来。如果一开口，恐怕一连三天三夜也说不尽。生活可以改变，甚至可以塑造一个人的性格。十年来的生活把这个寡言的人几乎变成了哑巴，几天来的巨变又要把他改变成另一种闭不上嘴巴的人。当他迈进女儿房间的门槛时还拿不定主意：到底叫女儿好好睡一睡，还是把她叫醒，先将自己那些在心里憋不住的话择些主要的对女儿说一说？可是，他发现女儿并不在屋里。

“她到哪儿去了？”

他走到过道叫了两声。厨房和盥洗室的门都是开着的，里面没人。他诧异地想：“深更半夜，她总不会出去吧！”随后里里外外转了两圈，喊了几声，仍然听不到回答。他发觉挺奇怪，再一次走进女儿房间，只见女儿床上的罩单十分平整，没有躺过的痕迹。于是，种种没有答案的问号开始跑进脑袋里，和酒后混沌不清的感觉乱哄哄地搅在一起。无意间，他发现在白慧妈妈照片前的地面上有一小片散落的水滴样的湿痕。

“这是什么？噢？泪水吗？……”

他心里掠过一个朦胧的、莫名的、不祥的感觉，慌忙在屋内寻找有没有什么特别的迹象。女儿从外地带回来的提包放在墙角，那件劳动布的外衣还搭在椅子背上，看来她没有远去。可是忽然，床头小柜上放着一两张白色的信纸似的东西，蓦地闯进了他的眼帘。他跑过去一看，果然是两张信纸，一张是打开的，写满了字；另一张是折好的。他抓起来，先看那张打开的。正是女儿写给他的。刹那间，脑袋里酒的迷惑力全部消失——他万万想不到是这样一封信。

爸爸！亲爱的爸爸！

我只能最后一次这样称呼您了！说实话，我还不配这样称呼您呢！我不配做您的女儿，我辜负了您和妈妈对我的希望，辜负了党，我是个有罪的人！

这一切您是不知道的。我从来没有对您说过。我在运动初期亲手打过一个人，一个好人，一个为党勤勤恳恳、兢兢业业工作的女教师。她已经死了。虽然不是我亲手致死的，但我曾经那么狠地打了她。她无论活着，还是死了，都是不能宽恕我的。我是有罪的！

然而，我那时确确实实真心为了革命，把自己这种做法当作真诚的革命行动来做的。我心里没有半点瑕疵。（我只请求您在这一点上理解我。）此后，我后悔！我痛苦！我知道自己错了，可是现实并不否定我。没有人找到我头上来，好像这件事并没那么严重，只要不当作一回事，照样可以过得挺好的。我可不行！如果现实不叫我负责，法律不叫我负责，我却负有心理上、道义上的责任！我是有罪的！然而我又一直不明白：一个人为革命怎么会做出损害革命的事？他一颗纯洁而真诚的心怎么会跌入罪恶的深渊，无以自拔？虽然我也想到过，我可能上了某些政治骗子的当，但我没有能力彻底弄明白这一切。现在我才全都明白了。原来我做了那几个最卑鄙、最阴险的野心家、阴谋家的炮灰。吃了他们的迷魂药，被他们引入歧途。我受了利用的愚弄，而且给他们利用过后，丢弃一旁，不理不睬，我叫他们害得好苦呀！

我还悔恨自己。我想过怎样洗清那罪过、那耻辱和肮脏的污点。我想了整整十年，但没有办法！当今天一切都真相大白时，那污点就变得更清楚、更脏，甚至更大了！我有什么脸再见您、张伯伯这些好人？！您、张伯伯知道了这件事，肯定会憎恨我、骂我、看不起我！我所痛苦的，正因为我不想当这种人，而我做这件事时，也不是为了要做这种人呀……到底我该怎么向人们表白自己：一个黑色的污点我也不想要，但偏偏沾上它又洗刷不掉，我到底该怎么办呀！到底应该怨谁？怨我吗？还是怨那些骗子？怨他们又有什么用呢？反正我完了！

我走了……我决定了。

至于我去哪里，我不愿意告诉您，您也不必再找我，就只当您没有这个女儿吧！妈妈白生了我，您白白哺养了我！您恨我吧！您可千万别想我呀……

如果人有两条生命多好！我情愿死掉以前那耻辱的一条，让另一条生命重新开始，好好开始！但可惜人只有一条生命……

再见，我的好爸爸！我多想做您和妈妈的名副其实的好女儿呀！

小慧

下边注着一行字：

另有一封信，是给常鸣同志的。他住在河口道三十六号。请您叫杜莹莹给他送去。杜莹莹会把您所不知道的这个人的情况告诉您的。

爸爸读信时，身子东倒西歪，两只脚不断地变换位置才保持住站立的姿势。现在他心里充满可怕的感觉。尽管他对这件突如其来的事情一点也不明白，但现在不是弄清原因的时候。他就像疯了一样飞快跑出大门，一路好几次撞在门框上、走廊的墙壁上、楼梯的栏杆上；然后他站在漆黑的街心放声呼喊。这声音在静静的深夜分外地响——

“小慧，小慧！你在哪儿，你快回来呀！快回来呀！”

六

第二天的清早。

北方的晚秋难得有这样好的天气。天上无云，像无风的海面，蓝得那样纯净和深远。阳光充满天地之间。鸟儿一群群在天空飞，翅膀闪着光。清爽的风把太阳的暖意送到所有打开的窗子里。真给人这样一种感觉：是不是春天抢先地回来了？

今天，天没亮，整个城市就被雷鸣般的鼓号声惊醒。人们都起了早，兴致勃勃地从家里走出来。很快，大街小巷聚满了准备游行的队伍。红旗和人混成一片。没有人来调动，没有人统一组织，也没有人下令，游行到处开始了。

今天是已经公开了的秘密正式公开的第一天，是历史性的大喜日子，是全民族欢天喜地的一天。中华大地又一次像重新获得解放那样，自由自在地大口呼吸着……

常鸣穿着一身平平整整的蓝制服，推一辆擦得挺干净的自行车正从院里往外走。车上电镀的部分都在愉快地闪着光亮。车把正中插一杆自制的苇子秆儿的三角形红色小纸旗。他上衣的领扣儿扣着，显得很郑重。里边的衬衫露出一圈雪白的领口。他眉宇间分外舒展，身上带一种如释重负一般的异常畅快的情绪。

他刚走到大门口，迎面走来一个圆胖脸儿、梳短发的姑娘。这姑娘看看门牌，又打量一下他，便问:“请问你是常鸣吗？”

“是呵，你是谁，有事吗？”他答道，并莫解地瞧着这左眼有点斜视的姑娘。

“我叫杜莹莹。你记得十年前我借给你一件绿褂子穿，那次你……”

“记得。”常鸣立即回答道。他记得这件十年前的事就像记着昨天的事一样，“你……”

“白慧托我给你捎来一封信。”她说着，从制服上边的口袋里掏出一封信递给常鸣。

常鸣显出一阵轻微的激动。他忙支好车梯，接过信看，没有信封，只是张白色的信纸折叠成一个十字花儿的菱形的小纸块。头一次，白慧给他的信，就叠成这个样子。他微微抖颤的手打开信笺，一边问:“她回来了吗？”

杜莹莹没说话。常鸣发现杜莹莹的双眼哭过似的，眼皮都红肿起来了。常鸣感到事情有些不好，便问:“怎么？”

“白慧失踪了！”

“失踪？”常鸣觉得脑袋里“轰”的一响，脸上充满惊讶的表情，“什么时候？”

“昨天夜里的事……”

“怎么会呢？为什么？为了什么？”

“你看看这封信吧！也许在这上面会告诉你的。她以前跟我说过，她对你……说真的，她对你……”杜莹莹哽咽了，泪水从红红的眼眶里重新涌出来。

常鸣急切地看着这张信纸，原来上边只有不多的几句话:

常鸣：

你一共两次没有原谅我。我知道你现在依然不能原谅我，我也绝不请你原谅我了！

我现在可以对你说两句心里的话。因为我再不用顾虑你看过信会怎样想……我多么爱你！原来——如果没有那桩事——我可以成为你的爱人，但由于受了骗子们的愚弄却成了你的仇人。我无限痛恨他们，也恨自己。等我明白过来，甚至早在我感到自己所做的事是一种罪过时，就已经晚了，不可挽救了。我为什么不能像你一样呢？你可以理直气壮地生活，我却不能。我原来也可以做一个好人呀！也可以按照自己的理想和意愿生活呀！只可惜，恐怕直到现在，你并不知道我是怎样一个人，不知道我的心……

我就要永远地离开你了。这也没什么，因为我们早已分开了。而且早在我们没认识之前，事情就埋藏着这些后果。我毫不怨怪你。我只能感谢你救过我。我对不起你。而且直至现在还爱你……当然说这些都没用了。

祝你幸福吧！常鸣。像你这样的人，我相信，你一切都会幸福的。

我全向你表白了。别了！

白慧

常鸣看到这儿，双手把信纸蒙在脸上。他浑身猛烈地打战，痛苦地低叫着:“其实，其实我心里早就原谅你了……”他悲哽得再说不出声来。

杜莹莹抬着滚圆的小手抹眼睛。

忽然，常鸣仰起痛楚的脸直对着杜莹莹，“你说，她会到哪里去了?!她在哪里?”过度的激动和痛苦使他的神情显得有些失常。

“我哪里知道。她爸爸和几个朋友、同事直找到今早也没找到。我就怕……”她的口气有些绝望，“可能是……”她心里有个可怕的估计，不忍说出来。

“不!”常鸣冲动地，甚至有些严厉地说，“不会有别的可能!我，我去找她!”他把那张抓皱了的信纸往兜里一塞，猛地踢开车梯，双手一推车把，腾身上了车，刹那间冲出大门。

“你到哪儿去找她?你知道她在哪里?”杜莹莹跟着跑出来，在后面叫。

此时，常鸣已经急渴渴地往街心驰去，一边还回过头叫着:“她就是跑到天边，我也要把她追回来!”

看他那样子，真像要一下子奔到天边似的。但哪里是他的目标呢?杜莹莹眼瞧着他的身影在远处的游行队伍中间消失了，心中一片茫然。

常鸣骑车在大街上飞驰，在游行队伍中穿梭。这时，整个城市已经变成一片欢乐的海洋。大街上的人流如潮水般地激涌着。朗朗的笑声、痛快的议论声、激愤的口号声和震动人心的锣鼓声汇成强大的轰响，仿佛长久压抑在火山口里的灼热的岩浆喷发出来了，火辣辣地喷射出满天奇异的光彩。游行的人群热情地举着毛主席、周总理的画像。

常鸣在街心疾驰着，穿过一处处红色的火样的旗丛。旗光映红了人们的笑脸；爆竹飞升到无限开阔的天空中炸开。一些游行队伍正在演出活报剧，用怪诞的装束和脸谱化了的角色曲尽丑态，挖苦那四个已经被历史所唾弃的小丑和罪魁，为胜利的人民增添喜悦和兴致。

常鸣在这五彩缤纷的世界里寻找那个失掉了的人。他每一分钟都没有松懈追赶的速度，焦灼地四处张望。跃动的人群往来不绝，使他眼花缭乱。他的前车轱辘不时碰到人身上。他不断地道着歉说："对不起，我有急事……我……"

凡是给他的车碰了的人，却都一概对他摇手，笑眯眯地表示毫不介意。幸福者的心是宽容的；似乎在今天，可以原谅的都该原谅了！

常鸣感到自己这件事与今天这个世界、这个普天同庆的情景太不相称了！他多么希望立即找到白慧，把她拉到这儿来，和这千千万万再一次获得解放的人们一起庆贺，一起欢跃，一起尽情地喊出心里的歌儿一般的声音……

他整整找了一个上午。心中怀着炽烈的渴望，不知穿过多少街道，走过多少地方，而白慧仿佛一只飞来的鸟儿，无影无踪。天地这么广阔，她究竟在哪里呀？当常鸣清醒地发现他寻找的目标是渺茫的时候，无望而颓丧的感觉便沉重地爬上心头，热烘烘的情绪冷却下来。他已经十分疲乏了。

这时他正停车在一个空地上。对面是东大河的大湾渡口，一个圆形的大钟远远地竖立在那里。他恍惚觉得这个不常来的偏远的地方在他的记忆中占什么特殊位置。跟着明白了——这正是白慧第一次约会他的地方。那一次他没来。但事后，每当他给失去的爱情折磨得痛苦不堪时，便独自一人跑到这儿来，沿着高高的堤坡走一走，排遣郁结心中的怅惘与苦楚。他的幸福好像从这儿断绝的，现在却又偶然地来到这里。意味着什么呢?

他茫然地朝渡口走去，在大钟下放了车。一个人登上堤坡，心里痛悔地叫着:“那一次，我本来可以挽救她的。为什么不能，为什么不能……”

宽坦的河湾就像一幅长长的画卷在他眼底展开了。远处迷蒙的景物，阳光下白得耀眼的大河，河面上飞翔的水鸟……忽然他的双眼睁得极大，仿佛发现他失落已久的极珍贵的东西那样，眼睫毛禁不住狂喜地震颤起来。他完全意外地看见在前边堤坡下退了潮的黄沙地上，站着一个姑娘。那正是白慧!

沙滩上印着一大片清晰的流连徘徊的足迹，白慧站在中间。离她几尺远的地方，大河的激流在翻滚喧腾。风正吹着她的头发、衣襟和裤脚。她时而低首沉思，时而抬头远望，孤零零地，只有一条灰色的影子躺在她的足旁。常鸣觉得，她好像是被那几个魔鬼卷起的一阵邪风抛到这荒凉的河滩上。魔鬼们是不会对她负责的，而我们的党却要对她负责。今天呀！党、祖国、民族已经从魔鬼的践踏下被挽救出来。它面前展现一片无限美好的锦绣前程，它大有希望，它已经在新的长征中迈起雄健的步伐了。而我们向前的每一步，都应当是充满崇高的责任心和责任感，无论是对祖国、对党的事业，还是对每一个人……那就要张开温暖的怀抱，伸出有力的手，把白慧这样的青年人从那条走不通的、彷徨痛苦的歧路上拉回来。帮助她把过错化成教训，用以明辨、警戒、抵抗将来可能重来的邪恶；鼓舞她满怀信心地生活下去……就这样，常鸣踩着坚实的步子，一步步下了堤坡，朝白慧走去。

白慧扭头看见了常鸣！在沙滩上这对情人之间，时间好像只停留下片刻。忽然白慧转过身，她好像终于找到了出路。一条洒满了光、无限宽广的路。她摆脱开刚才的一切，带着一股热切的冲动，甩着两条胳膊，满脸流着热泪，朝常鸣跑来了，跑来了……

1978 年 7—8 月

于天津睦南道 77 号

啊！

只要这些有碍社会进步和毒化生活的现象，还没有被深刻地加以认识、从中吸取教训、彻底净除与杜绝，还存在着再生的条件，那么，与本篇小说同一性质的作品就不会是无用的；也是不可避免的。

——作者

一

早春的天空分外美丽。那淡蓝色的无限开阔的空间，全给灿烂明亮的日光占有了。鸟雀们拼命向云天钻飞，去迎接从遥远的地方随同大雁一同来临的春天。

它的气息往往裹在融雪的气息里。

它第一个脚步，是踏在寒气犹存的人间和大地上的。然而它以宇宙间浑然充沛的生命的元气，使冰封的大河嘎嘎碎裂，使冻结的土壤松解复苏，使僵缩的万物舒展、变柔、生机勃发，使每一颗美好的心都充满幻想和希望。

春天，不仅带来希冀、新生、美、向上的力、大自然的繁忙、五彩缤纷的新天地，还要与亲切真诚的吐露、劳动者手上的厚茧、描绘未来的图纸、为真理而斗争的硝烟、柔情的眼波、迷人的夜曲，纺织成甜蜜、幸福、诗意、闪闪发光的生活。

它从来不辜负人们。它恪守时节，还慷慨无私地把它的一切财富贡献给人们。

多好的春天呵！

然而，这一切，对于现在坐在历史研究所当院的一百多人来说，却是无关和多余的。没有一个人有心抬起头，去感受一下早春的天空。

这里又要揪人了！

二

有两个迹象说明今天召开的全所大会有种非同寻常的急迫感和严重性。

一个是，所里的五名长期病号和十一名退休人员全到会了。他们接到的开会通知上注有“不准请假”的字样，谁也不敢推辞或借故不来，现在在会场后边东倒西歪地坐了一排。

另一个是，还有两名外出到西安半坡博物馆考察文物的人员，在昨天上午收到所里打去的加急电报，星夜驰归，此刻就坐在人群中间。

当矮个子、黑皮肤、呆板又平庸的所革委会的郝主任，双手端起一份上级下达的要立即开展运动的文件，像念天书一般，吭吭哈哈、结结巴巴、夹杂着许多错别字地念过之后，刚刚从市里开过紧急政工会议的政工干部贾大真赶回来了，他瘦瘦高高，戴一顶时髦的象征革命化的绿军帽，站在台上。他那瘦骨嶙峋的脸上有种可怕的严肃劲儿。用着发狠的口气和那个时代流行的发狠的词句，讲了一番话。这番话是这样结束的：

“虽然我们搞过许多次运动，但并不彻底。我们这个单位知识分子成堆，阶级成分复杂，藏龙卧虎，混杂着大大小小、为数不少的一批坏人。有历史的，也有现行的；有的公开，也有的隐蔽。我们不能掉以轻心，垫高枕头睡大觉。对敌人姑息，就是对革命犯罪。不少人在运动中不是跳出来表演了吗？现在该是和他们算总账的时候了！对于那些隐蔽得很深的家伙，就是掘地三尺，也要把他们挖出来！

“这次运动的特点是来势猛、决心大、搞得细。一方面，发动强大的政治攻势，对阶级敌人展开全面进攻。另一方面，对所有有问题、有嫌疑的人，要进行一次彻底的清理；对历史有污点的人，也要重新调查、重新鉴定、重作结论。我们下了决心，绝不漏掉一个敌人！而且，这次运动还将在社会上广泛展开，撒下天罗地网，将一切敌人一网打尽。上级领导讲了，‘该杀的就杀，该关的就关，该管的就管！’我们要立即行动起来，迎接这场大揭发、大检举、大批判、大斗争的阶级斗争的新高潮！”

显然，一阵凶猛的狂潮马上就要卷进生活中来。一切随即就要发生变化——生活内容，人，人的想法，人与人的关系，相互的感觉；还有空气。空气仿佛不再是流动的了，凝结了，并且骤然间充满了火药味道。

三

散会后，地方史组三个都戴眼镜的研究员回到他们的工作室，组长赵昌被留下听候所领导对运动的安排部署。这三个人前前后后进了屋，谁也没吭声，各就各位，像往常那样从桌上或抽屉里拿一本书看；天知道他们在看些什么。

本组年纪最大的老研究员秦泉的脸色非常难看。此人很瘦：面皮如同旧皮包那样黯淡，高颧骨像皮包里塞着的什么硬东西支棱出来，正好把一副普普通通的白光眼镜架住。他是个仔细、寡言、稳重的人。胳膊上总套着一对褐色的粗布套袖，和他每天上下班提着的书包用的是同一块布料。看上去，很像个细致又严谨的银行老职员。长期的案头工作使他驼了背。整天虾一样弓腰坐着，面前一杯热水和一本书，右手拿钢笔，左手夹一支烟卷；长长的脑袋被嘴里吐着的烟纠缠着，宛如云岚缭绕的山头；有时烟缕钻进他花花的头发丝里，半天散不净。这便是他给人印象最深的形象。他一天不停地喝水和上厕所，咽水的声音分外响；平日为了不打扰室内研究工作所必要的安静，他喝水时总是尽力抑制自己的毛病，把一口水分做几次，小心翼翼地咽下去。今天他似乎忘了。一边咽水，喉咙里一边咕噔咕噔地响，像是咽一个个小铁球。

他是五十年代出名的“右派”，而后摘掉帽子，但仍是所里唯一的身上打过“右”字号戳儿的人物。那种戳儿打上了，就留下深深的印记，想抹也抹不掉，每逢运动一来，都照例被作为反面人物中的一种典型，拿出来当作进攻的靶子。他属于那种人们常说的“老运动员”。虽然饱经沧桑，眼见过各种惊心动魄的大场面，但眼下仍不免心情烦躁。因为他很清楚马上又临到头上的日子是什么样的。

另一个白胖胖，却坐在一边呆呆发怔。他叫张鼎臣。才过了五十岁生日，圆头圆脑，皮肤细腻而光亮，戴一副做工挺细的钢丝边眼镜，装束整整齐齐，衣料也不差；平时爱吃点细食，不吸烟；牙齿刷得像瓷制的那样洁白，并且总在笑嘻嘻的唇缝中间闪露出来。他的古文颇好，对清史很有些研究；只是脸上总挂着些笑意，说话爱迎合人，带点商人气味，引人反感。

他是老燕京大学的学生，毕业后由于生计的关系，自己经营过一家小书铺。书架上总放着七八百册书，一边看，一边卖，积攒下知识和钱财。后来经本家叔叔再三劝说，在那个堂叔开的小贸易行里入了一份数目不大的股金。小贸易行经办不力，几乎关门。由于碍于叔侄情面，不好抽出股份，只当做买卖亏掉了。一九五六年公私合营时，这奄奄一息的小贸易行被合进去，他反落得一份微薄的股息。这份股息致使他在“文化大革命”初期被当作资本家挨斗游街。他的成分至今尚未得到最后确定。如同没有系缆的小船，在这将到来的风浪中，不知会遇到什么情况。

这三个人中间，唯有戴黄色圆边近视眼镜的吴仲义是个幸运儿。

他的历史如同一张白纸。平时的言行又相当谨慎，无懈可击。

为人软弱平和，不肯多事。前一度，所里的人分做两派，斗得你死我活，他在一旁逍遥自在，但按时上下班。在班上虽无事可做，也绝不违反所里订立过的那些规章制度。两派都争取过他，他却一笑了之。幸亏他素来是个胆小无能的人，无论哪派把他拉过去，最多只是增加一个人数。因此，两派都不再去理他。他是个多余的人。

然而，在一场场运动中间的间歇，也就是抓业务的时期里，他却是所里目光集中的一个人物。他年纪不大，三十多岁，学识相当扎实，工作认真肯干，研究上经常出成果。他是专门研究地方农民运动史的。这一内容始终受重视，他因此也受重视。他的成绩是领导和上级治所有方的力证。谁都认为，这是他在所里平时受优待、运动中受保护的资本……因此运动一来，他就被那些有污点而惴惴不安的人钦慕、眼馋，甚至有些妒忌呢！好似山洪冲下来，人家站在平地上担惊受怕，他却在石壁下、高地上，碰不着，扫不上，得天独厚，平平安安。

可是，谁知道那是怎样的时候呢？天大的功劳也无济于事，一点点过错就会招来灾祸；它逼得你去搜寻自己的过失，并设法保护自己；本来可以相安无事的人，在那种凶险的情势下，也会无端地心惊肉跳，疑神疑鬼……

快下班时，组长赵昌推门进来，用一种与他平时惯常的温和略显不同的比较严肃的态度说："革委会决定，从明天起开始整天搞运动，一切业务暂停。事假一律不准；医生开的假条必须革委会签字盖章方可有效。由明天算起的头一周，是大揭发大检举活动。每人回家都不准停止大脑的思维，去回忆平日哪些人有哪些错误言行，以及可疑的现象和线索，做好互相检举揭发的准备。”

赵昌的话说完。大家收拾东西离开房间的时候，不像往常那样互相打个招呼，说一半句笑话。脸上都没什么表情，谁也不理谁，各自走掉，似乎都有了戒心。

四

吴仲义在回家的路上，心里说不出是种什么滋味。总之，他感到堵心、不舒畅、麻烦，研究工作中一切正在大有进展的线索都要中断，去应付那些没完没了的大会小会、揭发批判，此外还隐隐有些莫名的不安。可是他又想，自己一向循规蹈矩，没出过半点差错，总比秦泉和张鼎臣幸运和幸福。在那种时候，平安是多大的福气呀！

“管它呢，没我的事！晚上在家可以照旧搞我的研究。明天下班，把放在单位里那些书和论文都带回来就是了！”

想到这儿，他感到一阵轻松，推开门，穿过黑魆魆的过堂，登上楼梯。他自己的房间在二楼。这时，住在楼下的邻居杨大妈——一位胖胖、笨拙而热心和气的山东人——听见他的声音，走出屋来召唤他：“吴同志，您的信。给您！”

“信？噢，我哥哥来的，谢谢您。”他半鞠躬半点头，笑吟吟地接过信来。

“是封挂号信。邮递员说，他每天送两次信，都赶在您在班上。我就代您盖个戳儿，怕有急事耽误了……”杨大妈说。

“可能是我侄子的照片。谢谢，真麻烦您呢！”他说着，捏着这封信走进自己的房间，拆开一看，并无照片，只有两张写满字的信纸。心想，什么事要用挂号？哥哥从来没这样做过，想必有特别的缘由……可是当他那双灰色的小眼睛看到信上的第一句话："我必须告诉你一件事，你别害怕！"眼睛立刻惊得发亮，如同一对突然增大电压的小电珠。等他惊慌的目光从信中一行行字上蹦蹦跳跳地跑过，真像挨了重重的当头一棒！忽然他发现门是开着的。黑乎乎的门外有个白晃晃的东西，仿佛是人脸。他赶忙跑到门口看看，屋外没人。他又急急忙忙走进来把门关上，销死，上了锁。站在屋中间，把信从头再看一遍，他感到一场灾难像块大陨石，从无边无际的天上，直直照准他的脑袋飞来了。一下子，好像突如其来发生一场大地震，屋顶、地板，连同他自己都一起坠落下去一样。他还站在屋子中间，却感觉不到自己。

五

他清清楚楚记得那件事。那是他一生的转折点。

十多年前，他正在本地大学的历史系读书，他是毕业班，随着一位助教和两个同学到较远的郊县收集近百年中一次农民起义的素材，好补充他毕业论文的内容。在平静的绿色的乡野间，他们得知学校里正开展热火朝天的鸣放活动，各种不同观点进行着炽烈的辩论。跟着他们接到学校的通知，叫他们尽速回校参加鸣放。他们的工作很紧张，一时撂不下，直到学校连来了四封信催促他们，才不得不草草结束手头的工作，返回城市。

下火车的当天，天色已晚，他们先都各自回家看看。

那时，他爸爸早殁了，妈妈还在世，哥哥刚刚结婚一年，家里的气氛挺活跃。哥哥是个易于激动而非常活跃的青年：长着大个子，脸色通红，头发乌黑，明亮的眼睛富于表情，爱说话和表现自己；说话时声音响亮，两只手还伴随着比比画画，总像在演讲。他在一座化工学院上学时就入了党，毕业后由于各方面表现都很突出，被留校教学。但他似乎不该整天去同黑板、粉笔、试管与烧瓶打交道，而应当做演员才更为适宜。他喜欢打冰球、游泳、唱歌，尤其爱演话剧。他在校时曾是学生剧团的团长，自己还能编些颇有风趣和特色的小剧目，很有点才气。后来做了教师，依然是学生剧团的名誉团长和一名特邀演员。化工学院在每次大学生文艺会演中名列前茅，都有他不小的功劳。吴仲义的嫂子名叫韩琪，是本市专业话剧团一名出色的演员，在《钗头凤》《日出》和《雷雨》中都担任主角。她下妆似乎比在台上还美丽。俊俏的脸儿，细嫩的小手，身材娇小玲珑却匀称而丰韵，带着大演员雍容大方的气度，性情中含有一种深厚的温柔，说话的声音好听而动人。她是在观摩一次业余演出时认识哥哥的。当时她坐在台下，被台上这位业余演员的才气感动得掉下眼泪。这滴亮闪闪、透明的泪珠便是一颗纯洁无瑕的爱情的种子，这种子真的出芽、长叶、放花、结了甜甜的果实。

这时期的吴仲义，性格上虽比哥哥脆弱些，但一样热情纯朴。好比一株粗壮的橡树和一棵修长的白桦，在生机洋溢的春天里都长满鹅黄嫩绿、生气盈盈的叶子。更由于他年轻，还是个唇上只有几根软髭的大学生，没离开过妈妈的身旁，未来对于他还是一张被想象得无比瑰丽与绚烂的图画。随时随地容易激动和受感动；对一切事物都好奇、敏感、喜欢发问，相信自己独立思考得出的结论，也相信别人与自己一样坦白，心里的话只有吐尽了才痛快，并以对人诚实而引为自豪……再有，那个时代，人们和整个社会生活，都高抬着昂然向上的步伐呵！

他的妈妈呢？大概中国人差不多都有那样一个好妈妈：贤淑、善良、勤劳，她以孩子们的诚实、正直和幸福为自己的幸福。她只盼着吴仲义将来也有一个像他嫂嫂那样的好媳妇。

吴仲义回到这样一个家庭中来。哥哥为他举办一个小小而丰盛的家庭欢迎会。大家快乐的笑声在嫂嫂精心烹制的香喷喷的饭菜上飘荡。全家快活地交谈，自然也谈到了当时社会上的鸣放。吴仲义对这些知道得很少，哥哥那张因喝些酒而愈发红了的脸对着他，兴冲冲地说："吃过饭，我带你去一个地方。到了那儿，不用我说，你就全知道了。"

当晚，哥哥领他去到那个地方。

那儿是哥哥常去的地方，是哥哥的一个很要好的小学同学陈乃智的家。经常到那儿去的还有龚云、泰山、何玉霞几个人。大家都是好朋友，共同喜好文学、艺术、哲学，都爱读书。大家在这里组织一个"读书会"。为了可以定期把自己一段时间里读书的心得发表出来，相互启发。这几个青年朋友在气质上有许多相似之处，比如，性格开放，血气方刚，抒发己见时都带着潮水一般涌动的激情。有时因分歧还会争得红了脸颊、脖子和耳朵。不过这绝伤害不了彼此之间的情感与友爱。

这当儿，哥儿俩还没进门，就听见里面一片慷慨激昂的说话声。他俩拉开门，里边的声音大得很呢！哥哥那几个朋友除去泰山，其余都在。大家激动地讨论什么，个个涨红了脸，眼睛闪闪发光，争先恐后的说话声混在一起。显然他们是给社会上从来没有过的滚沸的民主热潮卷进去了。

屋里的人见他俩进来，都非常高兴。何玉霞，一个脸蛋漂亮、活泼快乐的艺术学院的女学生，眼疾口快地叫起来："欢迎、欢迎！大演员和历史学家全到了！"并用她一双雪白光洁的小手鼓起掌来，脑袋兴奋地摇动着，两条黑亮亮的短辫在双肩上甩来甩去。陈乃智站起来摆出一个姿势——他微微抬起略显肥大的头，伸出两条稍短的胳臂，用他经常上台朗诵诗歌的嘹亮有力的声音，念出他新近写出的一句诗来："朋友们，为了生活更美好，和我们一起唱吧！”

于是，哥俩参加进来，年轻人继续他们炽烈的讨论。龚云认为：“官僚主义若不加制止，将会导致国家机器生锈，僵滞，失去效力，最后坏死。”他说得很冲动。说话时，由于脑袋震动，总有一绺头发滑到前额来；他一边说，一边不断地急躁地把这绺挡脸的头发推上去。

何玉霞所感兴趣的是文学艺术的问题。她喋喋不休，翻来覆去地议论，却怎么也不能把内心一个尚未形成的结论完完整整又非常明确地表达出来。她急得直叫。

哥哥笑着说：“你不过认为，文学艺术家要表现自己对生活的真正感受，以及自己独立思考得出的结论。不能只做当时政策的宣传喇叭，否则文学艺术就会给糟蹋得不伦不类。是这个意思吗，小何？”

何玉霞听了，感觉好像自己在爬高，费了九牛二虎之力却怎么也爬不上去，哥哥托一把，就把她轻轻举了上去似的。她叫起来：“对，对，对，你真伟大！要不你一来，我立刻欢迎你呢？！”她在沙发上高兴地往上一蹿，身子在厚厚的沙发垫上弹了两弹。她对大家说：“我就是大吴替我说的这个意思。大家说，我这个观点对不对？可是我们学院有不少人同我辩论，说我反对文艺为政治服务。真可气！现在不少文艺单位的领导，根本不懂文艺，甚至不喜欢文艺，却瞎指挥。我们学院的一个副书记是色盲。五彩缤纷的画在他眼里成了黑白画，他还天天指东指西，喜欢别人听他的。凡是他提过意见的画，都得按照他的意思改。这怎么成？明天，我还要和他们辩辩去！哎，大吴，你明儿到我们学院来看看好吗？”

陈乃智急说:“咱们可不能叫历史学家沉默。大吴不见得比小吴高明。研究历史的,看问题比咱们深透得多。”

吴仲义忙举起两条胳膊摇了摇,腼腆地笑着,不肯开口。其实他给他们的热情鼓动着,心里的话像加了热,在里边蹦蹦跳跳,按捺不住,眼看就要从唇缝里蹿出来一样。哥哥在一旁说:“他刚刚从外边回来,学校里的鸣放一天也没参加,一时还摸不清是怎么回事呢!”

“不!”陈乃智拦住哥哥,转过头又摆出一个朗诵的姿态,神气活现地念出几句诗——大概也是他的新作吧,“你,国家的主人还是奴仆?这样羞羞答答,不敢做又不敢说?主人要拿出主人的气度,还要尽一尽主人之责;那么你就不应该沉默!该说的就要张开嘴说!说!”他念完最后一个字,固定了一个姿态,一手向前伸,身体的重心随之前倾,好像普希金的雕像。灯光把这影子投在墙上,倒很好看。

这番有趣的表演逗得大家大笑不止。何玉霞说:“陈乃智今天算出风头了,每次上台朗诵,观众反应都没这么热烈过!”

大家笑声暂歇,刚一请吴仲义发表见解,吴仲义就迫不及待地说出自己对国家体制的看法。他认为国家体制还没有一整套科学、严谨和健全的体制;中间有许多弊病,还有不少封建色彩的东西。这样就会滋生种种不合理、不平等的现象,形成时弊,扼杀民主。那样,国家的权力分到一些人手中就会成为个人权势,阶级专政有可能变为个人独裁……他记得,那天晚上,他引用了许许多多中外历史上的实例,把他的论点证实得精确、有说服力和无可辩驳。他还随手拈来众多的生活现象来说明,他所阐述的这个问题的重要性和迫切性，屋中的人——包括他的哥哥——都对这个年轻的大学生意想不到的思想的敏锐、深度和惊人之见折服了。吴仲义看着在灯光中的阴影里，一双双亮晶晶的眼睛，朝他闪耀着钦慕与惊羡的光彩。听着自己在激荡的声调中源源而出的成本大套、条理明晰的道理，心中真是感动极了。特别是何玉霞那美丽而专注的目光，使他还得到一种隐隐的快感。他想不到自己说得这样好。说话有时也靠灵感；往往在激情中，没有准备的话反而会说得出乎意料的好。这是日常深思熟虑而一时迸发出的火花。他边说边兴奋地想，明天到学校的争鸣会上也要这样演说一番，好叫更多的人听到他的道理，也感受一下更多张脸上心悦诚服的反应……

第二天，他到了学校。学校里像开了锅一般热闹。小礼堂内有许多人在演讲和辩论。走廊和操场上贴满了大字报，还扯了许多根大麻绳，把一些大字报像洗衣房晾晒床单那样，挂了一串串。穿过时，要把这些大字报掀得哗哗响。这些用字和话表达出来的各种各样的观点，在短时间里，只用一双眼和一对耳朵是应接不暇的。这情景使人激动。

这时，他班上的同学们正在教室内展开辩论。三十多张墨绿色漆面的小桌在教室中间拼成一张方形的大案子。四边围了一圈椅子，坐满了同班同学。大家在争论“外行能不能领导内行”的问题。吴仲义坐在同学们中间，预备把昨晚那一席精彩的话发表出来，但执着两种不同观点的同学吵着、辩着，混成一团。他一时插不进嘴，也容不得他说。他心急却找不到时机。一边又想到自己将要吐出惊人的见解，心里紧张又激动，像有个小鼓敲得噔噔响。但他一直没找到机会。几次寻到一点缝隙，刚要开口，就给一声“我说！”压了过去。还有一次，他好容易找到一个机会，站起身，未等他说出一个字儿，便被身边一个同学按了一下肩膀，把他按得坐了下来。“你忙什么？你刚回来，听听再说！”跟着这同学大声陈述自己对“外行与内行”问题的论断。

这同学把领导分作三类，即：内行，外行，半内行。他认为在业务上内行的领导，具备把工作做好的一个重要条件，理所当然应该站在领导岗位上；半内行的领导应当边工作，边进修；外行领导可以调到适当的工作岗位上去，照旧可以做领导工作。因为他对这个行业不内行，不见得对于别的工作也不内行。但专业性很强的单位的领导必须是内行，否则就要人为地制造麻烦，甚至坏事……

这个观点立即引起辩论，也遭到反对。学生会主席带头斥责他是在变相地反对党领导一切。于是会场大哗。一直吵到晚饭时间都过了，才不得不散会。

吴仲义没得到机会发言，心中怅然若失。他晚间躺在床上，又反复打了几遍腹稿，下决心明天非说不可，否则就用二十张大纸写一篇洋洋大观的文章，贴在当院最醒目的地方。

但转天风云骤变，抓“右派”的运动突然开始。一大批昨天还是神气飞扬、头脑发热的论坛上的佼佼者，被划定为“右派”，推上审判台；讲理和辩论的方式被取消了，五彩缤纷的论说变成清一色讨伐者的口号。如同一场仗结束了，只有持枪的士兵和缴了械的俘虏。

哥哥、陈乃智、龚云、何玉霞，由于昨天都把前天晚上那些激情与话语带到了各自的单位，公开发表，一律被定为“右派”。哥哥被开除党籍，陈乃智和何玉霞被剥夺了共青团员的光荣称号。昨天，陈乃智在单位当众阐述了吴仲义关于国家体制的那些观点。可能由于他多年来写的诗很少赢得别人的赞赏，他太想震惊和感动他的听众了，他声明这些见解是自己独立思考的果实。虚荣心害了他，使他的罪证无法推脱。他却挺义气，重压之下，没有暴露出这些思想的出处。哥哥、龚云、何玉霞他们，谁与谁也没再见面，但谁也没提到他们之间的“读书会”和那晚在真挚的情感和思想的篝火前的聚会。因此吴仲义幸免了。

此后，这些人都给放逐到天南地北，看不见了。哥哥被送到挨近北部边疆的一座劳改场，伐木采石。年老的妈妈在沉重而意外的打击下，积郁成疾，病死了。此后两年，哥哥由于为了老婆孩子的前途，在劳动时付出惊人的辛劳，并在一次扑救森林大火时，烧坏了半张脸，才被摘去了“右派”帽子，由劳改场留用，成为囚犯中间的一名有公民权的人。嫂嫂便带着两个孩子去找哥哥，宽慰那被抛到寒冷的边陲的一颗孤独的心……

吴仲义还清楚地记得，他送嫂嫂和侄儿们上车那天的情景。嫂嫂穿一件挺旧的蓝布制服外衣，头发绾在后边，用一条带白点儿的蓝手绢扎起来，表情阴郁。自从哥哥出事以来，她受到株连，不再做演员，被调到化妆室去给一些演技上远远低于她的演员勾眉画脸，受尽歧视和冷淡，很快就失去了美丽动人的容颜；额头与眼角添了许多浅细的皱痕。一度，丈夫没收入、婆婆有病、孩子还小，吴家的生活担子全落在她的肩头。一切苦处她都隐忍在心。婆婆死后，她还得照顾生活能力很差的小叔子吴仲义。吴仲义从这个年纪稍长几岁的嫂嫂的身上，常常感受到一种类似于母爱的温厚的感情，但他从没见嫂嫂脸颊上淌过一滴软弱的泪珠。

月台上，嫂嫂站在他面前，一句话没有，脸色很难看。而且一直咬着嘴唇，下巴微微地抖个不停。吴仲义想安慰她两句，她却打个手势不叫他说，似乎心里的话一说，就像打破盛满苦水的坛子，一发而不可收拾。这样，直站到开车的铃声响了，火车鸣笛了，嫂嫂才扭身上了车。这时，吴仲义听到一个轻微而颤抖的声音："别忘了，新拆洗好的棉背心在五斗柜里。"

车轮启动了。两个侄儿在车窗口露出因离别而痛哭的小脸，那小脸儿弄得人心酸，但不见嫂嫂探出头来和他告别。他追着火车，赶上几步，从两个侄儿泪水斑斑的娇嫩的小脸中间，看见嫂嫂坐在后边，背朝窗外，双手捂着脸，听不见哭声，只见那块带白点的蓝手绢剧烈地抖颤着。这是吴仲义唯一见到的嫂嫂表露出痛苦的形象，却把她多年来不肯表现在外的内心深处的东西都告诉吴仲义了……

一失足会有怎样的结果?

他害怕曾经的那些事。距离灭顶之灾，仅仅差半步。大灾难之中总有幸存者，那就是他。那天在班里的辩论会上，他多么想说话，不知谁帮了他的忙，不给他一点说话的空隙。那些话一旦说出来会招致什么后果，他已经从陈乃智身上看到了。如果他当时说出其中的一句——哪怕是一句，今天也就和哥哥的处境没有两样了。他记得，那天他急急巴巴地从座位站起来，口中的话眼看要变做声音时，一个同学按住他，讲了关于把领导的业务情况分为三种类型的话。这个同学成了他的替死鬼，在一次斗争会上被宣布逮捕，铐走了，不知去处。

生活的重锤没有把他击得粉碎，却叫他变了形。一下子，他变成另一个人：怕事，拘谨，不爱说话，不轻信于人，难得对人说两句知己话，很少发表对人和对生活的看法，不出风头……久而久之，有意识的会变成无意识的，就如同一个人长期不说话便会变成半个哑巴。他渐渐成了一个缺少主见、过于脆弱的人，没有风趣，甚至缺乏生气。好比一个青青的果子，未待成熟却遇到一阵肃杀而猛烈的狂飙，过早地就衰退了。连外貌也是如此。瘦瘦的身子，皱皱巴巴，像一个干面团那样不舒展。细细的脖子支撑一个小脑袋，有点谢顶；一副白光眼镜则是他身上唯一的闪光之物。好像一只拔了毛的麻雀，带点可怜巴巴的样子，尤其当他坐在本组同事大块头的赵昌身旁，更是这样。

他在大学毕业后，由于哥哥问题的牵累，给分配到一所中学做历史教师。后来，历史研究所缺乏一名对近代地方农民起义问题有水平的研究员，哥哥又摘了帽子，他才被调到所里来，很快就成了所里人所共知的一名老实怕事的人。

多年来，他一直过着独身生活。一些好事的同事给他介绍女友。姑娘们喜欢老实的男人，却不喜欢没有主见和朝气、过于软弱的男性。他与一个个姑娘见过面，很快就被对方推辞掉。前不久，经人介绍才算交上一个朋友，在市图书馆做管理员，是个三十五六岁的老姑娘，模样平平常常，但爱看书，为人老实得近乎有些古板。他头一遭和一个姑娘见过十几次面儿居然没告吹！而且那姑娘竟对他有些好感。同事们给他出主意，想办法，想促成他的好事。劝他改改性格，他只是哧哧地笑。他改不了，也不想改。因为他顺从生活逻辑而得出的生活哲学，确实保证了他相安无事。在近几年大革命的狂潮中，所里不少人出来闹事，揪领导，成立战斗队，互相角逐、抄家、武斗，没有一个落得好的终结。揪人的自己被揪，抄家的自己反被抄了家，个个自食其果。他呢？在空前混乱时期，他在所里找一间空屋子，天天躲在那里，从唯一未被查封的经典著作里摘录有关近代史料各种问题论述的名言。他做对了！人们之间整来整去，谁也整不到他头上。一些人挨了整，冷静下来，才后悔当初不像这个没勇气、没出息的人去做。

但哥哥今天来信告诉他，他并非一个幸运的人。

各地都开始搞运动了，不知哥哥从哪里听说，陈乃智因为一句什么话被人揭发，成为重点审查对象。问题要重新折腾一番。哥哥怕陈乃智经受不住高压，把当初给他定罪的那些话的来由招认出来，那样祸事就要飞到吴仲义头上！

哥哥在信中说，当年陈乃智凭一股义气和对友情的信念，没有供出吴仲义。但事过十多年了，大家都不相见，友情淡薄了，人也变了，谁知他会怎么做？据说龚云划定“右派”后，他爱人一直跟着他，不曾动摇。然而去年，却在平静而难熬的日子里，在永无出头之日的绝望中，在无止无休的泥泞的道路上，走不下去了，对龚云提出离婚，两人分开了……陈乃智心中还有当年那团火吗？吴仲义心里的火早被扑灭，他不相信遭遇悲惨得难以想象的陈乃智仍像当年一样。……

五十年代飞去的祸事，好似澳洲土著人扔出的打水鸟用的“飞去来器”，转了大大的十多年的一圈，如今又闪闪夺目地朝他的面门飞回来了。

六

初晓微许的淡白的天光，把封闭在窗前的漆黑的夜幕驱走。屋中的家具物件从模模糊糊的影子中渐渐显现出形象。早春的夜分外寒冷，透入肌骨。炉火在头半夜就灭掉了，余温只在炉膛内；楼板下传上来的杨大妈的鼾声，好像鼓风机，给他做了一夜的伴。这鼾声在天亮前的甜睡中，正是最响的时候。

他整整一夜坐在桌前，给哥哥写信。一边写，一边把将要临头的祸事想得千奇百怪。一个个不断地冒出来的估计、揣测、念头，使他否定掉一封封刚刚写好的信。一会儿，他觉得非把心里的话给哥哥写得明明白白不可；一会儿，又担心这封信落到别人手中惹祸，便改换成隐语。一会儿，他告诉哥哥，如果陈乃智真的把他供出来，他就不承认，他要求哥哥替他证明那些话他没说过；一会儿，他又认为这个办法不牢靠，因为那天在场的还有龚云和何玉霞，这两人之间如有一个人做了旁证，他也推辞不掉。

这样，他弄了满桌废掉的信纸团儿。

他找不到一个大一些的网眼儿可以钻出去。一时只恨自己十多年前多了那几句嘴！他灰心丧气地告诉哥哥："我只有听天由命了！"然后，他给嫂子写了这样几句话："嫂嫂！听哥哥说，你为我已经急得两天没睡好觉。我和哥哥都对不起你。我真是恨死自己了。但是，说实在的，我和哥哥并不是真的坏蛋。没有党和新中国，我俩恐怕根本上不了大学。我爹就是在旧社会的底层受累受病才死的，我们怎么能仇恨党和新社会？也许那些话当初不该说，叫坏人利用了？那只能怪我们太年轻幼稚，过于浮嫩了吧！此外，你也先别太着急，'陈'并不见得把我说出来，那样做也丝毫不能减轻他的罪过，相反还得加上一个当初包庇了我的罪责。我求你放宽心！多年来，你把我当作亲弟弟一样。想到你为我着急、操心、担惊受怕，我反而更不是滋味……"

写到这儿，几滴泪珠从他的镜片后面淌过脸颊，滴滴答答落在信纸上。

嫂嫂待他真比亲姐姐还要亲。嫂嫂的生活难得很，每次回来探望娘家亲戚，总要设法带来大包小包的东北特产，什么豆子啦、木耳啦、松蘑啦……而且还要抽出三整天时间，帮他把平日里杂乱不堪的房间做一次大扫除，一切归整得有条有理，还要把他的被褥拆洗得干干净净，破衣破袜全补缀好才回去。想到嫂嫂，他此刻更感到身边没有亲人多么孤单，有苦无告，无依无靠，无人与他分忧，帮他排解心中的恐惧和不安。事情明摆着，祸事一来，一切完蛋——事业、工作，还有那个新交的女友。前天他曾满怀着幸福的希望向那老姑娘提出做正式朋友，那老姑娘答应今天晚上回答他呢……

六点四十分时，他站起身把桌上的废纸收拾在一起，连同哥哥的来信塞进炉子里烧掉。在心慌意乱中，将要寄给哥哥的那封信抹上许多糨糊，贴上邮票。然后开始漱洗，吃早点，准备去上班。脑袋里，那些摆脱不开的恐怖感、胡猜乱想和一夜的焦虑所造成的麻木和僵滞的感觉混混沌沌搅成一团。他糊里糊涂地端着脸盆在屋里转来转去，一忽儿放在桌上，一忽儿又放回脸盆架上；并且竟用干手巾去擦肥皂，将漱口缸里的热水当茶水喝，一块馒头只吃了几口就莫名其妙地放在衣袋里。随后他把随身要带的东西塞进口袋去上班。他站在走廊上时还按了按硬邦邦的上衣小口袋，怕忘记带那封信。

他上了街，到了第二个路口，便直朝着立在道旁的一个深绿色圆柱形的邮筒走去。在距离邮筒只差三步远的地方，他前后左右地看看有没有人注意他。这条道很窄，离大街又远，即便上下班时人也很少。他只瞧见一个穿绿色军服式的上衣、胸前别着很大一枚像章的小男孩，在他走过来的不远的地方玩耍。迎面三十多米远的地方，有个老妈妈手里提一个大菜篮子慢慢走来，眼睛没瞧他。再有，就是几个上班的人骑车匆匆而过。在马路中央，几只鸡互相追逐着，来来回回地跑，一只大白公鸡叼着虫子似的东西晃晃悠悠地很神气地跑在前面，一边咕咕叫……他放心地从上衣小口袋取出那东西，塞向邮筒。当那件东西快要投进邮筒的插口时，他的手陡然停住，他发现将投入邮筒内的是一个红色的小硬本，原来是他的工作证，险些扔了进去。真若扔进去，怎么向邮局的工作人员解释呢？他微微出点冷汗，伸手再去掏信，可是上衣口袋里什么也没有了。他不禁诧异地一怔，两只手几乎同时紧紧抓住上衣的两个大口袋，但抓在他手里的仅仅是两片软软的口袋布。随后他搜遍全身，所有口袋都翻过来了，里面的纸条、粮票、硬币、钥匙全都掉在地上，叮叮当当地响。还有刚才揣在口袋里的那块啃了几口的馒头，滚到马路上去。但那封信没了！不翼而飞了！

他从整个内脏里发出一声惊叫:“哎哟!”然后一动不动地呆住了。上衣小口袋像狗舌头似的耷拉在外，几枚铝质的硬币在足旁闪亮，如果他的眼睛再睁大些，那对灰色的小眼珠恐怕就要掉出来了;半张着的嘴，好似一个半圆形的小洞。

迎面而来的那个提菜篮的老妈妈已走到他跟前，瞧见他这副怪模样，停住脚步，盯着他的脸看了好一会儿，他也不曾发觉。

七

从七点十五分到七点四十五分，他在由家门口到邮筒这段路上来回跑了两趟，也没有找到丢失的信。他还在楼里的楼梯和走廊上仔细找过，惊动了楼下的邻居杨大妈。

“吴同志，您在找什么？”

“一封信。信！您瞧见了吗？”

“信？怎么没瞧见？！”

“在哪儿？”他惊喜得心儿在胸膛里直蹦。

“您昨儿下班时，我不交给您了吗？您弄丢了吗？”杨大妈问。

“噢……”他的心又扑腾一下沉落下来，嗫嚅着说，“不是那封。是另一封不见了！”

他沮丧地回到自己屋中。屋里没有那封信。桌上只有少半本信笺，墨水瓶开着盖儿。一点点淡淡的丝一样的烟缕，从没有盖严的炉盖旁边的缝隙处钻出来。这是他早晨烧那些废信纸的残烟。恍惚间，他突然想到，是不是早晨烧废信纸时，把那封信也糊里糊涂地烧掉了？跟着他又否定了这种乐观的假设。他清楚地记得，临上班时是把那封信怎样从桌上拿起来放进上衣口袋里的，而且他站在走廊上，还用手按过口袋，当时摸到信的感觉直到现在还保留在手指头上。没有疑问，信丢了，叫人拾去了。可能被谁拾去了呢？于是他想到那个蹲在道边玩耍的穿绿褂子的小男孩儿。

“多半是他！那时路上没别人。”

他认准是那小男孩，就跑出去，找到刚才那小孩玩耍的地方，却不见那孩子。他想那孩子可能就住在附近哪一个门里，于是他站在道边的树旁等候着。他看看表，八点钟了，已是上班时刻，昨天赵昌通知今天任何人不准请假或迟到。但那一切都不如眼前的事情更重要。他站了十多分钟，还算幸运，忽从身旁一扇门里走出一个斜背着绿书包的小男孩。他从这小男孩胸前别着的一枚特大的像章，立即辨认出就是刚才那孩子，他一步跨上去，就像一个藏在树后拦路抢劫的匪徒，一把抓住小男孩的胳膊。

“你说，你看见那封信了吗？”

小男孩吃惊地看着他白晃晃、由于过分紧张和冲动而显得怪可怕的一张脸，突然哇的一声哭了。

“别哭，我的信在哪儿？”他扯着小男孩的胳膊说。

这时，隔壁的院子里传出女人的叫声：“小庆、小庆，怎么啦？”跟着跑出一个矮身材、黄脸儿的女人，腰上系一条蓝条格的小围裙，两只手水淋淋的，看样子是小男孩的妈妈。这女人见有人抓她的孩子，便生气地冲着吴仲义问：“你这是干什么？”

小男孩见到妈妈，索性放声大哭起来。吴仲义放开小男孩，发窘地解释道：“我，我丢了一封信。刚才这孩子在这儿玩，我问他看见没有……”

小男孩哭着说：“他抓我，抓得好疼……”他对妈妈还有点撒娇。

女人不满意地对吴仲义说：“你问他好了，干什么抓他？他又没惹你！”然后转过头问小男孩：“小庆，你瞧见他的信了吗？”

“没有。我什么也没瞧见。他抓我……”

小男孩只是委委屈屈地哭着。没瞧见他的信。吴仲义只好道歉说：“那对不住了，对不住了！”随即匆匆忙忙转过身走了。样子显得很狼狈。耳朵还听着身后孩子的哭声和那女人一边劝孩子，一边怒骂他的话：“丢一封信算什么？值得这样？这么凶，欺侮一个小孩子，真没见过！我看你离倒霉不远了！”

他听着，跟着这声音从耳边消失，脑袋嗡一声响起来。他意识到，那封信叫不知名姓的路人拾去了。要命的是，他为了不叫哥哥那里的人知道是一封私信，而用了印有单位名称的公事信封。信封上又没署上他的姓名地址。拾到信的人肯定很快地就会把信送到他的单位。这等于他把自己送入虎口。

八

“坦白从宽！抗拒从严！”

吴仲义一进单位大门，就见迎面墙壁上贴着这样一条大标语。每个字都有一人多高；标语纸上有刚刚刷过糨糊的湿痕，字迹还汪着黑亮亮、未干的墨汁。白纸黑字，赫然入目，好像是针对他写的。

今天单位里分外静，气氛异常。院子里没人，走廊上也没人，各个房间的门都关着。他推开自己工作室的门，里面静无一人；阳光从四扇宽大的窗子照进来，使几张办公桌上的大玻璃板反射出耀眼的光芒。机关单位已过了熄火的日子。早晨没有炉火和暖气的空屋子，浮着一些寒气。他见自己的桌上有一个小字条，上边写着——

仲义：

从今天起，咱组与近代史组合并一起搞运动，人都到那边去了。你见条也快去吧！

赵昌匆匆

他赶紧到近代史组。这间房子比他的工作室大一倍。但见他同组的秦泉和张鼎臣与近代史组男男女女四五个人混在一处，张鼎臣换了一件破旧而洗得发白的蓝布褂。不知是何原因，每次运动一来，他立刻换上这件衣服。人家都称他这件破褂子叫“运动衣”。此时，大家忙着写什么。屋内只有五张桌子，人多了一倍，显得拥挤，却没有声音，各干各的。大家见他进来都没打招呼，只有秦泉偏过半张瘦长而黯淡的脸，对他点了点下巴，也未出声。

人与人的关系，在一夜之间变得不可思议了。平日的友情变得不可靠了。友情好似一种水分，被蒸发掉了，只剩下干巴巴的利害关系，而且毫无掩饰地突现在外。

吴仲义见老秦正在用他擅长的楷体字写大字报。标题字有拳头大小，叫作“欢迎对我狠揭狠批”。下边的字和火柴盒一般大，写得工工整整，行距整齐。以往运动乍到，他都写这么一份，但丝毫拦不住对他批判斗争的凶猛扑来的浪潮。其他人手里都拿着一种十六开表格似的纸张。有的在埋头填写什么；有的笔尖对着纸面呆呆发愣，也有的见他进来，用手把写在纸上的字挡住。他不去看，因为此时此刻总去注意别人写什么的人，就像自己心里有鬼似的。

门轴“咔嚓”一响，走进一个瘦高个儿，中年人，戴一副黑色窄边方框的眼镜，镀金的钢笔卡子在平整整的制服上熠熠闪亮。在大学校、研究单位和机关里都有这样的文职干部。一看即知是个能干、谨严和在各方面都富有经验的人；虽然他略显严肃和矜持，却因为人正派、办事规矩，在群众中很有些威信。他叫崔景春，是近代史组组长。他平时与所有人都保持一定距离，人缘好却谁也接近不得。而且在任何时候都是如此。别人对他更深一层的内心的东西很不容易得知。

“你来迟了。怎么，你不舒服吗？”崔景春发现吴仲义脸色有点异常，故问。

“不，不，我挺好……”吴仲义忙说。可是他跟着又说，“我有点头晕。可能昨晚中点煤气……不过现在好了。”

他平时不说瞎话。此时一说，再加上心跳，有些前言不搭后语。崔景春马上意识到对方表现异常的原因不是生理上的，而是心理上的。吴仲义在每次运动中都无此表现，这是为什么呢？崔景春心里浮现出一个小小的浅浅的问号。此种时刻，人们都变得极其敏感。连最麻木的人，神经都通了电，感觉的触角探在外边。崔景春把这个问号记在心里，表面不动声色地说：“从今天起，你们地方史组与我们组合并一起活动。所里成立了运动工作组；政工组老贾是组长。你们组的组长赵昌调到工作组去工作。咱们这个大组的运动暂时由我负责。这个——给你。”他说着，回手从桌上拿了一沓纸递给吴仲义，“你写好，都交给我！”然后转过身来对秦泉用一种完全公事化、一本正经的腔调说：“老秦，你随我到工作组去一趟。他们找你。”

“好！”秦泉答应一声。显然，工作组找他没有好事。但他比较老练，并不惊慌，从容地把手中墨笔套上竹管的笔套，又把没有写好的大字报折成三折，用墨盒压好，然后拿起桌上的茶杯，将不多的一点热水“咕噔”咽下去，声音分外响，好像吞下一块鹅卵石。他撂下杯子就随崔景春走出去了。

这种气氛对吴仲义来说，形成一种压力。他坐在秦泉走后的空座位上，看着崔景春交给他的那几张纸，原来是两种油印的表格。一种是“检举揭发信”，上边印着“检举人”“被检举人”和“检举有功，包庇有罪”的字样；另一种是“坦白自首书”，印着“坦白自首人”和“坦白从宽，抗拒从严”的字样。尤其是这空白的“坦白自首书”对他有种逼迫感。

他一双眼盯着窗外的一株柳树。返青的枝条在微风里轻轻摇着它淡绿色的生机，却没有给他任何动心的感受。他脑子里像马达那样飞快旋转着。他把那封遗失的信所能引起的后果想象得毛骨悚然，就像一个胆小的孩子，坐在那里，想出许多可怕的情节吓唬自己。这时，他的虚构能力抵得上大仲马。可是他忽又想到，刚才找信时，家里书桌最下边的抽屉底下的空处没有找过。往往抽屉里的东西太满，一拉抽屉，放在上边的东西最容易从后边掉下去。早晨他慌慌张张收拾桌上的东西时，很有可能把那封信塞进抽屉里去，再一拉抽屉就掉下去了。他便将早晨那封信带在身上的印象，归于人紧张时常有的错觉。他恨不得马上跑回家把书桌翻过来看看。他坐不住，甚至想装急病好回家一趟。

他使自己轻松了五分钟的光景，很快又觉得这些想法都是不牢靠的自寻安慰的假设。于是，他早晨站在自己家中的走廊上用手按了按上衣口袋内那封信的感觉，又执拗、清晰、不可否定地出现在手指上。信明明丢掉了。只有盼望拾到信的人好心肠，把信替他丢进邮筒里。但如果是另一种人呢？拆开看了，发现了他的秘密，拿这封信立功和谋取政治资本，那么他的一切就都不可挽回了。这时，他眼前出现一个可怕的画面，工作组长贾大真从一个告密者手中接过信，现在正拆开看呢……

这当儿，有人叩门。他心里一惊。屋内一个同事说：“进来！”

门被推开一条缝，伸进一张陌生的又宽又长的脸，吊梢小眼，扁扁的大嘴，像一张河马的脸，用一口四川腔问："这是办公室吗?我有事。"

"这儿搞运动。你有事到后楼二楼革委会。要是外调就到后楼的三楼。工作组在那儿！"那同事淡淡地说。此时人人都不爱管闲事。

吴仲义的座位正对着门。他忽然发现这张河马样的大脸下边，隐约可见一只手捏着一个白色的东西。他的心顿时提到喉咙处。是不是送信的人来了?

那人已把门带上，走去了。

吴仲义猛地站起身。哐啷一声差点儿把椅子碰翻，他过去抓开门，跑上走廊。这一连串的动作十分迅疾，仿佛救火去似的。使同屋的人都莫名其妙。他在走廊尽头的小门口追上那人。

"你找谁？"

"找你们所里的领导。"

"你，你手里拿的是不是信？"

"是信。"

"是不是在路上捡到的。"他急渴渴地问。

"捡到的？"那人一双吊梢的眼睛几乎立了起来，惊奇地打量着这个举动、言语和表情都像是有些失常的人，含着愠怒反问道，"怎么是捡的呢？我是重庆博物馆来联系业务的。这是我单位开的介绍信，难道是假的。看，这是公章。我身上还带着工作证。"那人板着大脸，打开手里的那个白色的东西，果然是封介绍信。上边还盖着圆形的红色的单位图章呢！

吴仲义松了一口气，但这误会的确闹得人家挺不合适。他给一种尴尬的表情扯得嘴角直扭动，只好向人家道歉，却无法解释明白。

那人嘟囔一句什么“岂有此理”之类的话，脸上带着明显的不满走了。吴仲义转身往回走，只见赵昌迎面走来。赵昌胖胖的脸上带着笑，走到他跟前就说：“老弟，听说你在写检举信。写好了可得给我看看哟！”

“什么？检举？检举什么？”他给赵昌的话弄得糊里糊涂。不明白赵昌为什么对他说这样的话。

“检举我呀！瞧你，干什么眼瞪得这么吓人。我跟你开玩笑呢！再说，你写了检举信也不会交给我。你得交给崔景春，不过最后还得到我手里。……哎，老弟，你可别拿我的笑话当真。咱俩互相心里最有底儿。谁也没问题，对吧？！”说着，赵昌亲热地拍了吴仲义一巴掌说，“有事找我，我在后楼三楼的工作组里。哎，早晨你怎么迟到了呢？我没见到你，在你办公桌上留张条，瞧见了吧！”然后不等吴仲义说什么就走了。

吴仲义站在这里，浑身感到一阵莫名的舒服。既然赵昌对他这样亲热，不是等于告诉他工作组还没有见到那封信吗？在事情没有落得最坏的结局之前，一切都是大有希望的。此刻，他不愿意去想刚刚发生的那件事——不愿意再想那封信了。他要像淋热水澡一样，长久地沉浸在刚刚赵昌对他的这种亲热里，永远不清醒地面对现实。他与赵昌是要好的朋友，赵昌的又软又胖的手常常亲热地拍一下他瘦削的肩头，但他从来没感到现在赵昌拍他一下有这样珍贵。

可是，赵昌刚对自己说的那些话又是什么意思呢？

恐怕他此生此世都不会明白。

九

心与心，有时能像雨滴水珠那样一碰就溶成一个；有时却像星球之间距离那样遥远，从这个星球向那个星球上遥望，那里云包雾裹，玄奥莫测，是一个很难解开的谜团……

谁能知道，赵昌在没有发现吴仲义的秘密之前，竟是害怕吴仲义的？

他原是公用局业务科的一个办事员。喜欢地方的风物、历史、遗迹、习俗和掌故。业余有点时间就去访问遗老，搜奇寻异，并注意收集有关地方史方面的零零星星的材料、绝版小书，以及有价值的能对某一史实或事件作为佐证的物件，如本地名人的书信、农民运动中散发过的揭帖、民间年画、城砖庙瓦、大量的旧照片，等等。往往一个专家开头的一步并没有什么宏伟的目标，全凭着浓厚的兴趣；而且学识渊博的学者不见得就是专家，对于专家来说“精”比“博”更为重要。赵昌对地方风物的兴趣，并没有停止在单纯的爱好或收藏家那样的嗜好上。他还致力于研究与发掘，并常在报刊上发表些小文章，来公布他的研究成果。地方史的研究一直是冷门。一般历史学家因其内容褊狭而不屑去做；而他们一旦需要这方面的史料或知识，还得求教赵昌这样的地方通。渐渐他就成了一名业余专家，有些小名气。五八年后，所里为了加强地方史研究而专门成立了一个组，就把他调进来；前后调入的还有张鼎臣。秦泉是所里的元老之一，五七年划为“右派”，摘掉帽子后也调到这个组工作。最后一个是吴仲义。

吴仲义进所不久就与赵昌成为相好。

人之间，好比锁和钥匙，只要合适，一拨就开。赵昌性情随和，没有是非，很好相处。他热衷于自己的工作，对别人很少有意见，这些都和吴仲义合得来。

他外表胖胖的，肌肉松软，全身的轮廓和线条都是圆的，和他的性格、说的话一样，没有一点棱角；弯弯的小眼睛总带着和蔼和亲切的笑。将近五十岁的人，在逆光中脸上还有一层软软发亮和绒样的汗毛。他给人的全部感觉，颇像只温顺的猫儿。有人认为他圆滑，有人认为他平和，不过他从不招惹人、干涉人，工作热情又高，怎能说他不好？

在吴仲义没调进来时，地方史组的三个人归属近代史组，由崔景春代管。业务上由赵昌负责，但没有明确职务，吴仲义调入后，地方史组就从近代史组分出来，独立了。所里委派吴仲义做“临时组长”。因为吴仲义大学毕业，又是个老团员；赵昌和张鼎臣、秦泉三人都是白丁，没有一点政治头衔，之所以叫吴仲义做“临时组长”，根由还在于哥哥的污点，不过一时没有更适当的组长人选罢了。

赵昌对这个新人来做组长，从未表露出一点妒忌。反而，他很钦佩吴仲义扎实的学识、埋头钻研的毅力、对工作的热忱，以及录音带一般非凡的记忆力。他本人的知识带点“业余”色彩，庞杂而不够严谨，缺乏系统性和理论性。因此他总是谦恭又实心实意地向吴仲义请教。

吴仲义的能力只表现在专业研究方面。生活上是个糊涂虫，一点也不会料理和照顾自己。他对历史上的朝代年号倒背如流，生活上却丢三忘四，饮食起居和房间的一切都七颠八倒。一个人的精神总在另一个天地里，必然常常忘记身边的生活。他那些雨伞、钢笔、手绢、围巾和口罩，不知丢了多少次，买了多少次。由于常丢门钥匙，门锁一撬再撬，连门框都撬得满是洞眼和硬伤。

他一个人，工资够用，但过得挺拮据。衣服又脏又破，弄得人家总认为他装穷，他却很少舒舒服服吃过一顿饭。赵昌在这方面比他强得多，便主动帮助和照顾他：每年入冬，他家里的炉子烟囱都是赵昌替他装上的；吴仲义在人事上特别无能，每逢遇到一些不好处理的事，都是赵昌帮他想办法，排难解纷，处理得稳妥又无后患。渐渐地，他对赵昌的信任中产生一种依赖性，事事都和赵昌商量。当他含着感激温情的目光望着赵昌那张可亲的胖脸时，赵昌便笑道：“等你娶了老婆，就用不着朋友了！”

他摇头。他多年来谨小慎微，没有朋友。但在同赵昌的长期交往中，认定了这个人是诚实可靠的。他想：“我就要这个朋友啦！”他不相信这样好的朋友会有疏远的一天。

六十年代的“大革命”来了。不仅改变了有形的一切，也改变了无形的一切。诸如人的思想、习惯、道德、信念，以及人和人之间固有的关系。运动初期，人们炮轰各层领导时，赵昌居然给他贴了一张大字报。说他“身为组长，在组内搞业务挂帅、业务第一、白专道路”云云，还举了一些例子。这事出乎吴仲义的意料，他想不明白赵昌这样做究竟为了什么，而且，这是所里第一张点了他的名字的大字报。这么一带头，又有张鼎臣和明史组的两个人朝他轰了几炮。他曾为此害怕、担心、失眠。幸好他平时谨慎，没有更多把柄叫人抓住，供人发挥。闹了一小阵子就很快过去了。过后，他对此事并不在意。他是个与世无争、不会报复的人，没有强烈的爱和恨，也不会记仇。但赵昌的行为确确实实成了他俩之间一层隔膜。关系慢慢疏淡了。

此后，两派打起来。赵昌参加了贾大真为首的一派，是一个中坚分子。据对立一派说赵昌是他那派的谋士，曾被捉起来捆进麻袋里挨过一顿毒打。吴仲义身在局外，冷眼旁观，他不理解赵昌哪来如此狂热的情绪。赵昌还找过他，拉他加入那派组织。他婉言谢绝，头一次没有按照赵昌的主意去做。两人的关系更加淡漠。很长一段时间里，赵昌没去过他家。

后来，两派联合了，工作恢复了。赵昌的一派是战胜者，在新搭成的领导班子里占优势。所里的所有职权差不多都给这一派把持住。贾大真做了政工组长。赵昌被任命为地方史组的组长。原组长吴仲义虽没有公开免职，实际上被稀里糊涂地废黜了。有人对吴仲义说，赵昌早就想谋取他组长的职务。他不相信，也不以为然。只要自己平安无事，怎么办都行。他叫这两年人与人之间残酷无情的搏斗吓坏了，恨不得藏到什么地方去才好。因此他一点也不妒恨赵昌，正像当年他做临时组长时，赵昌也不嫉妒他一样。

赵昌被任命为组长的当天晚上，忽来叩吴仲义家中的门。他长时间没来，但这次来仍像往常一样，神态自若，胖脸上依旧闪着亲切的笑意，进门就朝吴仲义的肩头热热乎乎地拍了一巴掌，笑吟吟地说："咱哥俩两年多没坐在一起喝喝了，都怪我瞎忙。从今儿起又该常来了！”

这三两句话，把两年来没有明朗化的不愉快的几页全翻过去了，好似他们之间从来没发生过什么。这自然很好。赵昌带来小半瓶白酒，几包油烘烘的酱菜，于是两人收拾一下桌面上的杂物，摆上菜，斟好酒，面对面坐下端起酒盅“当”的一碰，关系仿佛又回到他俩亲密无间的那个时期。吴仲义反而有些尴尬，竟好像他俩疏淡一阵子的责任都在自己身上似的。

吴仲义不会喝酒，半盅下肚就昏昏沉沉。不一会儿再挪动一下自己的脚，就像挪动别人的脚一样。对面赵昌的脸变得不清晰了。在灯光里，像一个活动着鼻子眼睛嘴巴的毛茸茸的白色大球儿。他笑嘻嘻看着虚幻中赵昌的脸，不说话，他属于那种喝多了酒不爱说话的人。

赵昌的酒量略大，但喝多了，也有些醉意，耳鸣脸热，头脑发胀。他的表情恰恰与吴仲义相反，酒劲上来之后，哇哩哇啦说个不停。他觉得对方的脑袋一个劲儿地东摇西晃，但不知是吴仲义摇晃，还是自己摇晃。

酒常常会打昏心扉的卫士，把里边真实的货色放出来。赵昌感到心里像烧开水那样滚沸、控制不住了，日常的约束力消失了，他有种放纵的欲望，想哭、想喊，止不住要将心里的话全都泼洒出来。他把嘴里一块啃得差不多的鸡脖子“噗”的吐在桌上，咧开嘴说：“老弟，我当初给你贴过大字报，现在又当了组长，顶了你，你对我有看法吧！”

“没有！没有！”酒意醺醺的吴仲义摇着双手说。

“不！你对我不诚实。这可不够朋友！我赵昌不愿意当这个组长，七品小官儿，只有受累、得罪人，没什么好处，他们非叫我当不可。我实话告诉你，他们因为你哥哥曾是‘右派’，不肯用你！你不当这个组长并不是坏事。你还看不明白，今后像你这样家庭有问题的，别想再受重视，只有老实躲在一边干活吃饭。至于我运动初期给你贴大字报，我——”赵昌忽把酒盅往桌上一扔，涨红的胖脸非常冲动，一双小眼居然包满泪水，给灯光映得亮晶晶的，颤颤巍巍的，仿佛就要掉落下来。他面对吴仲义，嘴唇哆嗦地说：“我承认，我有私心，对不住你！我对你实话实说，当时我听了一个谎信儿说，你家里有问题，你又一向只钻业务，郝主任他……我都告诉你吧！那时他怕群众轰他，想把矛头转向下边。据说领导正布置收集你的材料，要整整你。我平时跟你的关系无人不知，怕被你牵连上，就给你来张大字报——这就是事情的来龙去脉。我把它全掏给你了！你要是因为这些恨我就恨吧！你恨得有理由，我心甘情愿叫你恨！”

吴仲义给酒精刺激得浑身发烧。他听了这些话又吃惊又害怕，同时又受不了别人向自己道歉、谢罪、讨饶、请求宽恕。竟如同受宠若惊那样，眼边晶晶莹莹闪烁着激动的泪花。他一手抓起面前的酒盅，举起来，带着少有的热烈劲儿说：“过去的事，叫它过去吧！我……我们干一杯！”

赵昌听了，冲动中胡乱抓起酒盅，斟上酒，两人一饮而尽。酒醉的程度各自升了一级。心中的门儿彻底敞开。

赵昌掉着泪说：“老弟，你这样宽宏大量，我不知道该怎么说才好。你相信我吧！今后我赵昌保证对得起你，你只要别把我当成那种踩着人家的肩膀往上爬的人就成！我再告诉你……这两年我算把什么事都看透了。运动开始时我还挺冲动。干呀、斗呀，死命地打呀，互相跟仇人一样。现在想起来挺可笑，自己这么大人，怎么跟孩子打群架一样，着了魔啦，整天不回家，白天晚上在总部里干，谁劝也不听。从小斯斯文文，没打过架，长大可好，脑袋叫人打得和大冬瓜似的……现在两派又联合了。握手言和。细想起来，谁又跟谁有仇？今天你整我，明天我整你，整来整去没一个好的。谁又落得好处？咱们纯粹是些棋子儿。人家把咱往棋盘上一摆，咱就打。用不着了，往盒里一收。愈想愈没劲！”

此时，在吴仲义的眼里，赵昌的面孔已经模糊一团，说的话也听不太清。但他几乎凭着一种本能，一种在任何情况下都不会放松的警觉，感到赵昌的话里仿佛有种犯忌的危险的因素。他一边摇头——摇头的幅度很大；一边像咬着舌尖儿，吐字不清地说：“你得注意，不要乱说。否则会使你一辈子爬不起来……”

赵昌叫酒精淹没的脑袋里还残留着一小块清醒的陆地。他听了吴仲义的话，不知为什么，竟像过了电一样，浑身一惊，纠缠着他的酒性顿时消失殆尽。他睁圆的一对发红的小眼，直视着坐在对面的吴仲义。吴仲义还在摇头，连肩膀都跟着左右摇摆，好像在风浪中颠簸的船，嘴里还在含糊不清地说：“不好，不好。你这些话反，反……”

“反动吗？我，我刚才说了什么？”赵昌问。

吴仲义忽然摇摆得失去了重心，向左边一歪，靠在椅背上。多亏椅子上的扶手拦住他，险些栽倒。他彻底被酒击败，无论赵昌怎样问他，他也回答不了了。

赵昌扶他上床去睡，自己快快回家。一路上，他后悔自己酒后失言。他恨酒，更恨自己。但此后他与吴仲义在一起时，吴仲义从没提到那次酒中的谈话。他也不提，不解释；如果那天吴仲义醉醺醺的，根本没听清那些话，他一提反而等于把一条模糊的线条描得清晰和突出了。再说，在平时这些话并不太可怕，尤其像吴仲义这样一个不爱惹事的人，与他的关系又不错，不会主动去揭发和告密。现在在运动中就不同了。这些话会使他身败名裂。而且，自己的短处在人家手中就不能不防，不管是谁。因此他必须随时留神吴仲义的举动，悄悄地筑起一道无形的警戒线。

吴仲义哪里会知道赵昌这些想法呢？他现在自顾不暇。更何况他那天被酒冲昏了脑袋，过后就把赵昌的话忘得干干净净。

十

当晚，吴仲义站在河边。从河面吹来的柔和的微风，扑在他的脸上。在晚风的凉意里，含着一种清新有力、撩动人心的早春的气息。月光在宽展的河心给波浪摇成一片细碎和闪闪烁烁的银蓝色的光点。这美丽而发光的河映衬着他，河边的栏杆和一些小树，成为黑色的如画一般的剪影。高高的柏树在远远近近沙沙作响，帮助躲藏在暗影中的一对对情人掩盖避人的私语……这时，在岸边月色明亮的地方，走过来一个瘦弱的姑娘，缓缓地，带点羞涩的劲儿，生活把这珍贵和美好的东西给他送来。这样迷人的月夜，犹如给姗姗走来的姑娘伴奏着一曲甜美的琴音。

但这一切与他都似乎无关了。

下班后，他赶紧跑回家，心里怀着希望，把书桌的抽屉一个个拉下来，直到露出抽屉下边那块黑暗的空间，他去掏，但只掏出来一张旧照片，一个小笔记本的塑料皮，几个书钉和两页没用的论文草稿。依然没有那封信。最后一个转危为安的可能也失去了。他带着空茫、绝望和乱糟糟的心情，依照上次与那姑娘的约会来到这里。

几天前，他有一个甜蜜的计划。他要和这姑娘结婚，成立家庭。前两年他还抱着一点独身主义的想法，自从去年年底认识了这个姑娘，他的想法就完全改变了。这个姑娘懂事、内向、规矩而不精明，生活能力并不强，比不得嫂嫂，但老实又诚实，稳稳当当，他却偏巧喜欢这种姑娘。可能是怕在一个爽利能干的姑娘身旁会成为受气包儿。他盼望未来的生活能出现这样的画面：在炉火融融的小屋里，点一盏台灯，自己伏案研究一项未完成的课题；身边满是书。那姑娘带着妻子的贤淑的微笑，把一杯刚沏好的热茶放在他的面前——他想得就是这样简单。他希望有一个理解他的人，心甘情愿地挑起生活的担子，使他能把全部精力倾注在自己热爱的事业上。他也盼望感受一下家庭的温暖、夫妻的恩爱，盼望有个逗人的孩子，使他这过于清静和寂寞的房间生气盎然起来。这样，远在天边的兄嫂也会放心和高兴。但是如果那封信找不到，这一切便要搁浅在幻想中、永远不会成为现实。

这姑娘名叫李玉敏。现在站到了他的面前，抬起一双大而长、并不年轻的眼睛，却闪着年轻人初恋时那种颤动的目光。这种目光在任何一双眼睛里也会相当动人。跟着李玉敏垂下眼皮，她的心怦怦地跳。另一颗心却是麻木的。

两人都在沉默，但不是一种沉默。

李玉敏不敢再抬起眼看他。幸亏没有看他，否则吴仲义脸上痴呆呆、毫无感触的表情，准会使姑娘生疑。

他俩走了几步，靠在栏杆上。两人心中是两种全然不同的境界。

李玉敏从口袋掏出一件东西悄悄给他，没说话。

“什么？”吴仲义问。

“信。”李玉敏轻声说。

“信？”他给“信”这个字搞得一惊。一瞬间，他脑袋里非常混乱，竟然想自己丢掉的那封信怎么到了她这里，“谁的？我的吗？快给我！”

上次他们见面，吴仲义提出要同她做正式朋友，她答应回去考虑。这封信正是要告诉吴仲义——她接受了他的要求。而且这也是老姑娘第一次向一个男人表露真情。此刻见吴仲义向她要信的神气如此冲动，误以为是对方迸发出来的热烈的激情。她又欢喜又羞涩。羞答答把信塞在他的手中，扭过头眼望着河面上炫目的月光，悄言道：“你要我回答的话，都写在这里边。”

“什么？不是，不是……噢，是你的信！”

吴仲义好像从梦中清醒过来。原来不是他迫切要找到的那封信！小小的一阵空欢喜，连声音都透出失望。

“怎么？”

“噢，没什么，没什么，那好，那好。”他说。把这信揣进口袋，好像揣一条手绢。

李玉敏给他的表现弄得又诧异又气愤。恋爱时的姑娘是敏感的。自尊心像玻璃器皿那样碰不得。此时受了莫名其妙的挫伤，脸上幸福的光彩顿时消失，松弛的皮肤垂下来，在夜的暗影里显出老姑娘本来的容貌。

李玉敏离开栏杆向前走。吴仲义也离开栏杆，下意识地跟着她。

吴仲义一点也没感觉到对方的变化。他的心情坏得很，脑袋里充满了那件惴惴不安的事，一句话没有，走在身边的李玉敏好似一个陌生的路人。他伴随她不知不觉走到一个路口，忽听李玉敏说：

“你把那东西给我！”

“什么？”

“信！刚刚给你的那封信！”

吴仲义从口袋里掏出信来。未等明白李玉敏的意图，就被对方一把拿过去。

“我回去了！”李玉敏说。

“我送你！”

“不用！”她的口气坚决，又非常冷淡，并意味着对方再来要求也会遭到拒绝。

这时，吴仲义才意识到自己刚才的举动使李玉敏发生了误解。他见李玉敏气哼哼的，担心把李玉敏惹翻，忙说：“我，我今儿不太舒服，你千万别介意。这信留给我行吗？”

站在路灯下的李玉敏，脸上现出一丝很难看的冷笑，她冷冰冰地说：“不用了，我看得出你改变了想法，并不真想看这封信！”说完，把那信往衣兜里一揣，转身就走了。

他呆立着，眼瞅着她走出十多步而不知所措，最后才勉强地叫道：“我明后天去看你！”

她没理他。走去的步子很急，很快地消失了。

吴仲义往回走，心情烦乱而沮丧。他想：信、信、信！介绍信、情书，都是信。世界上每天来来往往有成千上万的信，无穷无尽的信，就是没有他要的那封信！他恍惚觉得那封丢失的信将带来的祸事已经露出头儿来，只有乖乖地等候它到来。

十一

运动开展的头一天里，全所只收上来十多份检举信。其中一份材料，揭发了办公室的一个姓陈的老办事员在早晨上班前“请示”的仪式中，两次拿倒了语录本——只有这份材料还有些文章可做。其余大多是鸡毛蒜皮。于是工作组下一道命令，自今日每人每天必须交一份以上的检举揭发信，否则下班不准走。

今天屋里显得松快一些。近代史组一个叫朱兰的女同志又被调到工作组去搞外调。秦泉不见了。据说所里成立一个监改组，已经把秦泉这样几个老牌的有问题的人收进去，做检查交代，晚上不准回家。秦泉那张叠成三折的《欢迎对我狠揭狠批》的大字报还在桌上，压着墨盒，好像遗物。

吴仲义坐在那里，仿佛在等候工作组派人来召唤他，告诉他那封信已被拾到的人送来。于是他就乖乖地全盘承认，挨一顿狠斗，被揪到监改组去和秦泉做伴。

他瞧着摆在面前的检举揭发信，不好不写，又没什么可写，真正体会到“如坐针毡”是什么滋味。尖尖的屁股坐累了，在椅面上挪来挪去。不单是他，别人也是这样。

时间，就这样从每个人身上匆匆又空空地艰难地虚度过去。

崔景春走进来。屋里的人都眼盯着自己手里的揭发信，装作思考的样子。这时张鼎臣站起来，手拿着两张纸凑上前，交给了崔景春。样子卑恭，并小声嗫嚅着说：“这是我一份申请材料。要求领导每月在我的工资里扣去十块钱，补还我十年中所支取的定息。这是剥削的钱，不该拿，我主动交回……还有这份，揭发我叔叔。解放前我叔叔开米铺时，曾往米里边掺过不少白沙子，欺骗劳动人民。详细情况都写在这上边了。”

崔景春听了，脸上毫无表情，问道：“你叔叔现在哪儿？”

“死了。五九年死的。”

“死了你也要揭发？”崔景春说着，严肃而平板板的脸上露出一点鄙夷的神气，随后拿着这两张纸走了。

张鼎臣回到座位上，两眼直怔怔，嚼味着崔景春这两句话的意思。

吴仲义想在自己手中的检举信上写点什么好交差，但他脑袋里依然没有一块可以用来回忆和思考的地方了。混混沌沌地盈满了有关那封丢失了的信的种种想法。笔下无意识地在检举信上写了一个“信”字，跟着他心一惊，觉得这个不祥的字会泄露他全部秘密似的。他赶忙在“信”字上涂了一个严严实实的大黑疙瘩。这当儿，赵昌走进来。

他赶紧把这张检举信折起来，用一只手紧紧按着，好似按着一个活蚂蚱。赵昌一屁股坐在他旁边的椅子上，笑呵呵地问：“写的什么，能给我看看吗？”

吴仲义连忙说没写什么，攥在手里，不肯给赵昌看。他神色有点紧张和慌乱，使处于戒备状态的赵昌误以为吴仲义所写的什么与自己有关，由于险些被自己撞见而发慌。但赵昌表面上装得很自然，拍了拍吴仲义的肩膀，脸上还带着笑说：“你可得实事求是，瞎写会给自己找麻烦。你写吧，我走了！”说完一抬屁股就走出去。

赵昌走出门，在走廊上站了一会儿。掏出一支烟点上，连吸了几口。嘴里吐出的烟团，如同他此时脑袋里旋转着的疑团，绕来绕去。他把刚刚吴仲义反常的神态猜了又猜，各种可能一个个排除，最后仍做不出确切的判断。他非常疑心吴仲义在打自己的算盘——多半就是自己所担心的，即揭发自己那次酒后之言，以此来把自己从组长的职位上推下去……想到这儿，他将一团烟留在走廊中间慢慢消散，急忙返回自己的房间去思谋对策。

十二

两天里，吴仲义和赵昌在互相猜测、疑心和害怕。

赵昌无论在什么地方，只要碰到吴仲义就故意板着面孔，冷淡对方；眼睛也不瞧着对方，只微微一点头就走过去。他想以此给吴仲义造成心理压力，使吴仲义清楚地感到自己已然察觉到他的动机。同时，赵昌每天下班前的一个小时，都坐在工作组的房间里不动，等候崔景春交上来近代史组的检举信，查看一下有无吴仲义揭发他的材料。

赵昌的态度使吴仲义忧虑不安。他误以为拾到信的人已经把信交到工作组，赵昌也已经获知自己的问题。因为他俩平日接近，赵昌怕牵连自己才故意冷淡和疏远他，正像运动初期赵昌给他贴大字报时的动机和想法一样。

他把赵昌对他的态度，当作自己的事是否败露的晴雨表。这就糟了！因为赵昌也正把他的态度当成某种反应器。

他很紧张，遇见赵昌就更不自然。一双惊慌和不安的灰色的小眼珠在眼镜片后边滴溜乱转，如同一对滚动着的小玻璃球儿，躲躲闪闪，竟没有勇气正视赵昌。更使赵昌认为："好小子，你怕我，看来你已经朝我赵昌下手了！"

赵昌还想到，之所以没见到吴仲义揭发自己的材料，多半由于崔景春见那材料关系到自己，收在一旁，没给自己看。或许背着他悄悄交给工作组组长贾大真了。于是他开始对贾大真和崔景春察言观色，留神有什么异样而微妙的变化。虽然他比吴仲义老练，沉得住气，掩饰内心情绪的本领略胜一筹，但心中也非常苦恼，烦乱，担惊受怕，此刻的心理活动与吴仲义无甚两样。因而他把吴仲义恨得咬牙切齿，恨不得吴仲义得急病，在上下班路上遇到车祸，或突然出现什么问题叫自己抓住，将他狠狠置于死地，好回不过嘴来咬自己。

十三

贾大真是所里一位铁腕人物。虽然仅仅是一名政工组长，二十一级的人事干部，天天骑一辆锈得发红的杂牌自行车上班，每顿饭只能买一碟中下等的小菜，得了病也不例外地东跑西跑求人买好药。但在那个人事驾驭一切事情之上的非常时期，却拥有极大权力。许多人在命运的十字道口上，全听从他的信号灯。可是别人在他手中，有如钱在高布赛克的手中，一个也不轻易放过。

一连串整垮、整倒、整服别人，构成他生活的主要内容、工作的主要成绩。他是那个时期生活的主角和强者——当然是另一种主角和强者。把握着人与人关系绝对的主动权。同他打交道，便意味着自己招灾惹祸，沾上了不好的兆头；他带着一种威胁性，没有人愿意同他接近。他却自鸣得意。说自己是“浓缩的杀虫剂”。由于到处喷洒，连益虫也怕它。

他敏感、锐利、精明、机警。能从别人的眼神、脸色、口气以及某一个微小的动作，隔着皮肉窥见人心。还能想方设法迫使人把藏在心里的东西掏出来。每逢此时，他就显得老练而自信。好像一个捉蟋蟀的能手，能将躲在砖缝里的蟋蟀逗弄出来那样心灵手巧，手段多得出奇。非正常的生活造就了这样一批人，这批人又反转过来把生活搞得更加反常。在那个不尚实干的年月里，干这种行当的人渐渐多了，几乎形成一种职业，一个整人的阶层。人家天天用卡尺去挑拣残品，他们却拿着一把苛刻得近似于荒谬的绳尺去检查人们的言行；人家用知识、经验、感情、血汗，以及心中的金银绯紫写成文章，他们却在写文章的人身上做文章。把活泼快乐的生活气氛，搞得窒息、僵滞和可怕。这些人还有共同的职业病：在平静的生活中就显得分外寂寞，闲散无聊，无所作为；当生活翻起浪头，他们立刻像抽一口大烟那样振作起来，兴致勃勃，聪明十足，又好似夜幕一降，夜虫夜鸟就都欢动起来。此时此刻的贾大真正是这样，如同一个刚上场的运动员那样神采奕奕，浑身都憋足了劲儿。

特殊职业还给了他一副颇有特色的容貌：四十多岁，用脑过度，过早秃了顶。在瘦高的身子上头，这脑袋显得小了些。他也像一般脑力劳动者那样，长期辛苦，耗尽身上的血肉，各处骨骼的形状都凸现在外；面皮褪尽血色，黄黄的，像旧报纸的颜色。只留下一双精气外露、四处打量的眼睛，镶在干瘪瘪的眼眶里。目光挑剔、冷冰冰、不祥、咄咄逼人，而且总是不客气地盯着别人的脸，连心地最坦白的人，也不愿意碰到这种目光。

早上，张鼎臣写了一份矛头针对自己的大字报，名曰《狠批我的剥削罪行之一》。吴仲义主动帮他到院子里去张贴。

吴仲义这样做，一来由于在屋里心惊肉跳坐不住，二来他想到院中看看有什么关于自己的迹象。他还有种天真的想法——幻想到院子里，可以碰到拾信的人把信送来，他好上去截住。

院墙上贴满大字报。有表态式的决心书、保证书、批判文章，也有揭发运动中两派斗争内幕的。充满纷繁复杂、纠缠绞结、说不清道不明的派性内容。有攻击，有反击，也有反戈一击；或明或暗，或隐或露，或曲折隐晦，或直截了当；在这里，人和人的矛盾公开了，激化了，加深了。由于公开而激化和加深了。

吴仲义和张鼎臣在这些大字报中间找到一块空当，刷上糨糊，把张鼎臣那张骂自己的大字报贴上去。贴好后，张鼎臣嫌自己的大字报贴得不够端正，他举着两只细白的手进行校正。吴仲义站在一旁，手提糨糊桶，给张鼎臣看斜正。这当儿，吴仲义觉得身边好像有个人。他扭头，正与两道冷峻而逼人的目光相碰。原来是贾大真！他倒背着手，两眼不动地直盯着自己看，仿佛把自己心里的一切都看得透彻和雪亮。他不禁一慌，啪的一响，手里的糨糊桶掉下来，糨糊洒了一地。

贾大真见了，微微一笑，笑得不可捉摸，好似带点嘲讽的意味。

吴仲义直怔怔呆了几秒钟，才忙蹲下来，一双控制不住的颤抖的手在地上收拾着又黏又滑的糨糊，一边抬起头强装笑容地说：“桶把儿太滑，我……”他努力掩饰自己的失常。

贾大真什么话也没说，转身走了。他不需多问，已经意外地得到一个极大的收获。他回到工作组，只赵昌一个人在房中整理各个组交上来的揭发材料。他坐下来，掏出烟点上火，抽了一阵子，头也不扭，出声说：“老赵，你认为吴仲义这人怎么样？”

赵昌一惊。他立即敏感到吴仲义和贾大真可能接触过了。是不是贾大真已经掌握了自己的问题，现在来试探自己？他感到手脚发麻，心中充满恐怖感，脸上也明显地表露出来。如果这时贾大真与他面对面，肯定又给贾大真意外发现一个有问题的人。而使贾大真有机会大显身手，建树功绩。但是贾大真没有这么多好运气。运气像个没头没脑的飞行物，一头栽到赵昌的怀里。他瞬间的流露没给贾大真瞧见，便赶快垂下眼皮，翻着手中的材料，边看边说："这个人……很难说。"

"怎么，你不是同他很好吗？"贾大真扭过脸来问道。

"好？"赵昌淡淡哼了一声，"他和谁都那个样子。"

"你不是挺照顾他吗？"

"我俩在一个组里，又搞同一项工作，总比较近些……"

"每年入冬时，他家的炉子不是你给安上的？前两个月，他哥哥病了，你还借过他二十块钱。是不是？"贾大真目不转睛地瞧着赵昌说。

赵昌见他对自己同吴仲义的关系了解得如此详细而略感惊异。贾大真一向对人与人的关系感兴趣，全所人之间错综复杂的关系他都了如指掌，而且还把握着大多数人的业余活动。赵昌与贾大真在运动初期虽属于一派，贾大真对他还挺重用（譬如调他来工作组），但赵昌很清楚，只不过自己没有什么短处抓在贾大真手里。如果有问题叫贾大真抓住，就是贾大真的至爱亲朋也不会被轻易放过。此时，赵昌不明白贾大真同他谈这些话为了什么，只觉得没有好事，便推说："是啊，他找我借钱，我怎好不借。那只是一般往来。"

"吴仲义这人的思想深处你了解吗？"贾大真又问。

赵昌从这句问话听出来，贾大真所要了解的事与自己没有什么直接关系，心里便稍稍轻松一些，问题回答得也比较自如了："您要问这个，我可以告诉您，我虽与他表面上不错，实际对他并不很了解。我俩在一起时，只谈些工作或生活上的事，他的想法和私事从不对我讲。有时他长吁短叹，我问他，他不肯说。弄长了，他再这样唉声叹气，我连问也不问了。”赵昌一方面想把贾大真的兴趣吸引到吴仲义身上，一方面有意说明自己与吴仲义从来不说知心话，好为否定一旦吴仲义揭发他那些酒后之言做铺垫。他防守得十分严密，如同一道无形的马其诺防线。

“他家的收音机有短波吗？”贾大真转了话题，问道。

“没有吧！恐怕连收音机也没有。”赵昌说。他虽然不明白贾大真问话的用意，但已明确地觉得这些问话的矛头不是针对自己。

“他写日记吗？”贾大真又问。

“那就不知道了。要是有也不会给我看呀！怎么，他怎么了？”赵昌开始反问。他懂得光回答别人的话，会使自己处于被动地位，对人发问才会变得主动起来。

贾大真忽然站起来，以一种非常有把握的肯定的语气对赵昌说：“他有问题！”

当赵昌听到了贾大真说这句话，他兴奋得眼睛都亮了。这看上来是对准自己的枪口，原来是对准别人的。如果他现在一个人在屋里，会喊出一声：“谢天谢地！”可是他还是不清楚贾大真怎么会从吴仲义这样一个胆小怕事、循规蹈矩的人身上发现问题。他不禁问：“他能有什么问题？”

贾大真瞟了他一眼，并没把刚才自己偶然间的发现告诉赵昌。他在屋子中间来来回回踱着步，考虑着，一边抽烟。最后他走到桌边，把烟头按死在一个玻璃烟缸里，扭过脸面对赵昌说：“你先别管他有什么问题，但我肯定他有。我……打算叫人去进一步观察他一下，看看他有什么反常的表现。如有，随时告诉我。我叫你去，是因为你平时同他关系较近。你接近他，不会惹他起疑。不过，无论你发现了什么也不能惊动他。你能不能做到？”

赵昌听了很快活。从贾大真给他这件任务来看，大概吴仲义尚未把自己的问题揭发出来。他心想，不管吴仲义有无问题，或有什么样的问题，他都可以借此将吴仲义控制在自己手中。如果能把一张于自己的安危祸福有直接关系的嘴巴，捏在自己的食指和拇指中间，他就有利和主动了。他便说：“我可以做到。不过请您和崔景春打个招呼。否则我总去接近吴仲义，崔景春会感到莫名其妙。再说崔景春这个人脾气古怪。”

“什么古怪？！右倾保守！他一贯如此。对搞阶级斗争总有些抵触情绪。这些你都别管了，自明天起，你以工作组的名义下到近代史组去参加运动。好不好？”

“那好！好极了！”赵昌产生一种整人的欲望。

十四

赵昌坐在近代史组的七八个人中间，表面上不动声色，暗中留神察看，果然发现吴仲义有些异常。吴仲义的脸像墙皮一样灰白，镜片后边的目光躲躲闪闪，只要别人一瞧他，他立刻垂下眼皮，躲开别人的视线。赵昌特意地试了几次，结果都是一样。他显得没有兴致，带一种愁容和病容。有时眼盯着窗外或墙角什么地方，能一连怔上半个小时。这时他脸上会一阵阵泛出一种惧怕与愁惨的神情。当人招呼他一声，或有什么突然的响动，他就像麻雀听到什么声音那样浑身微微地惊栗般地一颤。动作失常，时时出错，那是一个人心不在焉时的表现。吴仲义平时衣衫不整，不修边幅，大家对他这样子习以为常。可是赵昌有心仔细察看，就从中看出毛病：他面皮发污，眼角带着干结了的眼屎，脖子黑黑的，大约有四五天没好好洗脸了。也有几天梳子不曾光临到他的头上，乱蓬蓬好似一窝秋草。而且居然瘦了许多。颧骨在塌陷的脸颊上像退潮后的礁石那样突出来，眼圈隐隐发黑……

“他失眠了？”赵昌想，“究竟怎么回事，难道真有什么问题吗？”

他瞧着吴仲义可怜巴巴的样子，心里生出怜悯的感情；他与吴仲义相处十来年，在这个老实、厚道、谦让的人身上，无论如何也找不到憎恨的根由。他甚至有个想法——想和吴仲义个别交谈一次，弄明究竟，帮他一把儿。可是转念一想，这样做是不可以的。如果吴仲义真有严重问题，自己就要陷进去受牵累；再说，他还不能排除吴仲义揭发他的可能。愈是吴仲义自己有问题，愈有可能为了减轻一点自己的问题而来揭发他。从事研究工作的人都把握着一种思维方法：当各种迹象都存在时，需要做的是进一步研究这些现象再做结论；当把无可辩驳的论据全部拿在手中时，由此而做出的判断才是可靠的。

中午饭前，崔景春忽把吴仲义叫出去谈话。等他俩走出去三分钟后，赵昌也走出屋子，在走廊上转了两圈，发现崔景春和吴仲义在地方史组那间空屋子里谈话。他在门外略停了停，里面的谈话声很小，听不清楚。

午饭时候，赵昌在食堂乱哄哄的人群中，透过雾一般飘动的饭菜的热气看见崔景春独自一人坐在一张桌前吃饭。他端着自己的饭盒走过去，坐在崔景春身旁，吃了几口，便悄声问："你刚才找吴仲义干什么？"

崔景春抬起脸，看了赵昌一眼，平淡地说："没什么，随便扯扯。"

"他说些什么？"

崔景春又瞥了赵昌一眼，依旧平淡地说："没说什么。"看样子，他根本不想把他们谈话的内容告诉给赵昌。

赵昌想，这不肯告诉自己的话是否与自己有关？那种怀疑吴仲义有害自己的想法重新又加强了。他心里再没有对吴仲义任何怜悯，只想把吴仲义快快搞垮，才能确保自己的安全。他草草吃过饭，回到工作组就把自己上午在近代史组那些宝贵的发现，加些渲染，告诉给贾大真。贾大真点着尖尖的下巴，高兴又得意地笑了笑，似乎满意赵昌的收获，又满意自己昨天在吴仲义身上敏锐的觉察和神算。他说：“我回头叫崔景春给他点压力。”

“我看崔景春未必能做到。”赵昌说。跟着把午饭前崔景春与吴仲义在地方史组空屋内秘不示人的谈话情况告诉了贾大真。然后说：“您昨天说得很对，崔景春对于搞运动是不大积极，我看近代史组的气氛很不紧张。崔景春对我到他们组也好像不怎么乐意。”

贾大真由于生气，脸板得挺难看。他冷笑两声说：“那我亲自给他点压力！明天我设计了一个别致的大会，领导已经同意了。你等着瞧吧！水底下的鱼保准一个个自动地往外蹿！”

十五

今天，历史研究所当院的气氛有如刑场。

全所人员一排排坐在地上。后楼正门前水泥砌的高台便是临时会场的主席台。这种主席台不做任何装饰和美化。在这里，美是多余的东西。有如炮台，只考虑火力和杀伤力。

主席台上摆着一个黄木桌，没有铺桌布，只矗着一个单筒的麦克风。麦克风的话筒包着红布，远看像一个倒立的鼓槌。靠门一排四五张木头椅子，坐着所里的几位领导，一律板着面孔，拒温情、笑容、亲切与善意于千里之外，仿佛这些眼前要做的事都是有害的。必须立目横眉、冷酷无情才合乎这种场合正面人物的特定表情。

有时，生活逼着人有意识或无意识地去演戏。一本正经地出丑，或是引人发笑地正经。你认为你是导演，摆弄别人，而你实际也不过是一个扮演导演的演员。那不怨别人，因为你有凌驾众人头上和飞黄腾达的痴想。

贾大真头戴一顶绿军帽，神气活现地走上台。他在黄木桌后直条条地站了三分钟。全场肃寂无声，等他说话。他忽然“啪”的一拍桌面。所有人都一惊，听他用严厉的声音一叫：“把顽固坚持反动立场的右派分子、历史反革命分子秦泉等四人带上来！”

应声从后楼的拐角处，一双双左臂上套着印有“值勤”二字红袖章、穿军褂的本所民兵，反扭着秦泉等人的胳膊出现了。这是事先安排好的。同时，站在台前一角的一男一女两个口号员带领全场人呼口号。一片白花花、圆形的小拳头，随着口号声整齐地起落，会场顿时紧张起来。

吴仲义坐在人群中间，想到自己再有几天很有可能这样被架上台来，浑身不禁冒出冷汗；赵昌就坐在他左旁，眼珠时时移到右眼角察看他的神情。

秦泉等人被押到台前，低头站定。大会开始批判。几个运动骨干在头天下班前接到批判发言任务，连夜赶出批判稿，现在依次上台，声色俱厉地把秦泉等人轮番骂一通。随后在一片口号声中，那一对对民兵又把秦泉等人架下去。贾大真再次出现台上。他的确有点导演才能，很会利用会场气氛。他把刚刚这一场作为序幕，将会场搞得极其紧张，现在该来表演他别出心裁的一出正戏了。他双手撑着桌边，开始说：“刚刚批斗了秦泉等四个坏蛋。但我们这次运动的重点还不是他们，而是深挖暗藏的，特别是隐藏得很深的敌人。运动搞了将近一周。我们一开始就发了两种表格。一是检举揭发信，一是坦白自首书。我们可以向大家公开真实情况——因为我们的工作是正大光明的，没什么可以保密的。现在的情况是：检举揭发很多，坦白自首很少。我们以收到的大批检举信（包括外单位转来的检举信）为线索，初步进行一些内查外调，收获不小，成效很大，充分证实我们单位确实隐藏一批新老反革命。现在就坐在大家中间！”

贾大真说这些话不用事先准备，张嘴就来，又有气氛，又有效果。此刻，会场鸦雀无声。吴仲义觉得他句句话都是针对自己说的。他感到耳朵嗡嗡响，响声中又透进贾大真的话：“这些天我们三令五申要这些人主动坦白，走‘从宽’的道路。但事与愿违。这些人中，有的抱着侥幸心理，总以为我们诈唬他们，因此想蒙混过关；也有的拒不坦白交代，负隅顽抗，企图硬顶过去。迫使我们采取行动。时间紧迫，我们不能一等再等，一让再让。今天我们要在这里揪出几个示众！”

吴仲义听了，顿时如一个静止的木雕人。只剩下一双眨动着眼皮的眼睛，但眼球也是凝滞不动的，直勾勾地盯着台上的贾大真。他身旁的赵昌心里也很不安稳。虽然事先贾大真把他安排在吴仲义身旁，进行监视。从贾大真对他的信任，看不出对自己有何异样。但听了贾大真的话，他心中却也敲起小鼓来。这种时候，人人自危，吉凶变幻莫测，他焉知贾大真给他的不是一种假象？贾大真这种人是不可理解的……在春日融融的太阳地里，他鼓鼓的额角沁出一些细小的汗珠，却不知是热汗，还是冷汗，耳听贾大真大声说道：“为了给这些人最后一次‘坦白自首’的机会，我等五分钟。五分钟内不站起来主动坦白，我们就揪！这里边的政策界限可分得很清。主动坦白的，将来处理从宽；揪出来的，将来处理从严。好——”贾大真抬起手腕看看表，像运动场上的裁判员那样叫一声：“开始！”

好比临刑前的五分钟，无声的会场充满一种恐怖，贾大真叫着：“还有四分钟……三分钟……两分钟……一分半钟……半分钟……五秒钟——”

吴仲义不觉闭上眼睛，似乎等待对准他胸膛的枪响。

啪！贾大真一拍桌子，大声叫道："把历史反革命分子王乾隆揪上来！"

这时，两个站在会场外戴红袖章的民兵，带着凶猛的气势奔进会场左边的人群中，把一个头发花白的瘦小的人抓起来，架到台前去。口号员拿着事先开列好的口号单，带领全场呼起口号来。吴仲义一瞧，原来是明史组的老研究员王乾隆，不由得暗吃一惊，想不到这个老成持重、体弱多病、学究气味很浓的老研究员是历史反革命。

待王乾隆在台前低头站好，贾大真那一双在绿帽檐下炯炯发光的眼睛，从整个会场上扫过。最后停在吴仲义这边。他伸手一指，正指向吴仲义这儿；另一只手"啪！"一拍桌子。吴仲义连心跳仿佛都停住了。却听贾大真这样叫道："把反动组织的坏头头、现行反革命分子王继红揪上来！"

原来中弹的是王继红，他正坐在吴仲义身后。

立即有两个民兵跑过来，从吴仲义身后把王继红像抓小鸡那样揪起来，架到台前，挨着王乾隆并排站立。随后，贾大真的目光如同一道探照灯的灯光，慢慢地由台下一张脸移到另一张脸上。紧接着"啪"的一响，又是一声吆喝，又揪上去一个，并伴随一阵口号呼喊。他此刻真是神气，威不可当，好像端着一架机关枪，面对着一群手无寸铁的人，想怎么打就怎么打。

当他再要一拍桌面时，会场中间突然站起一个圆头圆脑、戴眼镜的人，原来是张鼎臣。他说："我有问题。六六年抄我家时，我只把存款交出来，还有一对金镯子和一枚翠扳指，被我藏在煤堆里了。另外我还偷偷对我老婆骂过抄我家的革命群众是土匪。"他的声音抖颤得厉害，说话声连底气都没了，显然吓得够呛。

贾大真略略停顿一下，随即说："好，你主动坦白，我们欢迎！你自己走出来吧！站到这一边来。喂，大家看见了吗？政策分得多么清楚，表现不同，对待不同。但我肯定台下大家中间还有人有问题，还有反革命。再不站起来坦白，我们还要揪！"他说着，目光又在人群中间慢慢移动。

吴仲义已经吓得受不住了。但他还是下不了决心站起来自首。他没有勇气，担心后果，并存有侥幸。他身旁的赵昌也是头次经历这样凶烈的场面。眼看着一个个坐得好好的人，突然被点名，揪上去，成了台前那副完蛋的样子，实在可怕。他心里有件不放心和没摸清楚的事，当然也怕贾大真突如其来地喝唤他的名字。这时，他脑袋里竟闪过一个奇特的念头，想悄悄问问吴仲义是否揭发过自己。如果揭发了，他就干脆站起来认罪。但他究竟沉得住气，理智和经验渐渐压住了一时的慌乱。他努力使自己服从一种决心：情愿叫人揪出来，从严发落，也不轻易地葬送在自己的胆怯和贾大真有虚有实的诈术上。

他额角上的汗珠多了，汇聚成大滴，流淌下来。他没带手绢，便把手伸到吴仲义胸前，想借手绢用用。未等他对吴仲义说出借手绢用，忽听贾大真又是用力一拍桌面。他一惊。

吴仲义也一惊！紧张中，吴仲义下意识地一手抓住伸到他胸前的赵昌的手腕。他的手冰凉，抖得厉害，满是黏黏的冷汗。赵昌全感到了，并再也不犹豫地确认吴仲义心中有件可怕的非同寻常的秘密。

贾大真又揪上去一个，是个管资料的青年。因为说过一句错话被人揭发了。赵昌知道这个情况，他从交上来的检举信里看见过这份材料。

吴仲义见不是自己，心中稍安。但他没想到，自己惊慌失措的举动，已经把自己排在刚揪出来的这个青年的身后了。散会之后，赵昌立即把吴仲义会上的反应汇报给贾大真。贾大真马上做出决定，要利用今天大会给吴仲义的强大的心理压力，非把吴仲义内中的秘密彻底挖出来不可！

十六

一刻钟后，贾大真与赵昌来到近代史组。他俩进门来的神气，好像拿着一个逮捕证抓人来似的。吴仲义感觉是朝自己来的。他只看了贾大真一眼就再不敢看了。

崔景春问:“有事吗？”

贾大真给他一个不满意和厌恶的眼神，说:“来说几句话！”随后打个手势说:“大家坐，坐。”

大家坐下。人人的心都怦怦地跳。吴仲义坐到近代史组老穆的身后。老穆肩宽胸阔，躲在他身后，似乎有点安全感。

贾大真问:“刚才的会大家都去了吗？”

没人敢言语。贾大真扭头看看崔景春，表示这句话是问崔景春的。崔景春平淡地说:“谁能不去？”

贾大真听得出崔景春话中有种明显而强烈的抵触情绪。此时的贾大真心傲气盛，是惹不得的，立即就要发火。但他知道崔景春此人并不吃硬，而且他对于没有把柄在自己手中的人就不得不客气一些。他控制住自己，让没说出的发火的话变成一种低沉而可怕的声音，在喉咙里转动了两下，沉了会儿，面向大家开口说话——由于心里边憋着怒气，说出来的话更加强硬、厉害与凶狠:“我们来，目的明确。你们组还隐藏着坏人。这个人问题的轻重程度，这里暂且不谈。我要说的主要是这个人很不老实，还在活动，察言观色，猜测我们是否掌握他的情况。我不客气说，罪证就在我手中。”

吴仲义心想：完了！只等贾大真呼叫他的名字。他的两只手不住地摸着膝头，汗水把膝头都蹭湿了。这个细节也没逃出贾大真的有捕捉力的眼睛。贾大真嘿嘿冷笑几声说：“刚才，我本想在会上把他揪出来。但我想了想，再给他一点机会，让他自己坦白。可是我得对这个人把话说明白——政策已经放到了最宽的程度。再宽就是右倾了！（这句话是针对崔景春说的。）无产阶级专政是不可欺的。我再给你两个小时的时间。你要再不来坦白交代，下午就再开个大会专门揪你一个！好了，不再说了。”说到这儿，贾大真用眼角扫了扫低头坐在老穆身后的吴仲义，又补充两句话：“为了打消你的侥幸心理，促使你主动坦白，我再点一点你——你就是平时装得挺老实的家伙！”说完，就招呼赵昌一同离去。

吴仲义觉得屋中的人都眼瞅着他。他头也不敢抬，感到天旋地转，眼前发黑。他一只手扶住身旁的桌边，像酒醉的人，利用残留的一点点清醒的意志，尽力防止自己栽倒。

这时贾大真走在走廊上，边对赵昌说：“回去等着吧，他不会儿自己就会来。”

后边门一响，崔景春跑出近代史组，追了上来。

“老贾！”

“什么事？”贾大真停住，回过头来问。

崔景春很冲动。他说：“我不同意你这样搞法。你这是制造白色恐怖，不符合党的政策！”

贾大真两条细长的眉毛向上一挑，反问他：“你替谁说话？你不知道这是搞阶级斗争？你有反感吗？”口气很凶。

“搞阶级斗争也不能用欺诈和恐吓手段搞得人人自危！”

“我看你的感情有点问题。老崔同志！你想想，你说的是些什么话？对谁有利？什么人人自危？谁有问题谁害怕！搞运动不搞问题搞什么？奇怪！这么多年了，搞了这么多次运动，你竟然连这点阶级斗争的常识都没有。”

崔景春素来是个沉稳的人，头一次表现得和自己的形象如此不调合：他听了贾大真的话，气得下巴直抖动，两只手颤抖不止。眼镜片在走廊尽头一扇小门射进来的光线中闪动着。他站了足足十秒钟，突然转身大步走去。一边说：“我去找领导。你这是‘左’倾！极左！”

赵昌说：“老崔，你等等，等等呀！”他要上前拦住崔景春。

贾大真抓住赵昌的胳膊说：“叫他去，别理他！领导不会支持他。搞运动时，哪个领导敢拦着不叫搞？他去也白去。等我把吴仲义揪出来，再和他计较！”

十七

中午十一时，吴仲义带着一颗绝望和破碎的心，踩着后楼高高的、用锯末扫得干干净净的水泥楼梯，一步步往上走，直走上三楼。

三楼静得很。一条宽宽的走廊上，一排同样的小门，六七间房屋都在朝南一边。这里平时没人办公，房门都上着锁，里面堆放着珍贵的绝版与善本书、旧报刊、破损的书架和桌椅、节日用的灯笼、彩旗与画像、收集上来的大件古物以及乱七八糟、积满尘土的旧杂物。其中有两个房间曾是家在外地的单身职工宿舍，后来这几个职工或是结婚，或是设法调回家乡，早在“文化革命”前房间就空下了。里边只有几张空床、脸盆架和单身汉们扔下的破鞋袜；屋子中间还扯着磨得发亮了的晾手巾用的弯弯曲曲的铁丝……所里的人很少到这儿来，除非逢到酷热难熬的伏日，一些离家路远的人才爬上楼来，在走廊的地上铺张报纸躺下睡午觉。这儿又清静又阴凉。把走廊两头的窗子一开，还有点穿堂风呢！真是个歇晌的好地方。故此所里的一些人称这儿为“北戴河”……

几天前，紧靠走廊西端的一间小屋腾空了。搬进来一个上了两道锁的大档案柜和四张书桌，几把椅子，作为工作组的办公室。这三楼就变成另一种气氛。

两个小时之间，吴仲义经过最激烈的思想斗争之后，彻底地垮了，不再怀疑那封丢失的信已然落到贾大真的手中，任何自寻慰藉的假设都被自己推翻，也不再存有侥幸逃脱的念头。刚刚贾大真那些凶厉的话把他最后一点妄盼平安的幻想也吞没了。他自首来了。

当他站在办公室紧闭的门前，不知为什么又变得犹豫不决，两次举起冰凉的手都没有叩门。

屋里坐着两个人——贾大真和赵昌，在等候他。好像把炸药扔进水里，爆炸声过后，只等着他这条鱼儿挺着淡黄色肚皮浮上来。

贾大真听见了门外轻微的响动，镶在干瘪瘪的眼眶里的眼睛顿时亮起来。他等了半分钟，不见动静，猜到门外的人在送死之前下不了最后的决心。他便故意对赵昌大声说："他再不来坦白，下午就开会。"

赵昌不明白贾大真为何这样大声说话。这当儿，门板上响了几声叩门声。

"进来！"贾大真马上叫了一声。好似见了鱼漂儿跳动，立即提竿。

门把儿转动，门开了。吴仲义走进来，面色惨白地站在贾大真桌前。赵昌这才领略到贾大真刚刚大声说那句话的用意，不禁对这位工作组组长的机警和精明略略吃惊。贾大真板着脸问吴仲义："你来干什么？"

"我，我……"吴仲义自己也不知为什么，要坦白的话到了嘴边忽然消失了，"我来汇报思想。"

"噢？"贾大真瞧了他一眼，"你说吧！"

"我，我思想里有问题。"他说，一边搓着手。

“什么问题？”

“现在没问题。以前，以前我上大学时，我当时年轻幼稚。比如，我对国家的体制……我认为咱们的体制不够健全……我还……”吴仲义吭吭哧哧地说。由于他没准备这样说，愈说就愈说不下去。

经验丰富的贾大真单凭直觉就看出吴仲义身上有种不甘于毁灭的本能在挣扎着。他忽然打了一个不耐烦的手势制止住吴仲义的话，把脸拉下来，装得很生气那样严厉地说：“你，你想干什么？你来试探我们吗？告诉你，你的问题我们早就掌握了。我刚才在你们组里说的那些话，就是指你说的。你直到现在还耍花招，居然敢到工作组摸底儿来！我看你非走从严的绝路不可了！你平时装得软弱无能，老老实实，其实反动的脑袋比花岗岩还要硬！你这些话我不听，你要说就对赵昌说吧！”说着气呼呼地站起身向门外走。临出门前，他在吴仲义背后，从吴仲义瘦削的肩上递给赵昌一个眼色，意思叫赵昌从旁给吴仲义再加些压力。

十八

屋里只剩下吴仲义和赵昌这两个多年的好友了。

赵昌和气地摆了摆胖胖的手叫他坐下，就像他俩平时在一起时那样。吴仲义如同冻僵的人，一股暖气扑在他身上会使他受不住。他一坐下来就哭了，抽抽噎噎地说："老赵，我不想活了！"

赵昌隐隐感到一阵内疚。

现在，从各种现象上可以证实，吴仲义并没有揭发他。原先以为吴仲义由于揭发他而表现出来的那些反常现象，现在看来，其实都是吴仲义本人有问题内心恐惧的反映。他误解了这些现象，错下狠心，暗中动用手段，才把吴仲义逼到这般可怜的地步。可以预料，吴仲义一旦招认出什么来，哪怕一句什么犯忌的话，也立即会横遭一场打击，弄得身败名裂，什么都完了。他看着吴仲义瘦瘦的手指把泪迹斑斑、不甚干净的面颊抓得花花的。想到多年来，吴仲义对他的善意、无私、帮助和宽容，他甚至觉得自己缺德。但事已如此，不可能再挽回了。他方要安慰吴仲义几句，忽然警觉到贾大真可能站在门外窃听，他便把这才刚露出头儿来的同情心收敛起来，对吴仲义说："你别胡说，什么死了活了的，你想到哪儿去了。有问题坦白了，我保准你没事。"

吴仲义孤单无靠，把平日要好的朋友赵昌，当作唯一可以依赖的人，他哀求着说：“老赵，你能不能告诉我，老贾是不是已经知道我什么了？”

赵昌略犹豫一下。他看了看关着的门板，眼珠警惕地一动，说：“告诉你实话吧！你的事老贾全掌握了。你主动坦白，将来不是可以落得一个从宽处理吗？”他说这些话时，故意提高了音量，为了给可能站在门外的贾大真听见。

好朋友的一句话，等于把流连在井边的吴仲义彻底推下去。吴仲义却把这些话当作溺水时伸来的救命的一只手。他眼里涌出感激的热泪，速度很快地流过面颊，滴在地上。他对赵昌说：“我听你的，我都坦白了吧！”

吴仲义刚说完这句话，门就开了。贾大真手指夹着烟卷走进来，还带着聚在门口外的一团浓烟。显然他刚才走出去后一直站在门外窃听。赵昌暗自庆幸自己刚才留个心眼儿，没对吴仲义动真感情，同时又有点后怕。他便像是替吴仲义说情那样对贾大真说：“吴仲义想通了。他主动交代。”

吴仲义站起身，贾大真摆摆手叫他坐下。他自己坐到书桌前，把烟叼在嘴角上，烟头冒出来的烟熏得他皱着眉眼。他双手拉开抽屉，取出一份厚厚的卷宗翻着看，也不瞅着吴仲义，只说一声：“说吧！赵昌，你记录！”

吴仲义掉着眼泪说：“老贾，我在所里一直努力工作呵！”

贾大真摆摆手，冷冰冰地说：“现在别提这个。有问题谈问题。”

于是吴仲义一下狠心，好像跳崖那样不顾一切地把心里的事倾泻出来。赵昌在一旁拿一支圆珠笔飞快地记录着，笔尖磨着纸面吱吱地响，一边听得不时露出吃惊的表情。贾大真一只手夹着烟卷不住地吸，另一只手来来回回翻着卷宗看，并不把吴仲义的话当作什么新鲜事，似乎这一切他早就了如指掌。每当吴仲义在交代中间略有迟疑之处，他脸上就现出一种讥笑，迫使吴仲义为了争取贾大真的信任而把心中的事竭力往外掏。他交代了十多年前在陈乃智家里的那次谈话，只在涉及哥哥的方面做些保留。最后他谈到那封丢失的信。

“那封信怎么也找不着了，真的！”吴仲义说。

贾大真翻动卷宗的手突然停住，瞟了吴仲义一眼。赵昌要说话，却被贾大真拦住：“叫他说！”

“我当时带出来，放在上衣口袋里。但到了邮筒前就不见了，我肯定是掉在路上了。”

贾大真吸了几口烟，似在思考，然后直瞅着吴仲义问：“你是不是认为有人拾到那封信后，送到我这儿来了。”

“嗯，因为我用的是公用信封。人家拾到了，肯定会送到单位来。”吴仲义说。

贾大真忽把手里的卷宗一合，表情变得挺神气说：“你算猜对了！就在我这儿。但不只是一封信，还有外单位——也就是那个姓陈的单位转来的揭发你的材料！都在这卷宗里。”他拍了拍厚厚一卷材料说：“怎么样，想看看你丢失的那封信吗？”这句话等于问吴仲义是否怀疑他。

吴仲义怯懦地摇了摇头。

坐在一旁做记录的赵昌听到这儿，便认为吴仲义的前程已经断送。未来变成一片荒沙。自己应当考虑一下，怎样和这个要好的、出了事的人之间挖一条宽宽的沟堑。

时间过得真快，下班的铃声响了。吴仲义说得口焦舌干，要了一杯水喝。贾大真把手里的卷宗锁进抽屉，脸上带着一种得到什么宝贝那样满意又得意的神情，站起来说：“你初步有了一些较好的表现。虽然你是在我们的压力下坦白的，但我们还是承认你是主动坦白的。不过，你今天上午只坦白了全部问题的一小部分，距离我们掌握的材料还很远。现在，你先把刚刚交代的一些问题写成材料。不要写思想认识，只写事实；把你和你哥哥、陈乃智等人的问题分开写；一条，两条，三条，时间，地点，谁在场，谁说了什么有问题的话，都要写得清清楚楚。还有，你把丢了的那封信重写一遍，我要以此考验你是否真老实。好了！你去到地方史组那间空屋子里去写，午饭有人给你送去！”

一沓白纸摆在吴仲义面前。

他感到，这是一沓要吃掉他的白纸。

十九

贾大真用一种很平淡的态度看着吴仲义按照记忆复制的那封丢掉了的信件。贾大真的态度好像说明他早看过了数十遍，因为原稿在他手中。但他的眼睛偶尔却闪出别人察觉不到的一道光亮，那完全是内心流露出来的新鲜的感受。随后他把这封复制的信撂在桌上，问吴仲义："你认为你老实吗？"

"老实。我不敢隐瞒信上的任何一句话，因为您那里有底儿，可以核对。"

贾大真满意地点点头。拿起信，连同吴仲义交代的十多页材料一起收入抽屉内，好像猎人把新猎取的兔子放在他背囊里那样喜悦。

二十

下午，工作组开会。吴仲义仍被指定在地方史组的空屋子里继续写交代材料。

他独自一人在屋里，坐在自己平日办公的座位上。屋内安静极了，仿佛又回到他以往工作时那种宁静的气氛中。午间熹微的阳光暖融融照着他的脸，书桌前放着一堆堆书，书页中间夹着注了字的纸条；这里边还有他一个很有价值而尚未完成的研究课题。但这一切都属于别人的了。等待他的只有怒吼、审讯、没完没了的检查和一种失去尊严和自由的非人的生活。

这时他想起了李玉敏。前几天，他与李玉敏发生那次误会之后，两人一直没见过面，他却已经预感到事情的结局。有两次，他想去找李玉敏，把自己的情况用曲折隐晦的方式告诉她，或者编造一个什么理由，回绝了她。可是他没有勇气去说。仿佛他还不甘于一下子打碎生活中这件难得而美好的东西。现在该说了！因为，过去的生活像一株树，上边的花朵、绿叶、结成的果实和刚绽出的嫩芽都已经毁掉了。

四点钟左右，他隔窗看见前院里有五六个人在张贴标语和大字报。突然他睁大眼，标语上一串大字“坚决揪出漏网右派、现行反革命分子吴仲义”跳入眼帘，他脑袋“嗡”的一响，顿觉得腿脚瘫软站立不住；胳膊、脑袋、手脚仿佛不是自己的了。这本是意料中的事，但一发生，他反而像意外受到一击那样。

过了半个小时，院里的大字报几乎全都换成针对他的了。人也愈来愈多。

他又想到李玉敏，应当马上结束这件已经没有生命的事情了。他想了想，跑到门口看了看，走廊上没有人。他飞快地跑回来，做了十多年来最大胆的一件事。他抓起电话，拨了图书馆的电话号码，很快就有人接，恰巧是李玉敏。他真不明白，怎么倒霉的事进行得如此顺利。

“我是吴仲义。”

“干什么？”耳机里传来的李玉敏的声音，很冷淡，显然还在生上次误会的气。

吴仲义没必要做什么解释了。他说：“你下班后到我单位门口来一趟，我等你，你一定来，有件非常重要的事告诉你！非常重要！你必须来！”

他从来没对人用过这样命令式的口气说话，并不等对方说什么就放下电话耳机。他怕有人来。当他把耳机从耳旁放回到电话机上去的过程中，还听到耳机里响着那老姑娘的声音：“怎么回事？哎——”

半小时后下班了。他站在窗前，多半张脸藏在窗帘后边，只露一只眼睛窥视窗外。下班的人们往外走。有的推自行车。一些人停在院里观看刚刚贴出的写着他名字的大字报。他感到这些人都很吃惊。

这时，他忽见当院的大门口站着一个姑娘，头上包一条淡紫色的尼龙纱巾，手提着小小的漆黑发亮的皮包，正是李玉敏。她迎着下班往外走的人，左右摇着脑袋躲闪阻碍她视线的人往里张望。

吴仲义又有种后悔的感觉袭上心头。似乎他不该叫她知道这一切，这会在她的心中消灭自己。跟着他清楚看到她的嘴和一双眼都吃惊地张得圆圆的，直条条像根棍子一样立着不动——显然她发现了满院讨伐吴仲义的大字报。这时，走过她身边的人都好奇地打量她。随后，她转过身低着头急急走去。黑色的小皮包在她手中急促地一甩一甩。

吴仲义直看着她的身影消失。

他熄灭了自己生活中最后一盏灯。

几天前他有个天真而离奇的幻想，盼望生活中出现的这一切只是一场噩梦。一旦梦醒，可怕的梦境就立即烟消雾散。但现实踏破了他的幻想。如果说他还残留一点点什么幻想的话，那只是盼望紧接着就要来到的一场猛烈的摧残和打击来得慢一些。

不一会儿，一个留平头、小眼睛、剽悍健壮的中年人闯进来。他是所里的仓库保管员兼后勤人员，名叫陈刚全，光棍一个。缺点心眼儿，脾气特大，性情粗野，爱打架，不过平时对过于懦弱的吴仲义还算客气。两派武斗时，他是贾大真和赵昌一派的敢死队队长，绰号叫“拼命陈郎”。现在代管监改组。非同寻常的职位使他不自觉地摆出一副相应的凶狠无情的面孔。此刻相当厉害地对吴仲义说：“老贾说，从今儿起不准你回家了。把你交给我了。快跟我走吧！”

吴仲义现在是无条件地听任人家摆布的了。五分钟后他坐在了秦泉的身旁。

二十一

这下子他安心了。

前一段时间，好像一只在疾风的旋涡中的鸟儿，跌跌撞撞，奋力挣扎；现在落到平地上。再不会更坏了，到底儿了，不必再担惊受怕了。

他真的不如一条狗。每天在监改组里，随人叫出去，轰回来。顺从人家摆弄、支配和辱骂。不准反问、反驳和辩解，更不准动肝火。如果一时使点性子，只能招致更严厉的教训，自讨苦吃。尤其是看管他们的陈刚全。身上过剩的精力无处发泄，把折磨人当作消遣。一次吴仲义无意间触犯了他，他一拳打在吴仲义手上。左手无名指被打得骨节错位，消肿后歪向一边。这教训足叫吴仲义一辈子牢记不忘。像吴仲义这种被揪出来的人，个性是应当打磨下去的棱角，而且必须把面子扔在一边，视尊严如粪土；对各种粗暴的、强加头上的言辞，一味点头，装出心悦诚服地接受——这便是过好这种生活的法则。张鼎臣在监改期间就一点苦头也没吃过。

照吴仲义的性格来说，本来也不该吃什么苦头，但他吃的苦还不小呢！大都为了他曾一度顽强地保护哥哥，尽量不使自己的问题牵累到哥哥身上。但这样做又谈何容易。一来，事情之间本来有着内在的联系，互相牵连，分不开。比如人家从他那封丢失的信的内容，必然要追问到哥哥来信的内容，他不说不成。二来，他愈不说，贾大真使的办法就愈多、愈狠、愈出奇。贾大真的攻心术无坚不克，又有棍棒辅助，便把他从一个个据守的阵地逼得狼狈不堪地退让出来。直把哥哥与陈乃智他们当年的“读书会”，以及那天晚上在陈乃智家里哥哥所说的话统统揭发出来……

此后两个来月他比较清闲了。除去所里开大会，把他和秦泉等人弄去批斗，平时很少再被提审。大概工作组派人到他哥哥和陈乃智那里调查核实去了。这期间，看不见赵昌了。大约又过了一些时候，他在院子里扫地时瞧见了赵昌。赵昌的脸瘦了些，晒得挺黑，像一个圆圆的陶罐。赵昌回来没几天，他又受到一阵暴风雨般猛烈的袭击。连日被提去质询审问，有时拖到后半夜。为了给他增加压力还配合了大会批斗，弄得他精疲力竭。贾大真拿出大批材料，都是当年“读书会”的人对他的揭发——他揭发了人家，引来人家的反揭发。每一份揭发材料都在五六页以上。陈乃智揭发他那天晚上有关国家体制的议论的材料，竟达十四页之多。显然这里边包括了一些由于他的出卖而激起对方在报复心理上发挥的内容。还有些话因隔得岁月太久，记不得了，最后只能在一份份材料上签了名，按了手印，承认了事。

原先，他被迫揭发了哥哥之后，心里边曾拥满深深的内疚和悔恨。他想到，他的出卖会使兄嫂重新蒙受苦难时，甚至想到了自杀。他活在世上，感到耻辱。兄嫂与他关系肯定从此断绝，他认为自己已经成了一个自私又卑怯的小丑，只不过还没有勇气和决心结束自己的生命就是了……而现在，贾大真说，哥哥也写了大量揭发他的材料。他反而引以为安慰。虽然他从贾大真讯问他的话里，听不出有多少哥哥揭发他的内容。他却极力想哥哥这样做了，仿佛这样一来，就可以抵消他出卖手足、不可饶恕的罪过。哥哥嫂嫂现在究竟怎样了呢?

二十二

入秋时，所里的运动出现一个新高潮，一连又揪出许多人。同时院子内的大字报又闹着“反右倾”，要“踢开绊脚石”，不知要搞谁。秦泉悄悄附在吴仲义耳边说：“反右倾”的矛头对准的是近代史组的崔景春，原因之一是崔景春曾在吴仲义的问题上手软，抵触运动，保护坏人。秦泉是在锅炉房听两个去打热水的人说的。那两人话里边含着对这种搞法深深的不满，但也只是私下交换一下而已。没有几天，有一张新贴出来的大字报就点了崔景春的姓名。刚要大闹一阵，突然又卷起另一个惊人的浪头—— 一位名叫顾远的革委会副主任被揪出来了，据说这位副主任是贾大真对立一派的“黑后台”。顾远被揪出来后，立即给关进监改组，与秦泉、吴仲义他们为伍。这样一来，有关崔景春的风波就被压了过去。

监改组的人日渐增多，扩充一个房间很快又显拥挤。这里与外边俨然是两个天地，但这里的天地似乎要把外边的天地吞并进来。

新揪出的人代替了吴仲义这种再搞也没多大滋味的“老明星”了。他就像商店货架上的陈货，不轻易被人去动，活动比较自由些。每次上厕所也不必都要向陈刚全请示一下，但还不准回家。一次，他着了凉，肚子泻得厉害，工作组居然给他一个小时的时间，允许他去保健站就医。

他去看了病，拿些药，独自往回走。其时已是晚秋天气。被秋风吹干的老槐树叶子，打了卷儿，从枝条上轻轻脱落下来，撒满了地，踩上去沙沙地响。瓦蓝色、分外深远的天空，飘着雪白、耀眼，像鼓风的白帆似的雪团。这和黄紫斑驳的秋树，配成绚烂辉煌的秋天的图画。秋天的大自然有种放松、苏解和自由自在的意味，与夏天里竞争、膨胀、紧绷绷的状况不同了，连太阳也失去了伏天时那种灼灼逼人的光芒，变得温和了，懒洋洋晒在脸上，分外舒服。

吴仲义被囚禁半年多了，没出来过。此刻在大街上一走，强烈地感到生活的甜蜜和自由的宝贵。不知为什么，他忽然想到自己的家，那间离去甚久、乱七八糟、布满尘土的房间。像南飞的小燕想念它旧日的泥巢，他真想回家看看，但他不敢。虽然从这里离家只有三四个路口，却仿佛隔着烟波浩渺的太平洋，隔着一个无法翻越的大山。他想，如果自己的家是一座四五层的高楼多好，他至少可以在这儿看到自己家的楼尖。

他走着走着，突然觉得面前站着一个人，他停住了。先看到一双脚——瘦小的脚套着一双黑色的旧布鞋，边儿磨毛，尖头打了一对圆圆的黑皮补丁。他从这双脚一点点往上看。当他看到一张干瘦、黑黄、憔悴的女人的脸时，禁不住吃惊地叫出声来：

“嫂嫂！”

正是嫂嫂。穿一件发白的蓝布旧夹袄，头发凌乱地绾在颈后。多熟悉的一双眼睛！却没有一点点往日常见的那种温柔和怜爱的目光，正瞪得圆圆的，挺可怕，怒冲冲地直视自己。他自然知道嫂嫂为什么这样看着他。

“嫂嫂，你回来探亲吗？哥哥怎样了？”他显得不知所措。

嫂嫂没有回答他，还是那样一动不动地直盯着他。他发现嫂嫂紧闭的嘴巴、瘦弱的肩膀和整个身体都在剧烈地抖颤。她在克制着内心的激愤和冲动。忽然她两眼射出仇恨的光芒，挥起手用力地“啪！啪！”打了吴仲义左右两个非常响亮的耳光。

他脸上顿时有种火辣辣的感觉，耳朵嗡嗡响，眼前一阵发黑。他站了好一会儿。等他清醒过来，却不见嫂嫂了。他扭头再一看，嫂嫂已经走远，在寂静无人、阳光明亮的街心渐渐消失。

他直怔怔站着。偶然瞅见离他两三米远的地上有件蓝颜色的东西，多半是嫂嫂遗落的。他过去拾起一看，认出来是嫂嫂的手绢。他永远不会遗忘——十多年前，他送嫂嫂去找哥哥时，在车站的月台上，穿过扒在车窗口的两个侄儿泪水斑斑的小脸儿，看到的就是这块手绢。蓝色的，带白点儿，如今褪了色，变成极淡的蓝色，磨得很薄，中间还有两个挺大的破洞。他拿着这块手绢，想起了嫂嫂多年茹苦含辛的生活，还想起了嫂嫂曾经如何疼爱与关切他……但他从刚刚嫂嫂的愤怒中，完全能猜到由于自己的出卖使兄嫂一家陷入了怎样悲惨的灾难深渊里。哥哥毁掉半张脸才从深渊中爬上来，但又给自己埋葬下去……

这时，他看见身旁两座砖房中间，有一条一人多宽的小夹道。是条死道，哪儿也不通，长满野草，还有些乱砖头。他跑进去，脸朝里，抡起两只手朝自己的脸左右开弓地打起来。“啪！啪！啪！啪！”一边打，一边流着泪，一边骂自己：“禽兽、禽兽，你为什么不死！”

直到过路的一个小女孩，听到响声，好奇地探进头来张望。他才住手，低头走出来。

当夜，他睡不着觉，脸颊肿得高高的。他想去找嫂嫂解释，并问问哥哥现在的情况到底如何。他想对嫂嫂说明这一切不能完全怨他，只因为丢失了一封信。为了这封信，他已经失去了一切。

二十三

贾大真又站在台上了。但今天他那张在绿帽檐下的瘦长的脸，变得和气些、舒展些，一反常态。会场的气氛也变得平和与轻松了，带点严冬过去松解的气息。吴仲义站在台前，没有人架弄着他。胸前也不挂牌子，只略略低着头。

整整半年的电闪雷鸣、风横雨狂的日子过去了。该落实政策了。

截至上个月底，历史研究所上报的揪出人的名单总共三十七名。这是这个单位一百人，用了将近两千个工作时所取得的成果，也是贾大真一类人的显著功勋。

现在不同了，口号也变了。变成“可杀可不杀的，不杀；可关可不关的，不关；可管可不管的，不管”了。把这些人落实和还原成了该做的事，做得愈快、愈宽大，反成了愈明显、愈出色的工作成绩。当初从贾大真的手指头缝里那不准许漏掉的，现在却抬起胳膊宽宏大量地放行。像贾大真这些人，在把所有凶狠的话都说尽了之后，该在字典上搜寻带点人情的字眼儿了。

今天要解脱吴仲义了。他是宽大处理的第一个典型。

依照例行的程序，先由三两个人上台对吴仲义进行最后一次批判。随后贾大真就站在台上，拿一张纸照本宣读：“吴仲义，男，现年三十七岁，城市贫民出身。从小受旧社会影响，资产阶级思想严重。五七年‘反右’期间，参加过其兄吴仲仁等人的反动组织‘读书会’的一次活动，散布过右派言论。性质严重。而后一直未向组织交代。这次运动开展以来，吴仲义与其兄吴仲仁秘密串联，企图继续隐瞒其问题，抗拒运动。但在我强大的无产阶级专政的威力下，在政策的感召下，吴仲义能主动坦白自首，经过反复调查核实，交代问题基本属实，并在监改劳动中，有积极表现。为了严肃地不折不扣地执行党的政策，本着治病救人的精神，根据吴仲义的表现，革委会决定，经上级领导审查同意，定为——吴仲义犯有严重错误，不做任何刑事处分。属于人民内部矛盾。从即日起，恢复原工作、原工资。希望吴仲义同志回到原工作岗位上努力学习马列主义、毛泽东思想，发奋工作，在实践中改造自己，重新做人。”

吴仲义听到这里，顿时惊呆了。他不觉抬起头来，呆怔怔看着全场人的脸。许多脸上现出为他高兴的笑容。他扭头看贾大真。贾大真脸上也挂着比“月全食”还少见的笑颜。他从这些笑脸上确信：不是梦，而是逼真的现实。生活一下子又把夺去的一切重新归还给他了！这时，所革委会郝主任走上前，给他胸前别上一枚镀铜的像章，赠给他一套《毛泽东选集》。居然还同他握握手。他心里猛地热浪一翻，突然伸起胳膊，放声呼喊口号：“无产阶级‘文化大革命’万岁！”他整个身子跟着口号声向上一蹿，两只脚好像离开了地面似的，满脸都是激动的泪水。

贾大真对他说：“老吴，你的错误还是有的，必须要记住教训。还要正确地理解运动。当初揪你是正确的，现在解放你也是正确的。你要感谢组织对你的挽救！”

他掉着泪，频频点头，诚心诚意地相信贾大真对他说的话是真理。

他走下台。意外的幸福来得太猛烈了，使他的步履蹒跚，心中溢满忘乎所以的喜悦。赵昌一直站在台边，代表地方史组接他回组。此时笑眯眯地迎上来，伸出他那胖胖的温软的手把吴仲义一双颤抖不止的手紧紧握住。

散会了，他和赵昌一同走出会场。一路上人们给了他许多无声的、好意的、表示祝贺的微笑。监改组的陈刚全走上来。刚刚陈刚全还准备开完会，用严厉的态度把他带回监改组。现在却换了一张笑脸，说："老吴，你可别记仇啊！咱都是为了革命呀！"

他惶惑地笑着，摇着头。他向来不嫉恨别人，只求人家宽恕他。

在前楼的走廊里，他还碰见了崔景春。这个瘦高的组长依旧那么严肃、矜持，不冷不热。吴仲义站住了，想到自己被揪出之前在地方史组的空屋子里，他俩交谈时，崔景春曾给过自己那么多由衷的宽慰和劝导，而自己由于各种顾虑，并没向崔景春坦白地说出自己过去的那些事。而后，在自己挨整时，崔景春仍然没对自己说过一句过激的话，没对自己使过任何压力。

这便成了所里一度闹着要反他"右倾"的根由之一。现在，他面对崔景春，心里隐隐怀着一些歉意似的，真不知该说些什么才好。崔景春透过那窄边黑色方框的眼镜，瞅了瞅他身旁的赵昌，只对他简简单单而又深沉地说了一句："记住教训吧！"就匆匆走去。

吴仲义永远也不会知道，在对待自己的问题上，以及给自己的问题下结论和定性时，崔景春和贾大真怎样激动地辩论过。

赵昌把吴仲义领进地方史组。两人站在吴仲义旧日的办公桌前，赵昌一只手抓起吴仲义的右手，另一只手把一件冰凉和坚硬的小东西放在吴仲义手里。吴仲义一看，亮闪闪的，原来是自己书桌的钥匙。这把钥匙在他被揪出的当天就奉命交出来了。他现在归还给他，意味着把他心爱的工作也交还给他了。赵昌掬着往日那种温和的笑容，对他说："我没叫你吃亏吧！"

吴仲义想起他坦白自首那天，在工作组的办公室里赵昌对他说过这句话。他相信，赵昌在至关紧要的当口，帮助了他，把贾大真掌握他问题（包括那封信）的内情透露给他，使他不等人家来揪就抢先一步，主动做了坦白交代。多亏好友的指点，才使他今天能够获得从宽发落的好结果！于是他那哭红了的眼眶里，重新又闪出泪花，说不出话，心里塞满一团滚动着的感激的情感。

二十四

他回家了，终于获释回家了。好像一只放出笼来的鸟儿，没有一点牵缠和负赘，浑身轻飘飘。如果两条胳膊一举，简直就要腾空飞起来了……

他在路上，把身上不多的钱花尽，买了一瓶啤酒，一点菜，几块糖。打算回到家中，为自己好好庆贺一番。他还没有喝酒，却像醉八仙一样，身子的重心把握不住，走起来摇摇晃晃。天气已入三九，正是严寒酷烈的时节，他没戴帽子，但脸颊却是火烫烫的。

到了阔别半年多的家，走进黑乎乎的楼里，看见邻居杨大妈正在过道铲煤球。杨大妈的小孙子在一旁，用一把挖土的小铲子，帮忙又帮乱。杨大妈看见了吴仲义，惊讶地叫起来："呀！吴同志，怎么回来了？"

"是啊！"他喜滋滋地回答。

"您，不是……"杨大妈欲言又止。显然她知道吴仲义出过事，却不知吴仲义现在是什么情况，话不好说。她拿着铲子站在那里，表情挺尴尬。

吴仲义一时也不知怎么说才好。

杨大妈不大自然地笑了笑说："您先上去生上炉子暖和暖和吧！"应付了一句，就赶紧拉着小孙子，摆动着胖胖而不大灵便的身子，慌慌失失地走进屋去，好像他是个刚从传染病院跑出的病人似的。

吴仲义并不介意，心想一会儿下楼来，向她说清楚就是了。

他打开门，进了屋。小房间有股浓重的又潮又闷的气味，房中一切如旧，只是看上去有些陌生。屋中乱杂杂的东西，什么床啦，书桌啦，椅子啦，杯子啦，好像在他闯进来时惊呆了。当明白是主人返回来时，仿佛带着一股冲动的劲儿朝他亲切地扑来。他也朝这些无生命的生活伙伴扑去。但这些伙伴太脏了，给尘土涂成一种颜色。他在屋里转了转，不知先打扫哪里为好；他努力使自己平静下来，最后确定先生炉子。幸好他是在炉子没拆之前的春天里被囚禁起来的，现在正好使用，马上就可以使房间暖和起来。

他的手一触到炉膛里的纸灰，心情就发生了变化。这是他那天清晨烧掉那些废信纸的余烬。

他由此想到兄嫂，心里边不是滋味。他决定晚间到嫂嫂的娘家去一趟，打听兄嫂目前的境况。但他怎么向兄嫂解释清楚这一切呢？反正他再不敢写信了。

他生着炉火，手挺脏。他要洗手时，发现脸盆里的剩水冻成一块结结实实的冰块。自从他丢了那封信而魂飞魄散的几天里，他很少洗脸，最多只是用毛巾下意识地蘸蘸脸盆里的水，抹一抹脸。几天没换水，因此这块脸盆形状的冰块是深灰色和不透明的。

他端起脸盆，翻过来，想在炉台上磕掉里边的冰块。突然，一件东西跳入眼帘。脸盆底儿粘着一封信！他非常奇怪，撂下盆，从盆底儿上揭下这封信一看，不由得惊异得扬起眉骨，险些使眼镜从脸上脱落下来！这竟然就是他曾经丢掉了的、几乎要了他的命的那封信！上边的邮票贴得好好的，信口粘得牢牢，原来他当初写好这封信后，胡乱地在信封背面抹上糨糊，贴上邮票，封了信口。洗脸时，他曾把脸盆放在桌上过，脸盆底儿有水，加上信封上没抹干净的糨糊，就粘在盆底儿上了。谁能想到丢失的信竟然粘在这地方？

“啊！”他一声惊叫。

他整个身形就像“啊”字后边的惊叹号，呆住了。在他把这一切明白过来之前，足足立了半个小时。

二十五

现在又回到春天里了。

春天来了！不单是大自然的春天，也是生活的春天！你看，到处冰消雪融，万物苏生。绚烂的春天的色彩，已经耀眼地出现在人们的生活中。

当你的鼻孔对着一朵鲜艳的小花，手里拈着一片嫩绿闪光、汁液欲滴的新叶；当你站在山谷间，放眼遥望返青的群山，那漾开冰层后的雪水，满山遍野的淙淙流淌；当你漫步街头，仰望一幢幢还没有拆掉脚手架的新楼群在春日的霞光中矗立起来；当你夜间凭窗，耳听着天上大雁的鸣声与人间大地演奏的美的旋律合成一曲……谁总想回味那寒彻肌骨的严冬？谁总想去盯着那结了痂的疤痕？

然而，没弄清根由的灾难，仍是埋伏在道路前边的陷阱。虽然它过去了，却有可能再来。为了前程更平坦、更笔直，为了不重蹈痛苦的旧辙，需要努力去做，更需要认真深思……

为了将来，永远牢记过去。

1979 年 9 月　天津

斗寒图

我不像一般游客那样，进了公园就放慢脚步，以欣赏的目光向四外的花间树隙和湖光灿烂处寻觅美色。我迈开大步，像有什么急事似的，直奔公园的右后角走去。我择了近道儿，翻过几道春草葱茏的土坡，在我面前出现了一套深红色旧式的小房院。整个院落给一片缀满繁花的桃树枝横斜交盖，相当雅致。但院里院外却拥着不少人。我一看院门上的横匾写着“画家沈卓石遗作展览”几个字，我的心仿佛立即被一只手抓住并提了起来，脚下边的地面竟好像变成了摇动的船板，感到自己控制不住地摇晃起来。我就这样急急地步履蹒跚地走到院门口，购了一张门票，塞进工作人员的掌心，夹在一群盛装艳服的青年中间进了展览室。登时，盈满四壁的五光十色、绚丽缤纷的色彩，好似霞光灿烂的江天把我包围起来。我睁大眼，随之而来的是：大太阳下怒放的花丛，月下耀眼的大河，腾空的鸟群，喷云吐雾的飞湍大瀑，壁立千仞的高山峻岭，一碧万顷的田原沃野，还有那大雪中入睡的山村，微雨中滴淌着水珠的柳条，在花心中爬来爬去的蜜蜂，冬林中嗫嚅交谈的寒雀，以及雾中的帆影，盘旋的鹰……这些画对于我，如同隔离许久的好友们，带着亲切、热烈和冲动的情感向我呼唤。我感动得浑身微颤，但我又没有像一般观众那样在一幅幅画前伫立与流连，而是匆匆从人们中间穿过，目光在一幅幅画上扫过，仿佛我在寻找什么……突然，我全身禁不住一震，呆呆立在一幅画前。噢，它挂在这里了。我找的就是它！它是我此生此世忘不掉的画呀！

它用深灰色的素绫裱成卷轴，静穆地垂挂着。然而在这三尺见方的画心上，却有一颗看得见的、燃烧着炽烈的爱和憎的灵魂：一株盘根错节的老梅树，立在狂风暴雪之中，一任冰粒雪雹的抽打，树根深深插入开裂的石缝里，铁铸一般瘦硬的枝丫挺劲不弯，上边的枝梢飘逸而刚健，大有一种“扫空”的神态。树上虽仅疏花数朵，却朵朵开得饱满圆实，无一残败，颜色鲜红欲滴，似乎闪着光亮……我好像又看见那一对对我张大的、发红的、灼灼闪光的眼睛。画面上端题着三个苍劲的大字——“斗寒图”。字迹间还包藏着当时落笔的激情，这股激情通过抖动的、气势尽足的线条重新打动我的心……我不觉热泪夺眶而出，潸潸不止。我忙掏出手绢抹眼睛，可四周还围着不少人呢！一个端着画夹临摹这幅画的孩子，不断朝我投来诧异而好奇的目光。同时也有旁人注意到我了。我为不能抑制自己的感情而有些发窘。是啊，旁人哪里知道这幅画中的那些坎坷、曲折和辛酸苦辣。我多么想叫他们知道它的故事，以及其中蕴含着的一个真正的艺术家的品德……

一

那是一年冬天，寒潮骤至。天阴却一直没有落雪。风一住，空气分外干冷。走在外边，脸颊冻得简直都要绷裂了。多年来很少这么冷过。

当时，我虽说是艺术学院版画系的教师，因患冠心病，久已卧病家中，不常到学校去。一天晚饭前，系里来位同事，带来一个叫人揪心的消息。他说今儿白天在全院教职员工大会上，国画系的老沈又被公开点名挨了批，批得还不轻。据说是上半年市里新盖好的友谊宾馆要布置大厅，把老沈等十来位画家请去作画，老沈画了几幅山水花鸟画，构图和手法比较新奇。前天市委的文教书记赵雄去审画，居然对老沈的几幅画勃然大怒，断言老沈的画里包藏着“反党”的毒箭。虽然，在今天的全院大会上并没讲到有任何根据，但会上的人却都感到祸事临到了老沈的头上。据说老沈当时就坐在会场后边。我这位同事因坐在前边，不知老沈听后有何反应。

这位同事小坐片刻，即离席而去。我送他出门走了几步。路上，他不住摇着脑袋说：“这老沈，何苦来呢？他明知赵雄要去审画，又明知赵雄不懂画，专门在画里找毛病，而且一直看他不顺眼，还弄什么新奇？好歹用些大红大绿涂得热热闹闹算了。何必讲究什么构图呀、手法呀、笔墨呀。现在还谈什么艺术不艺术的，保住平安就不易！何必自讨苦吃。老沈这人实在太固执！这几年数他苦头吃得大，就是不认头。真是……”

听了这话，我真替老沈担心，但没搭腔。这些年来，我早养成一种顺应生活逻辑而明哲保身的习惯，就是每逢遇到不同见解，甚至在自己十分反感之时，也把嘴巴闭得紧紧的，非特别知心绝不肯多话。就这样，我默默送走同事，回转进屋，坐在桌前端起热饭，却怎么也吃不下去了。

老沈和我，还有国画系另一名教师潘大年，是二十多年前北京国立艺术专科学校的老同学。最初老沈与我同班学习西画，那时我们都是满腹壮志，未来好似一块巨大而光洁的画布，上面满是未有痕迹的烟雾一般却五色缤纷的图画。我们的性情又极投合，成了形影不离的好友。老沈在校时思想比较激进，向来刚直敢言，由此而招致学校方面把他当作“赤色分子”加以注意。他学习十分刻苦。我记得他和我同班的两年中，他画的素描和速写塞满了他宿舍床铺下边的空间。他画得又好，人亦正派，同学们都对他怀着几分敬意。那时，人们的想法很有趣！他本来很想在油画上干出一番成就，可是在那外侮日亟的年代，人们甚至以买“国货”来表达爱国热忱之际，他竟放弃了钻研得已很有成绩的西画而中途易辙，改习中国的传统国画。好似画“国画”就是爱国！这样，他便与潘大年同窗，又是邻座。他俩也结为好友。解放后，我们三人一齐扛着行李卷儿、画板、柳条箱子，来到这座学院任教。他俩在国画系，我在版画系教素描。老沈才力雄厚，笔头又勤奋，成就渐渐超出我和潘大年，成了画坛上的头面人物。他在教学上也很有办法，成效为人所公认，桃李满园，不少门徒都成了小有名气的画家。为此，他逐渐被提升为讲师、副教授、教授、系主任。我们三人各自还成了家，关系依然如故。

老沈这个人宛如一块坚石，经历了社会生活的凿刻与磨洗，非但没有圆转光滑，棱角反更突出。别看多年来他笔下变得老练成熟，待人处世仍像我们在学校时那样，保持着未曾步入社会之前的青年人的那种纯真；只是直率得有些过分，甚至还有点任性。倘若遇到龌龊、暧昧不明、不合理的事情，他嘴下向来不肯饶过。不分上级下级，连面子也不给。这也使得一些爱挑剔、不够光明磊落和好生是非的人怵他，躲着他，不敢惹他；而一些软弱、嘴笨和常受欺侮的人则羡慕他，想学他却学不会。是啊，性格不能模仿的。软弱的人模仿一条刚强的汉子，反而会把自己用迁就和忍让筑成的防身的堤坝拆掉，搞得一团糟。有人说他是“天生的一副傲骨”。他听到这句评语，便咧开那给烟熏得发黑的嘴唇笑了，“哪儿来的傲骨？不过是不想做纸糊的人。细竹条扎的骨架，一轧就碎，风一吹就弯腰。”

我呢？虽然在处世上比老沈沉着得多，很少与人摩擦，但在学术上却与老沈有些相似之处，即认真，不肯听任与自己不同的意见，甚至好争论，借以辩护己见——当然，在后来的不准在艺术上存在个人见解的年代，我这些容易招惹麻烦的性格习惯改了不少。不过，在那时，我与老沈因为艺术见解上的分歧（现在想起来，我基本上属于保卫正统艺术观念，他却一直主张革新），两人吵红过脸。虽然艺术上相矛盾、相对立的观点并非是非关系，但我俩都常常会误把自尊心当作一切，一吵便弄得不欢而散。加上我们又不在一个系里工作，我与他的关系渐渐不如他与潘大年更亲近一些。潘大年比较温和、拘谨，向来不会因为坚持自己的观点而与人相争。不过，我同老沈这些大摩擦，并不影响我对他的友情和艺术上的钦佩。好像几个小石子儿，怎么也填不满两人年深日久汇积成的深深的友情的湖泊。

“文化大革命”初期，我们三人一起受到冲击。一个时期内还关在同一间“牛棚”里。

作为那时狂热的学生们所攻击的目标，老沈比我和潘大年突出得多。他是系主任、名画家、本市文艺界的台柱子，被认作当然的“黑线人物”，自然也是首当其冲。家被抄了，住房被压缩了。我和潘大年是同他一起到这个学校来的，平日关系又好，便受到牵连，一度被打成“小三家村”。每次开批判会，他头一名被押上台，随后便是我和潘大年。后来我们三人都被下放到农场劳动。学校复课时，潘大年由于罪过最轻——这当然也是沾了他自己平日谨小慎微的便宜，而最先被调回学校。过半年，老沈也被调回学校。像老沈这种人，好坏事都少不了他，无论把他揪出来打倒，还是给他落实政策，都是由于形势需要，也由于他是个主要人物，这样做了就成了当权者工作中的成绩。我则不然，我是学院里的二流教师，家庭历史又有些问题，便像被遗忘了似的在农场，在春夏秋冬的田野上整整待了三年，后经老沈等人向院领导再三请求，才把我调回来。上课不久，竟然闹起冠心病来，就在家中养病，平时很少出门，只是偶尔到老沈家去坐坐。

老沈受过重创，并不见有很大变化，一心授课和治学。在当时，艺术问题很容易被扯到政治问题上去，搞艺术的人闭口不谈艺术已成了正常的事。唯有老沈不这样，好似他是刚从天际下凡的外星人，对艺术仍是兴致勃勃，津津有味地钻研笔墨上的创新。每当他谈起艺术来，就要站起身来边走边说，好像一个得胜的将军在谈着他的部队。他以前谈艺术时并不如此强烈的冲动，他的冲动中，仿佛有种故意与什么人、什么势力相抗争的情绪。这情绪过于明显地外露着，叫人担心。我曾郑重地告诫他，并用一种吓唬他的口气说："你难道不懂一句不沾边的话也能被他们上纲，说打成你什么就打成你什么？！你苦头吃得还不够，难道中了魔？不到黄河不死心，非得倒了大霉，一个跟头栽得爬不起来才踏实了？你就不能不说话？不再谈什么艺术不艺术的了？"忽然我停住口，因为我瞧见他那双又黑又大的眼睛里闪耀着一种偏执的、不满的、挑战似的光芒，隐隐还有对我的一种睥睨。他把手激动地打了一个制止我再说下去的手势。他说："不能！"

我默然了，垂下头来。却没有怨他如此对待我，因为我了解他。艺术在一个真正的艺术家心中的位置，别人是很难想象的。但我懂得，原先我也是这样，只不过我放弃了，或者说是收藏起来……

在那个风云多变的时代，他的处境并不稳，随时都会因波涛骤起而覆舟落水，由于他是名牌货，又总有一个把柄露在外边，很容易抓住，好像一块煮起来还会有味道的大骨头，成了一些人枪头上准星里瞄准的目标，我一直暗暗为他揪心，同时预感到祸事迟早要飞到他头上。就像在弹丸纷飞的天空中，一只不肯躲藏的照旧飞来飞去的鸟儿，早晚会被一弹击中而倒栽下来。但对于他，我毫无办法，似乎只有等待这场悲剧的来临。

现在，祸事果然临到他的头上了。他怎么样了呢?

想到这儿，我饭也没吃，戴上一顶厚厚的棉帽子，去他家看他。

我推开门，只见老沈坐在一张破旧的、掉了漆皮儿的小圆桌前。手里捏着一个六边形的白瓷小酒盅闷闷独酌。他见我来了，没有起身，只略略抬一抬他胡楂浓密的稍尖的下巴，叫我坐在他对面。然后才起身，拿一双极普通的廉价的竹筷子和一个同样形状的小酒盅给我。他用筷子头点点桌上的酒肴，示意我喝酒吃菜。

桌上摆着几只碟子，每只碟子里都是不多一点小菜:炸花生米，香干条，一段咸糟鱼和拌白菜心。另有一只竹浅儿，放几张饼，盖着块发黄的笼屉布。碟儿中间有十多只鲜红的大干辣椒。老沈是四川人，他教学时为了使学生们听懂自己的话，苦练过几年京调，家乡口音竟很淡薄了。

我也不客气，只管喝酒。以前我来串门，常常遇到他喝酒，每次都坐下来陪他喝两盅。今儿有所不同的是，气氛格外沉闷。老沈也不像往常那样，端着酒盅一个劲儿地劝喝，并放开公鹅一般的响亮的嗓门，高谈阔论起来。即使在这心头颇感重压的两年里也是一样。但今儿他坐在我对面却一句话也不说，低头不住地喝酒，也不夹菜，白口咬着一根干辣椒来下酒。这辣椒想必很辣，使我这江南人望而生畏。

他穿着一件对襟的黑绸面的中式小棉袄，紧紧包着瘦瘦的身子，怀里照旧是鼓囊的，那里边多年一直揣着一只墨绿色的胶皮热水袋。他有胃口病，怕风寒，还是长期的高血压患者，人就过早地显得衰老，头发白了不少，梳成老年式的背头，但头发硬，总有一些不服帖地翘起来，散开，并像野草那样横竖穿插着。他又像个贪玩的孩子那样不爱剪发，长长的鬓发快盖上耳朵了，发根压在领口上。他习惯于抬起左手（因为右手总拿着笔），叉开手指，往后理理乱发。可是头发亦如其人，颇不依顺，才弄平整，头一动就四面八方地支棱起来。

他额顶的头发脱落不少，这是他艰苦的脑力劳动的见证。前额因之宽展开来，似乎占了整张脸的一半，圆圆的、鼓鼓的、光滑的，像个地球仪，上边有几条青筋，很像地球仪上所标示的山脊和河流。每逢他冲动的时候——无论兴奋还是恼怒，这些青筋就鼓胀起来。当下又都鼓鼓地凸起了。眉头紧锁不展。

我俩像在小酒店偶然同桌的陌客，都在喝自己的闷酒。

他身后的小铁炉子上放一壶水。水早开了，哗哗地响，热气顶着壶盖儿，叮叮当当响个不停。从垂挂着一块旧蓝布棉帘的里屋传来轻微而均匀的鼾声。那是沈大嫂在里屋睡觉。沈大嫂体质不好，他俩结婚十六七年，没有孩子。只要他在外边遇到不痛快的事，家里就显得分外寂寞。

他从原先的两间大房子被压缩到这儿来。虽说里外两间，按面积只有一间大小，里边只能放一张双人床铺。接待来客、吃饭等等活动都在外屋。这外屋又是老沈的书房和画室。四壁上，用摁钉、大头钉和铁钉钉满他的画稿和草图。有的几张重叠地钉在一起。靠墙还扯了两条线绳，把无处悬挂的画用竹夹子像晾衣服那样夹在绳上。屋角摆了一张画案，案上一半被成堆的书籍画册所占据，另一半铺着作画用的毛毡。前端堆着砚台、水盂、颜料缸和印床之类，杂乱不堪。墙上挂着两个筷子篓，一个放筷子，另一个却插满长短粗细的画笔。还有个绳钩。晚上他把屋子中间的灯拉过去，钩在绳钩上使之垂在画案上头。就这样，他便把不肯用于睡眠的时间耗尽在这盏灯下。

我不断地瞟着他额上凸起的青筋，几次想开口说话，又怕惊扰他。他却冷不丁儿说一句："你还是不肯尝尝这干辣椒吗？它辣不死你，你怕它做啥？"说罢，他抬起黑黑的大眼睛直瞅着我，浓浓而整齐的眉毛也扬了起来，这眉毛，像是他自己画上去的。看他这神气，听他这口气，显然他把心里憋不住的东西带了出来。

我想了想，用一种含蓄的方式探问似的对他说："你们四川人吃辣的确有些能耐。不过太辣了，你是否受得住？"

老沈听出我话中的含意，立刻现出不满的神色。不过这一次他没和我争辩，而是端起一满盅酒，一口喝下半盅，低头略打一下沉，猛地一仰脖子，把剩下的酒一饮而尽。随后在碟里寻了一只手指般粗的大红辣椒，放到嘴里嚼着，并朝我笑了笑。这笑声，有一种挑战、任性和倔强的意味，和因为酒的刺激而放纵不羁的劲头儿。这时，他站起身，走到墙角的画案前，在毡子上铺开一张雪白的画纸，磨好墨，又从墙上的筷子篓里取出一支长锋、尖头磨秃的狼毫画笔。始终一声没出。我却知道，他要作画了。便替他把悬垂在头顶上的灯拉过去，用绳钩钩牢。

老沈手握笔管，对平展展的白纸凝视片刻。忽然，他的双眉就像受惊的燕子的一双翅膀抖动一下，仿佛胸中有股激情奔涌上来。跟着，这激情跑到他的笔管上，这笔管就在他手中狂乱地抖颤，随即他的臂肘一抬，那饱蘸浓墨汁的画笔如同鹞鹰击兔一般倏然落到纸上。笔管闪电似的挥动，笔锋在纸面上来回翻转、戳擦，宛如狂风吹舞的柳条拂扫水面。在洁白的纸面上出现一条变幻着的捉摸不定的墨色的形体——但这只是须臾间的感觉。随后，一株苍拙劲拔的老梅树跃然而生。这时他的笔头落入盛满清水的水盆里一晃，笔上的墨在水中像乌云一样化开，混成灰色。那笔又在粉罐里猛点两下，重新落回到纸上。冲动而颤抖不止的笔头横皴竖抹，一边豪放而不经意地把水点、墨点、粉点弄得淋漓满纸。于是，狂风暴雪，立时成形。他好像把外边逼人的严寒，用手中的笔卷来，抛洒在画面上。那些梅树的枝条愈发显得雄健、刚劲和峭拔不屈了。

他的肘腕肩臂，乃至全身都在用力。左手撑着桌边，仿佛不这样，身子就要扑在画上。由于振动之故，两绺头发滑落到额前，他也不去管，任它们在光滑的鼓脑门上像穗子一般摆动。静静的屋中，只响着他带着腕力的笔锋在纸上的摩擦声，还有笔管磕碰水盆和色碟的叮当声。我斜瞅他一眼，只见他的嘴角用力向下一撇一撇，不知是浑身用力之故，是嘴里没有嚼尽的干辣椒所致，还是一种苦涩心情的流露。此时，他额上的青筋全都鼓凸出来，暗暗发红，是激动的热血在那里奔流……

这时屋门开了，从外边走进两个人来。我一看，原来一个是潘大年。另一个是老沈的女学生——当下也是他的同事，名叫范瑛。我朝他俩点点头，并使个眼色示意不要打扰老沈。他俩点头表示明白，而悄悄摘去围巾、帽子和口罩，立在老沈身后看他作画。看样子，老沈知道他们来了，但他此刻正沉浸在一种忘我的冲动中，并没分神和他俩打招呼。范瑛和潘大年站在老沈身后时，脸上带着因为出了事而异常沉重的神色，但目光一落到画面上，表情立刻发生变化——他们给画上传达出来的、苦涩又刚强的心声打动和感染了。范瑛那双秀美的眼睛顿时包满亮晶晶的感动的热泪。潘大年摇着他胖胖的脸，神情感慨万端，止不住从胸膛里发出一声声微弱而低沉的叹息。

老沈落好墨，换一支洁净的大羊毫笔，从洋红碗儿里蘸了浓浓的颜色，在梅树枝头点上几朵花儿，补上蕊。花丰蕊饱，艳丽如洗，光艳夺目。于是一株傲霜斗雪、不畏强暴的梅树便十分神气地跳了出来。它毫无淡雅幽娴之态，而全然是一派处在逆境中豪杰志士的风姿。然后他拿起那支狼毫画笔，用枯笔蘸墨在画幅上端写了“斗寒图”三个醒目的大字。字迹端庄沉着，刚毅跌宕，颇含金石气息，好像是熔了铁水铸上去似的，挖也挖不掉，并与画风十分相合。

他署了下款，又把画面略扫几眼，稍做补缀，便“嗒”的掷笔在案头。扭头看看范瑛和潘大年，最后把目光停在我的脸上，咧开发黑的嘴唇笑了。他皓白的牙齿上沾着许多嚼碎的鲜红的辣椒末。神气自豪和昂然，目光闪闪跳动，还带着一些没有挥洒尽的激情。他很是得意，因为他用这幅画无声地回答了刚才我那句含蓄的问话，也回答了我们的关切。

我受了强烈的感染。范瑛和潘大年也挺激动。我画了多年的画，从来没被一幅画这样感动过。当然它打动我的一半理由在于画外。潘大年冲动地说：“老沈，你这幅画扫除了我们心里的担忧。看了它，什么话也不用再说了。人就该这样——‘不以物喜，不以己悲’嘛！”

老沈听了，顿时感动得眼圈都发红了。他咬着下唇，似乎在克制自己要奔涌出来的一种情感。潘大年对他说：“我有个要求！”潘大年的表情郑重又诚恳。

“什么？”

“把你这幅画送给我吧！这幅画可以说是你的代表作。不，它就是你！画得实在太好了，简直难以描述。杨无咎、王冕、金冬心、老缶虽好，但绝无此豪气。不，不！这又绝不只是有一股豪气，它……”潘大年说不下去了。看来他心中的话要比它表达出来的多得多。

又是友谊，又是知音，此时此刻对于画家来说，没有比这些能够从中获得更大的安慰和满足了。他抬起左手往后理了理头发，精神显得分外矍铄，同我刚才进屋来时的神情两样。“好！”他不假思索便答应了。立即回身在画面盖好印章，把画卷成卷儿交给潘大年。我记得，在潘大年高高兴兴接过画时，我心里曾产生过一种隐隐不安的感觉。可是没等我去想，外边就有人敲门，范瑛去打开门。只见六七个男女青年站在门口。原来都是老沈的学生。大概他们得知老沈挨批的事，像我们一样放心不下，都来看望他。这情景我见了，心里很受感动。

老沈自然更是感动极了。他伸直胳膊，向怀里招摆着手——每逢学生走进他家或办公室时，他都是这么亲热地打招呼。学生们走了进来，他忙着给学生们张罗座位，斟热水，兴奋得很。学生们对他这种神情先是惊异，随即都相互宽心地笑了。他们深知这位教师外露、刚韧和乐观的性格。虽然他猝然横遭挫折，但学生们所希望自己的教师应变的态度正是这样的。

人多了，小屋子顿时显得拥挤。我不想占着座位，遂向老沈告辞，范瑛也要与我一同走。但这时却不见潘大年了。我们走出门，才发现潘大年躲在门外。口罩围脖包裹得严严实实，快把脸遮住了。大概他觉得老沈出了事，他来看望，此事若被学生们传扬出去，于他不大好吧！

老沈把我们送到院门口，范瑛忽然疑虑重重地说："沈老师，您参加市美展那幅画是不是先撤回来？"

"为什么？"

"赵雄肯定要去市美展审画。我看他已经盯上您了，别叫他再来找您的麻烦。"

"不！"老沈坚决地说，"我那幅画找不出什么毛病。甭理他！"

潘大年也在一旁说："我看也是撤回来好，有人鸡蛋里也能挑出骨头来，别再多事了！"

老沈听了却笑起来，"那倒叫他挑挑看。世界上这种稀奇的事不多见，我很想由此长长见识！"

显然，老沈并非不知此中的利害，看他的神气，他分明抱着一种倔强和抵触的情绪。这情绪于他是不利的，有害的。一个手里只有一支画笔的画家与一个掌心握着无限权力的大人物作对，会有什么结果？我真不明白，老沈这么一个聪明人怎么竟如此愚顽。我刚要上前劝诫他，他却已经对我们摆了摆手，转身走进院子里去。

我和潘大年、范瑛三人同行一段路，所谈内容主要是怎样规劝老沈撤回他参加市美展的作品。在我们三人该分手各自回家的当口，我觉得心里还有件什么悬而未决、隐隐不安的事似的，跟着我明白为了什么，便对潘大年说：“大年，老沈这幅画你可得收好了。别给人乱看！”

潘大年听了，摇了摇胖胖而扁平的脸，含着笑反问我：“你当我是三岁的孩子吗？”

听他这话，我便放心回家去，脚步比来时略觉轻快些。

二

十天后，我收到系里送来一份市美展预展的请柬，就是当天的。来人告诉我，市委文教书记赵雄可能今日要去审画。我接过请柬随即就去参观。说实话，我对那时候开办的美术展览并无多大兴趣，此去完全为了那儿有老沈的画——前两天我听范瑛说，她去劝说老沈撤回展品，但老沈说什么也不肯依从——我担心再惹出麻烦来。谁都知道，赵雄这个原先的商业局长，这两年青云直上，颇为走红。对艺术本来一窍不通，却来主管文艺，人又专横得很，文艺界对他反感极大，私下传说不少有关他那种驴唇不对马嘴的令人捧腹的笑话。这些笑话在今天看来，不需加工就够得上一段绝妙的相声。据说他刚刚负责文教系统的工作时，头一次去审查画展（可能也是他有生以来第一次参观画展）就发表这样一个感想："我真不明白，这些画到底有什么用？"他对艺术的理解仅仅如此。但可悲的是，他却来裁决艺术作品的命运了。而在当时，作品的命运又与画家的命运有着奇妙的不可思议的生死相依的关系。因此他审画，有如审判画和画家。如果说他有什么特殊本领的话，那就是他能从一张普普通通的画里发现比杀人放火更严重、更可怕的罪行。许多人为了他，连画展都不敢参加，怕招灾惹祸。我就是其中的一个。老沈既然刚刚被他点名不久，难免不再遭到什么意外。

我一走进展览厅，就见迎面走来一个身材苗条、脸儿秀美的姑娘，肩上披着一条淡棕色三角形蓬松的拉毛围巾，和她红润的脸色相协调。她就是范瑛。我上前两步和她握握手，问:“老沈来了吗？”

“还没有，跟着就来。”

“这儿有你的画吗？”

“有一张。”她谦逊又腼腆地低下眼皮，长而整齐的睫毛盖住明亮的眼波，“在那边，请您去看看，给我提提意见。”

我们走到画前。这是幅工笔画，题名《田边》。立意和构思都很巧妙。画面是田边开满野花的草坡，坡上放着一组静物：一个盛满饮水的大陶罐子，几只洁净的搪瓷水缸，两件外衣和三五条毛巾，外衣的衣兜口露出一个塑料笔记本的边边和一张卷起来的报纸，旁边还放着一台晶体管收音机。想必是去田里干活的人放在这里的。见物思人，令观赏者发出许多联想。这位年轻女作者对生活中的新事物的敏感与捕捉能力，使我非常钦佩。画上一丛丛清丽的小花，都是叫不出名目的野花，一看就知道这绝非从画谱上搬来的，而是写生所得。因此使画面充溢着浓郁而新鲜的生活气息。我出自内心地赞扬她几句。她却不认为这些成绩都是自己的。她告诉我:“为了这张画，沈老师特意和我多次去郊区写生。他不准我抄画谱、翻画报，他说创作就是要从自己对生活的感受出发。而只有去画活的东西才会产生出真切的感受。没有感受的画是无法打动人的。生活是一本永远翻不完的大画谱，只有傻瓜才抛开这本大画谱而总去翻前人那几本现成的、薄薄的、失去生气的小画谱呢！您瞧，他说得多有意思……”她说着，弯着眼睛笑了，笑里含着对她的老师深深的敬服。

我知道，她这些话正是老沈的一贯主张。老沈在干校劳动时，白天干活在田边地头发现了什么奇丽的野花，下晌收工吃过饭，他就跑去写生。常常从金色的夕照里直画到晦暝的暮色把画板覆盖住，看不清了才回来。他对那些不知名的美丽的花草兴趣颇浓，常采回些样品向老农请教。为此惹来别人指责他“不一心一意改造自己，满脑袋闲情逸致”。他却不像那种懦弱的人，时时被闲话束住手脚。他把那些含着恶意的飞短流长当作耳旁风。每次假期回家，都要钻进图书馆里一待半天，翻阅《植物名实图考》《本草纲目》和《秘传花镜》等书，去查对、印证和核实来自于乡间的那些知识……现在看来，他这种严谨的治学作风和忠于生活的艺术态度，已经影响到下一代人的身上了。

他们师生关系也叫人羡慕。老沈从干校回来后，不再做系主任——那时已无“系主任”之称。他做副组长。院革委根据上级意图安排一名留校生担任组长，这学生就是范瑛。当时这种非常时髦的人事安排，显然是不相信老沈，而让范瑛对老沈起一种削弱、约束和监督的作用。政治变动在人事上的反映就是全面地由下而上地起用新人，尤其是无牵无挂而容易控制起来的青年人则是被起用的对象。这样新老两代之间的斗争便在所难免。因此旁人猜测，老沈和范瑛将是一对矛盾，少不了明争暗斗的事。可是据我所知，他俩的关系却处理得很好。范瑛是个行为端正的青年，绝非那种对名誉和地位怀有强烈的欲望而把别人的肩头当作阶梯往上爬的人，也没有在那时的一些青年人身上常见的骄狂和实用主义。她对老沈敬重和佩服，又勤恳好学。难得的是，这对师生处世为人的态度太相像了，因此反倒成了知己。老沈对她毫不保留，尽其所知地教给她。并以一种老练的艺术教师的慧眼，看出范瑛气质文静，笔端清秀，与老沈自己豪放浑厚、挥洒自如的气质并无相近之处。但老沈不像某些画师为了壮大自己的风格流派，扩大影响，而不顾学生本身的素质和特点，强使学生模仿自己。不，老沈不这样做，他认为一名艺术教师的天职，是要使学生各自形成其本人的风貌。这是衡量一名艺术教师是否名副其实、是否有本领的最根本又最苛刻的准绳。其中也包含着一种道德。他帮助范瑛发挥自身特点，追求工整清丽的画风，这样范瑛的成绩就突飞猛进，并已在画坛上初露头角，而被公认为是一个大有前途的青年画家。我也很喜欢范瑛。做教师的都有这种心情：一看到谦虚、克勤又有才气的青年，比什么都高兴。无怪旁人当着老沈的面一提起范瑛，他就咧开发黑的嘴唇，笑得那么随心。就像你对一位古物收藏家提起他珍藏的某一件宝物似的。

“这是潘老师的新作。”范瑛指着旁边一幅画对我说。

这是幅山水画。可是乍一看，竟像布店的柜橱里挂着的一块大花被面。大红大绿，几乎看不见一点墨色。整幅画都是用不谐调的对比生硬的原色堆积成的。有的地方堆得很厚，仿佛长癣的脸，一碰就要剥落下一片来。既无意境，亦无内容，构图平庸无奇，线条纤弱柔媚。我真想不到潘大年怎么会画出这样粗俗和糟糕的画来。他师法石涛、渐江，用笔向来曲折多趣，水墨的运用也有不浅的造诣呵！

“他怎么画成这副样子？！”我不禁失声说。

“他原先画了一幅《向阳门第》，挺好的，墨气很足，也挺有意境。后来老沈出了事，他怕惹是非，又赶着画了这一幅，把原先那幅换了下来。”

我对这种做法产生一种反感，没等发议论，心里的一件事忽地冒出来，我问道：“老沈那幅画挂在哪儿了？”

“在那边，我陪您去看。”她随着我边走边小声对我说，“我前天晚上去他家还劝他把画撤下来，他不肯。我也不明白了，他到底为了什么？他又不是非得在展览会争着展出一幅作品的人，难道他要和赵雄抗一抗吗？”

“我也不明白。如果是这样，那岂不是自找麻烦！”

“您听说了吗？赵雄今天来审画。我看凶多吉少，赵雄准得从中找出点碴儿……不过，咱们是没办法了，画已经挂在这儿了。”范瑛说着，我们已经绕过一道展壁。她手指着前面说：“您看，就是这幅。画得可真好呀！”

我抬眼一看，范瑛这个“真好呀”的赞美声便在我心中响起，成了我心中的声音。老沈这幅画使我感到眼前突然展开一片气势豪迈、涤荡人心的天地——右边是金黄色、辽阔天涯的瀚海，莽莽苍苍，渺无人迹；左边却是碧绿如洗、坦荡可爱的田原。在这景色迥异的两个世界中间，隔着一条黑压压的、密密实实的、宽宽的林带。近处高耸挺拔，远处伸延无尽。我感到有股热风从沙漠卷起细细的沙砾，如同一股迷茫而发红的烟雾，向左边的绿色的世界弥漫过来，却给这长城一般的林带拦住了。在它巨大的屏障似的荫护下，吹拂到田野上的风变得清爽而透明，不再是有害的了。绝妙的是：画面上连个人影儿也不见，却充分显示了劳动者无穷的创造力，于是我心里不觉对那些改天换地、创造这样人间奇迹的英雄产生一种崇高的敬意。和这种心情混在一起的，还有对画家的钦佩，即他的表现力、才能、魅力，和他对生活、对劳动、对人民炽烈的爱与激情……这幅画同任何一幅真正的杰作一样，它打动人、令人吃惊和肃然起敬，并使人像傻子一样立在它面前，而心却与画家的心一起狂跳。

这时我才发现，我周围聚着许多人，都不出声地眼望着画面站着。我心里变得高兴和轻松得多了——这幅画，无论在内容和艺术上，都是挑不出任何毛病的。除非是疯子，从画面上幻觉出三个炸弹，才会大叫大骂这幅画不好。

忽然一阵嘈杂的声音传来，把我从这幅画的痴迷中惊醒。只见展览大厅的两扇亮闪闪的玻璃门被工作人员拉向两旁，从门外拥进一群人来。原先聚在门内的人急速地向两旁闪开，好像有一辆鸣着笛儿的警车闯来了。还有人小声叫着：“躲开，躲开！”

范瑛在身旁低声对我说：“赵雄他来了！”

我知道，大家对于用漫画手法去描述生活的丑角是反感的。因为这种过于直截了当的表露叙述者对所描述的人物的爱憎，必然有损于人物的真实性和深度。因此我要声明，这里我是尽力避免采用丑化、夸张和调弄笑料等等漫画手法的，我只是如实地叙述我那天的见闻和感受。如果有什么漫画色彩，那完全是当时生活所出现过的反常而又确凿的事实。谁要是经历过那个时期，谁就会为这件事的可能存在作证。在文化空白的时期，在人妖颠倒、是非颠倒、黑白颠倒的生活里，比这更荒唐、更可笑的事难道不是俯拾皆是吗？生活是这样的，当它产生许许多多难以解释的荒唐的喜剧的同时，必定会有惨痛的悲剧层出迭见。如同一张难堪的自我解嘲的苦笑的脸，总是挂着泪珠儿……

我已经看见他了，从门口走进来一个又胖又大、绯红滚壮的中年男人。他穿一件皮领子的黑呢长大衣，戴着讲究的水獭皮帽，绿围巾在领口处十分惹眼，皮鞋头发着亮光，但我相信，无论谁见了他，都会产生厌恶之感。这些新衣贵物非但没有掩饰住他身上散发出来的俗气，却与他浑身的俗气混在一起，变得浓厚、强烈和不伦不类。但他脸上的表情得意又自信，并有种因保养得法所致的健康而发亮的色泽闪耀出来。还有种因志得意满和仕途亨通而兴冲冲的劲头。据说他四十七八岁，脸上却不见一条皱褶，好像一个崭新而锃亮的瓷罐。他被一群人簇拥在中间，快活地左顾右盼，打招呼，并接受对他种种尊称、问候和恭迎的笑脸。

一个工作人员捧来一册锦缎面的册页，又递给他一支蘸好墨并理好笔锋的毛笔，请他留名。他像画符那样抹了几下，把册页和笔交还给工作人员，随后扬起一只挺大的手，高声说：“我——”他声音很响亮，“是向同志们学习来的！”

话音刚落，他身旁就有个矮小精瘦、戴眼镜的中年男人，操着一种带些南方口音的普通话喊道：“赵书记在百忙之中亲自来参观画展、做指示，我们热烈欢迎！”

远远近近立即响起一片掌声。有人居然还掬出一副受感动的笑颜，还有人上去伸出一只手，像要沾取什么荣誉似的，和赵雄握手。这时，我院的杨主任、马副主任以及市文教组和文化局几个领导和主管美术的干部，陪着赵雄开始参观，并一边向他介绍每幅画的创作情况及作者。赵雄倒背着手，边走边看，边信口发议论。那个跟来的矮瘦的男人手里拿个小本子，做记录。他好似唯恐失漏掉什么似的，一只黑色的钢笔杆在他手中飞快地抖动着。

“这张画画得不错！就是显得劲头不足，胳膊太细了！不像工人阶级的胳膊。脸盘也应再大些，不要总是小鼻子小眼的，要有时代的气势。脸上的颜色还得重，不要怕红！我听有人说‘现在画上的人脸都像关公’。这话对不对？”赵雄说着一扭头，正好面对着我院的杨主任。好像这句话是问杨主任的。杨主任笑了笑，未置可否。因为他深知这位文教书记刚愎自用，信口乱说，说变就变。你想随声附和他都很难。这时，赵雄果然板起面孔说：“这句话很反动！红彤彤的时代、红彤彤的人嘛！像关公？这是对革命文艺恶毒的诬蔑！喂！你们回去查查这句话是谁说的。”

他身边几位美术界的领导和干部们只好点头答应，气氛变得紧张了。有些人开始悄悄躲开他。我和范瑛一直站在这边没动，但他的话听得一清二楚。一来他的嗓门大，二来旁人全都鸦雀无声。至于这些画，更是无声之物，依次排列垂挂着，好像在等待他的审判和裁决，决定自身的命运与安危祸福似的。

这一群人在大厅里转了半圈，就来到范瑛的作品跟前，说得严重些，一个可能会决定范瑛前途的时机到了。我担心地看了范瑛一眼，她那秀美的脸相当沉静，只有长睫毛一下下闪动着，目光却极平淡，不带任何神情，好像对着一片乏味的景物发怔。我听见杨主任在对赵雄做介绍：“这是我院的年轻教师画的。她注意深入生活，近来进步很大。对这幅画一般反映还不错。”

很明显，杨主任的话是在保护范瑛。

赵雄点点头——我心想，谢天谢地，他终于没有摇头。只听他说：“好！我们要放手让青年小将们干。我们要承认这样一个事实：老的不行了。这并不奇怪，新陈代谢嘛！十七年黑线专政时，把一些老画家吹得神乎其神。现在一看，都不怎么样，赚人！什么‘笔精墨……墨妙’呀，‘构图新……’，‘新’什么来着？噢，‘新奇’呀，还有什么……乱说八道，纯粹是瞎捧。我怎么就看不出来？我们不要迷信他们，更不准他们再压青年人！这些人在前头挡道，青年人怎么能露头角？”

说着，好像他对范瑛的画没怎么细瞧，目光就落到下一幅画上。这幅画正是潘大年那幅糟糕透顶的作品。

“好！”赵雄突然大叫一声，吓了大家一跳。这叫声很像过去在街头看练把式的那种喝彩声。接着这位文教书记喜笑颜开，连连说：“很漂亮！漂亮！美化艺术嘛！（这并非我用词不当，他当时就是这么说的）锦绣河山嘛！很好，这幅画是谁画的呀？”

杨主任说：“潘大年。也是我院国画系教师。他在这儿哪！”说着，他回头招呼潘大年。

我这才发现，潘大年挤在赵雄身后的人群里。他听到招呼，赶快挤上去。站在赵雄身旁，恭敬地和赵雄握手，脸上带着笑说：“我是潘大年，请赵书记批评指正！”他显得很紧张、笑得也勉强。

“你画得很好。和我看过的国画都不一样，有时代特色。国画是封建主义产物，这个领域很顽固，斗争也很复杂，必须要爆发革命。但我讲的是无产阶级革命，绝不是资产阶级革命。前几天，我在审查宾馆那些画时的讲话，你听到传达了吧！那里有一幅画，是你们学院沈卓石画的。画的是漓江，都是大黑山。我说不好，居然有人替他辩护，说是什么，是什么……对，是画‘逆光’。为什么画‘逆光’？背向太阳吗？什么意思？再说，谁都知道漓江是青山绿水，为什么画得黑黑的？替他辩护的人说这是‘创新’。这纯粹是以改革封建主义的国画为名，而贩卖资本主义的货色！必须提高警惕！还有人说国画就是‘以墨为主’，谁定下来的？这是封建阶级定下的条条框框，我们无产阶级就是要破！我看对国画的革命就是要从限制用墨上开始。我听说，你们学院传达我在宾馆审画的讲话记录时，有人表现很强硬，不服气。我这个人是讲民主的。讲错了，大家批判。请大家说，周围的东西有几样是黑的？花有黑的吗？叶子有黑的吗？山有黑的吗？水有黑的吗？为什么偏偏要画成黑的？我看是有人心黑！潘大年，你这幅画可以作为样板，经验要推广。国画从这里要进行一场彻底的革命！”

潘大年站在那里，两只手不知该放在哪里才好。一种发窘的受宠若惊的笑把五官扯得七扭八歪。想表示一下什么，却吭吭唧唧说不出来。简直是难受极了。赵雄忽问杨主任：“这里有沈卓石的画吗？”

“有。在那儿！”

这一群人像一架大型联合收割机，笨拙地转了半个圈子，来到沈卓石的作品面前。我和范瑛站在一旁，都暗暗为老沈捏一把汗。然而我又不认为老沈会遭到更大的指责与灾难，因为他这幅画是无可挑剔的，除非这位赵书记有超人的本领。

赵雄交盘手臂，左手托着右胳膊的肘部，右手下意识地捏弄着自己光滑、多肉的下巴，阴沉着脸，一声不吭，目光变得冷酷、挑剔、不祥，在画上扫来扫去。好似探照灯光在夜空中搜索敌机。看了半天之后说：“这画的是什么？一个人也没有，我看不明白！”他的口气相当厉害，带着明显的否定。

我在一旁想，你哪里是看不明白，明明是挑不出毛病来！

杨主任上前方要解释画面的内容，只见赵雄露出一丝冷笑，转过头问："沈卓石来了吗？"

那个随来的矮瘦、戴眼镜的中年男人叫起来："沈卓石呢？来没来？来没来？"

这就预兆不祥了。

杨主任忙向周围的人询问。这当儿，不知谁说了声："来了！"人们发现了老沈。原来他早来了。孤零零站在大厅另一端。瘦瘦的身子穿一件旧得发白的蓝棉大衣，仍显得挺单薄；一顶深褐色的罗宋帽扣在后脑勺儿上，鼓鼓的前额从帽檐下凸出来。脖子上围一条黑色的长长的大围巾，一头垂在胸前，另一头搭到背后——还是四十年代我们在艺专上学时的老样子。

众人的目光都对着他。这片目光里包含着为他担忧。赵雄的目光却像一对利箭直直地逼向老沈。老沈呢？毫不惊慌，镇静地站了片刻，才一步步走来。直走到距离赵雄六七步远的地方站住了。我真怕他出言顶撞赵雄。

"这是你画的？"赵雄问。

"是的。"老沈点点头，回答道。

"你认为你这幅画怎么样？"

"作品好坏，由观众鉴别，哪能自作定论？"老沈的答话实际上是一种变相的反驳，使周围的人——包括我——都为他的大胆而震惊。

"好，好。"赵雄被激怒了，他咬了咬嘴唇说，"我也是观众，给你提提意见行吗？"这是一个凶狠的暗示。

"当然欢迎。"老沈说，神态自若而安然。

赵雄回手一指老沈的画，大声说：“你这幅画有严重问题。”

我听了不禁大吃一惊。同时见身旁的范瑛浑身震颤一下，好像被一箭射中当胸似的。

“问题？”老沈也略略吃惊，“问题在哪儿？”

一痕冷笑出现在赵雄多肉的左脸颊上，眼里闪着得意的光芒，“我问你，当前世界革命形势总的特点是什么？”

“问我这个做什么？”老沈反问他。疑虑地蹙起浓眉，隐隐有种不安。

“噢，你装糊涂！好，我再问你，你说，当前世界形势是‘东风压倒西风’，还是‘西风压倒东风’？”

“自然是‘东风压倒西风’。”

老沈回答得十分果断，但紧皱的眉峰依然没有松解开。范瑛清秀的脸蛋上也罩上一层迷惑的烟云。谁也不明白，赵雄指的是什么。可赵雄说出来了：“你的画上为什么刮西风？”

“‘刮西风’？哪来的‘西风’？”老沈脸上的问号登时变成惊叹号。他受到意外的一击，沉不住气了，急得声音也变高了。

“怎么？你害怕了？你以为你的用意，我看不出来吗？你还想抵赖？！我问你，你画上的树给风刮得往哪边歪？往左！是不是？‘左西右东’。这不是刮西风吗？问题就在这儿！”

我从来没见过，对一幅画可以如此可怕地加以评论，这样荒谬绝伦——但那个时代，这样对待艺术和艺术家却是正常的、理所当然的，在光天化日和大庭广众之下公然这样干的。文明世界一下子变得比中世纪还要野蛮十倍。文明、良知、理智，都变得没用、无效和可怜巴巴，快要泯灭殆尽了呀！艺术，艺术，还要你做什么呢?！我身旁的范瑛脸儿涨得通红，仿佛她心里有股火气往上蹿，那长长的睫毛止不住地一跳一跳。她肩膀一动，要上前为老沈争辩。

我一手绕在她身后，抓住她的后襟，把她拉住，附在她耳朵上低声说:“别去送死！”

现在我想起当时这句话，觉得好笑。难道议论一幅画还会与生死有关？当时却是这样——眼看着，冤屈、打击、侮辱和将要发生的更加残忍无情的迫害，像一阵檑木滚石，已向老沈袭来。老沈先是惊呆，跟着便已怒气沸沸。以我所了解的他的性格，他绝受不了这蛮横无理、荒唐透顶的诬陷。他的嘴角下意识地向一边扯动着，鼓起的脑门微微发红。我知道，他要据理力争了！可是当他着意地看了赵雄那张粗俗又光亮的脸儿眼之后，他那双黑黑的大眼睛里忽然闪过一道机智而犀利的光。好像他突然找到了绝妙的对策，脸上激愤的浪头即刻平复下去，重新变得舒坦又安然，嘴角旋着一个嘲弄和讥讽的笑窝。

“你怎么不回答赵书记的问话？”那个矮瘦、戴眼镜的男人站出来，逼问老沈，声调反比赵雄更厉害。这使我头脑里不觉闪过“狗往往比他的主人更厉害”这句谚语。

“回答什么？”老沈冷静地说。

“你装傻吗？赵书记问你为什么画‘西风’？”

“不对，这画的正是东风！”老沈说，把双手倒背身后，脸上平静而没什么表情。一时，所有人都没有悟到他的理由。连我也没弄明白他为什么这样答辩。

“明明是西风，左西右东，你还强辩？”赵雄叫着。

老沈淡淡地笑了笑，不紧不慢、一字一句清清楚楚地说：“刮东风，树才往西边歪呢！”

他的话使大厅里一点声息都没有了。大家都在判断，跟着就响起一阵嗡嗡的议论声。对呀！刮东风时，树木才往西边歪倒。大家刚才被赵雄的蛮横蒙住了，谁也没想到这里边还可以找到分辩的理由。此刻，便都不自觉地点头承认老沈的辩解占理，再也不能否掉。我却看出，老沈这个所谓的“道理”纯粹是给逼出来的，是在他刚才要与赵雄争论之前偶然悟到的，我一边赞佩他的机智和冷静，一边因看到一位画家被逼到如此地步，为了对付那荒诞至极的诬陷而这样地使用自己的聪明而感慨万端！

赵雄也明白过来了。他还有什么可说，这是个无可辩驳的自然现象和常识。老沈好像一个颇有根底的老拳师，眼看被对方击中，在来拳快要触及身上之前的一瞬，却宽宽绰绰地让过了。这对于赵雄来说，比受到回击还难受。他打空了，失去了重心，当众栽了面子。他尴尬、沮丧、狼狈而又恼火。脸色变得很难看。杨主任见了，忙说：“赵书记，咱们再看看别的画。如果您对老沈这幅画有看法，可以先不展！”我明白，杨主任是个胆小怕事的好人，他是想息事宁人。

那个戴眼镜的男人却说：“不是赵书记有看法，而是这幅画有问题。赵书记一开始就说了，画上一个人没有，这就是最大的问题！”

杨主任没敢再说，静了片刻，赵雄大手一摆，气呼呼地说了声：“回市委！”转身向门口走去。他的大衣的下摆也像生气似的，向左右一甩一甩。一群人跟在他身后，一声也不敢出，只响着一片杂乱的脚步声。随后，这脚步声就在展厅的大玻璃门外消失了。大厅里剩下不多的人，大家的目光大都还集中在老沈身上。老沈神态自若。他松开长围巾，把一头往身后用力一甩，重新围好，从从容容地向大厅外走去，范瑛走到他面前，我跟在后面。

“您真妙！沈老师，您怎么想出这个理由的呢？叫他无话可说。”范瑛小声说。她眼里充满对老沈赞佩的神情。

“那算啥理由？荒谬到了极点！纯粹是给他挤出来的。我有生以来，头一次说出这种荒诞不经的话。居然这种话还顶用！多可笑！不过对这种人只能顺着他荒唐的逻辑回敬他。‘以其人之道还治其人之身’吧！”老沈说完，咧开嘴笑了笑。

他身上多少带着一些少年般的纯真。在这样一番斗争之后，他竟然有些得意地走了。我却觉得，更大的祸事已经临到他的头上。

三

预感和梦有相同之处，都是现实的曲折反映。有应验的梦，也有成为事实的预感。我对老沈的预感就全应了。过了几天，一场对老沈的气势汹汹的大围攻开始了。我在家里，听到由学院传来的愈来愈多的可怕的消息和说法，再也坐不住。一天，我借着到学校医务室拿药之故去看看，果然见校园里贴了不少大字报和标语，像什么“沈卓石是我院复辟资本主义的黑根子！”“国画系阶级斗争的盖子必须揭开！”“沈卓石必须低头认罪！”……标语的字儿个个有一米见方。还有什么“沈卓石罪行录”“沈卓石黑话选编”“沈卓石罪状十八条”等，不一而足。我草草一看，大字报上大部分内容都是运动初期写过的，早已查证落实，有的属于讹传、诬陷、假造，早被否掉，现在却又重新翻抄出来了。我吃惊、担心、害怕，同时感觉一些人对我的态度变了，躲躲闪闪、若即若离、敷敷衍衍。转天系里来人通知我去参加运动，有病也得去。我不敢不去，第二天一早到了系里，就被领导叫去谈话，要我揭发老沈的“反动言行”。因为在版画系的教师中间，唯有我与老沈关系较近，又是当年的老同学。但老沈是个热爱党、热爱祖国的老画家和老教师。他赤诚纯真，忘我劳作，无懈可击。我怎能为了个人安危而对他落井投石，无中生有地加害于他呢？我抱定宗旨，自己承受的压力再大，哪怕被拉去给老沈陪绑，也不做伤天害理的缺德事，绝不出卖朋友。

大概范瑛他们也是这样吧！办公楼前又贴出这样的标语：“范瑛，猛醒吧！”“包庇沈卓石，绝无好下场！”和“潘大年，你到了站队的时刻了！”……

那几天国画系相当紧张，整天开会，有时还加夜班。批判会的口号声常常从那边传来。我惦念老沈，为他担心，又相信他扛得住。他就像那晚他画的梅树，浑身铮铮劲骨，多年来饱经风吹雪打，从不曾弯倒过。但这次风头更猛——我早听说北京开了“黑画展”，一批画家横遭冤屈与打击。看来老沈的遭遇有着深远的背景，来得非同一般。所以我常常放心不下，怕他一旦被“打倒”就永无出头之日。再强的意志也难免被挫伤。有时，走过校园时，故意放慢脚步，想碰上老沈或范瑛和潘大年探听一下。

一天下班时，我遇到潘大年。我从办公楼的南门走出来，他正从东门出来，看样子我们正好能在校门口碰上。我暗自庆幸能够碰到他，便估量着距离，掐准速度往前走。但潘大年走了一半看见了我，突然站住了。他好像忘记带什么东西似的，两只手上上下下地摸衣兜，也没理我——就像根本没瞧见我似的。然后就转身急匆匆地走回去了。我猜到，他这是装的！怕碰到我，多有不便。可是跟着我就对他起了疑心，唯恐他会做出于老沈不利的那种事来——这当然也算是一种预感。不过我有心理根据。

潘大年虽与我是老同学，但我对他早有看法。二十多年来，我们没吵过一次嘴，没红过一次脸，而且不管我发表什么见解，他都随声附和，从不与我争辩，可我们的关系反不如我与那像好斗的鹌鹑似的老沈的关系更率直、更贴近。我和他之间，总像隔着一层看不见的墙，只是客客气气地保持一定的距离。谁也不想再迈进一步。而我对他有了进一步的看法，起源于一件小事——

运动初期，我俩与老沈三人被关在同一间“牛棚”里。一次，也是在冬天，正号召节约用煤。看管“牛棚”的学生叫我们少用热水。老沈早起漱口时因嫌自来水太凉，就掺和了暖瓶里的剩水。吃过午饭，老沈被提去审讯。我歪在一张木板床上打盹儿，蒙蒙眬眬时，看见潘大年蹲在凳子前写了一张小纸条，随后拿出去递给看管“牛棚”的学生。那学生看了条子便骂他：“这种屁事也来报告？滚回去！”

我听了，立即变得很清醒。见潘大年怏怏走回屋。我不知何事，便闭眼装作熟睡不知，耳朵注意听他们的话，但他们谁也没说什么。过一会儿，潘大年也被几个学生带去质询，恰巧那看管“牛棚”的学生临时去办什么事，屋里屋外只剩下我一个人。我起身到门口一看，那张小纸条竟然放在一张椅子上呢！我的目光迅速在小纸条上扫了几眼，不禁大吃一惊。在这张小纸条上，是用秃铅笔写的方方正正、战战兢兢的小字：

值此节约用煤之际，沈卓石今早居然用热水漱口，实属严重错误，特此报告。

报告人：潘大年

一股厌恶与愤愤的心情涌满我的胸膛。真想不到，高压能把一个人变得这样无耻和可怜！此后许多天，我不怎么搭理他，弄得老沈都莫名其妙了。但我一直没肯把此事告诉给老沈。又鉴于老沈与潘大年关系密切，并在一个系里工作，我曾向老沈做过两三次暗示。老沈听了却笑道：“他就是胆小些，性格上的缺陷吧！”

我不好明说，只辩解道：“胆小是性格上的缺陷，可又不尽然，往往是反映出一种自私。如果这种人没有坚定的政治信仰，很容易出卖同志！”

“哈哈，你这样说不是太过分了吗？自私谁也免不了，大年总还是优点多嘛！你不可太偏激嘛！运动初期，大年也揭发过我。这原因，如果说他胆小、为了保自己，我倒是相信，而且我谅解他。运动来势这么猛，有几个人经受得住？何况他又那么软弱！可是你要说他在出卖我，我却不能这么认为。你知道，他私下对我掉了多少次眼泪……”老沈这么说着，嘴角微微发抖，倒引起他对潘大年的一种同情感。

“唉，老沈呀！”我心里这么想，仍没把那件事告诉他。我甚至估计到，即便说出来，老沈也会以他宽阔的胸怀和对待朋友的深厚的真情，把那件事容纳下。在感情方面，老沈是相当固执的。因此我没再说什么，暗自对潘大年存下戒心。

今天的事，使我对潘大年产生深深的忧虑。此时此地，至亲好友间的出卖是致命的。但转念一想，老沈又没什么可供潘大年揭发的。他是不是仅仅由于胆小怕事，有意避嫌呢！不过，我就无法得知老沈目前的处境如何。看来我只有遇到老沈本人才能了解到他的境况了。

我终于碰见了老沈。在办公室一楼的走廊里。我俩对面走来。当时走廊上除去我俩再没见别人。那天风好大，寒冷的穿堂风呼呼地流动着。老沈围着他那黑色的长围巾，没戴帽，头发散开胡乱飘飞。我站住了，等他走近。他走到我面前略略一停，同时看了我一眼。这次，他的大眼睛不是黑黑的，有些发红，显然是长时间熬度不眠之夜所致。但目光依旧炯炯有神，有股强烈的自信、孤傲和斗不垮的精神。这里边，仿佛还包含一种鼓励和激励我振作起来的意思。随后他抓起垂在胸前的围巾，更用力地往后一甩，就匆匆走过去了。

过两天，又碰到他一次，同样周围没旁人，他同样没和我说话。此间还遇见范瑛一次，范瑛只是皱着眉头、咬着下唇，默默无声地悄悄地点一下头。我摸不清她的意思，却感觉老沈的处境非同寻常了。而且我知道，老沈和范瑛不跟我说话，为的是不牵连我；而潘大年回避我，怕的是牵连上他自己。

此后半个多月，高潮好像过去了。国画系那边的批判会见少，院里的标语已经给寒风扯得破破烂烂。可是有一天，忽然又风吹潮涌，铺天盖地而来。人们传说沈卓石真有问题，据说他在家画了“黑画”，内容“非常反动”。当天，校园里又贴出一批新的标语和大字报。有一条写着“沈卓石画黑画，铁证如山！”白纸黑字，赫然入目。晚上就有几个工厂的业余美术爱好者到我家来打听这件事。消息传得好快，主要因为老沈的名声大，崇拜者多，他们都是出自关心来探听虚实。可我的心里还旋着一个大谜团呢！

哪来的黑画呢？

次日下午开过一个小会，大约四点钟，就被通知到北大楼小展室去看“沈卓石黑画展”。到了北大楼，只见小展室外聚了一二百人等待参观。大家都沉着脸，没人说话，气氛压抑，好像来参加什么追悼会。进了小展室，见展览开头就是一块写着老沈“罪行介绍”的牌子。室内展出四五十幅画，有老沈的课堂画稿，平日的习作，也有他二十多年前在艺专上学时画的裸体模特儿，不知从哪里翻出来的——可能又抄家了吧——被称作“黄色画”，一并罗织而来，作为“黑画”。每幅画下都有一方纸块，写着该画“问题”之所在。但绝不令人信服。其中一幅画了十二只小鸡从土坡上往下跑，就被指为“恶毒诬蔑五七道路是走下坡路”。我怎么也想不明白小鸡与五七道路有何关联，经过一位同事指点，方才明白，原来“五”加“七”是十二。他画了整整十二只小鸡，又是往下坡跑，罪过就在这里了。画下的纸块上写着：“沈卓石就是用如此恶毒而狡猾的手段攻击革命新生事物。”我见了不禁毛骨悚然。

这里还挂出了老沈为宾馆画的、挨了批的那几幅画。我还是头一次见，画得真好！笔墨淋漓苍劲，不失国画传统，又尝试着用了一些新手法和新技巧，相当大胆而又成功。他这两手还从来未露过呢！故此画前围了不少学生。我从这些在画前流连驻足的学生的目光中看得出，他们绝不是在批判，而是在欣赏，或是暗暗揣摩其中的新技巧，把这当作一次难得的学习机会。我竟然还听到有人禁不住发出轻微的啧啧赞赏声。我心里便升起一阵热乎乎的为老沈感到骄傲的情感。因为他用他的艺术在这里无声地、彻底地、令人信服地击败了那些无知的权贵，击溃了蛮横和邪恶，赢得了人心。如果他能见到这样的情景，会高兴得咧嘴微笑。对于举办画展的人来说，难道不是最辛辣的嘲笑和最有力的回击吗?

在展览末尾部分，有一处围了更多的人。我听身旁两个学生在悄悄地说：“瞧，就是这张‘黑画’，听说是他送给人家的，被人家交出来了。”

“谁？谁交出来的，谁那么缺德？”另一个学生问。

“不知道，反正是和他关系不错的。他送给那人的嘛！”

“跟他关系不错的！朋友吗？哼！”另一个学生发出鄙夷的“哼”声。

我听着，忽然好像从两个学生的话里悟到什么似的。一股不祥的感觉如同电流一般流过全身，我不禁打个寒噤，忙走过去，急急分开人群，往里一望——你去想象我当时的心情吧！老沈送给潘大年那幅《斗寒图》竟然挂在了这里！这幅画针对什么势力，表达了什么情绪，一目了然。无疑他们就要以此把老沈置于死地了！

我心窝里像有一根针猛刺着，眼睛一阵阵发黑。现在已经记不起当时我是怎么从小展室里走出来的。我走到校园里，还耳听到有人小声而愤愤不平地骂潘大年。但那是谁在骂，骂的什么话，都记不得了，好似当时也没有听清楚。

我走出大门，独自一人在学院的大堤上漫无目的地徘徊着。天色渐渐暗下来，风也大了；我任凭刺骨的朔风刀割一般吹到脸上，不去管它，脑袋里乱哄哄地旋着一个痛苦的问题：这是为什么？为什么啊！难道二三十年结成的友谊还靠不住吗？难道有的人非要你以粉身碎骨为代价才能识出他的真面孔？而且，我痛恨自己，为什么自己对潘大年早有看法而不对老沈说明白？为什么老沈送给潘大年这幅画时，自己已经有不稳妥的感觉而在当时未加以阻拦？这里边难道不也有我自己的过失吗？我也害了老沈呀！

直到天黑我才下了河堤往回走。途经一个包子铺时，我走进去，没买包子，只要了二两白干酒和一碟小菜。我是从来不进酒店的，不知为什么我有一种一醉方休的欲望。喝过两小盅之后，同桌的两个工人的谈话引起了我的注意。这两个都是中年壮汉，都穿着粗拉拉的沾着油污的劳动服。不甚干净的结实大手把小小的酒盅不住地送到唇边。他俩已经喝了不少酒，脸红得像两块红布。而且正在骂一个丧失道德、出卖良心的人，骂得那么痛快解气，每句话都像是替我骂出来似的，比喝酒还痛快。我借着酒劲儿对他俩说："师傅，我要碰到你们所说的那种人怎么办？"

其中一个阔脸、浓眉、胡楂挺密的汉子，用他被酒烧得红红的大眼睛看了我片刻，忽然喷着一股浓浓的酒气，像发火那样怒气冲冲地对我说："这种人是披着人皮的畜生，他们见不得人。你应该找他去，抓着他的脖领子，奶奶娘地狠骂他一顿，揍他一顿！"

我被他这带劲话刺激得脸颊火辣辣地发烧，心中的情感像加了火，哗哗地滚沸起来。不知哪来的一股劲，我"啪"地一拍桌子，站起身，把剩下的半壶酒全倒进肚子，大步走出饭铺，径直去找潘大年！

到了潘大年家里，我使劲擂门，声音大得震耳。

有人出来开门，白晃晃的一张脸正是潘大年。潘大年盯着我的脸看了看，表情变得愕然，"呀，老何，你怎么啦？什么事？你醉了吗？你怎么会喝醉了呢？快请进来！"

我二话没说，一把抓住他的衣襟，把他从门里拉了出来。我也不知道自己当时的力气怎么那样大。那一下，竟像拉过一个空空的纸盒子似的。我的声音颤抖得厉害："潘大年，你做的好事！告诉我，你为什么要害老沈？你，你，你究竟为了什么？！"

潘大年踉踉跄跄地在我面前站定了身子。他从未见过我这样气愤过。他害怕、尴尬、惊慌，我也从未感觉过他胖胖的白脸如此可憎。那双小眼完全是一双叛徒的眼睛。然后他装出一副惭愧、后悔莫及与可怜巴巴的神气，哀求地说："老何，老何，你别急，你听我说。我，我没办法呀，压力太大呀！"

我听了，胸中怒气更是一发而不可遏止。这下子，满身的酒劲全冲上脑袋，我大叫："你，你不是人！"但来时早想好了的骂他的话，此刻却一句也说不出来。我的嘴巴直抖，捏紧的拳头直抖，浑身猛烈地抖动着。

"老何，请你为我想一想，我……我有一家子人呢！"

我朝他的脸"呸"地吐一口唾沫，猛转身，气冲冲地走了。潘大年在后边紧紧追着我，不住地哀恳着："老何，老何，你等等，你等……"

我回头朝他吼一声："你滚开！你要是还想出卖，就连我一同出卖了吧！"

我走着，一个人，直冲冲又跌跌撞撞的。酒意与怒气在我的血管里奔腾冲撞着，浑身仍颤抖不止。眼里流着泪。我也不知道为什么要流泪，任凭它流，也不去抹。走着走着，我又恨起自己来。恨自己没有刚才遇到那两个工人的一股豪气。为什么不抡起胳膊狠狠揍他一顿！

四

又是一个严寒酷烈的严冬，又是大雪纷飞的一天。我来到老沈家。事情已经相隔一年。一年来，我几乎没和老沈见过面。

自从那晚我骂潘大年后回家，当晚心脏病就犯了。心疼如绞，犯得从未这样重，若不是老伴及时给我服了硝酸甘油，恐怕没有今日了。那一阵子我病得厉害，经不起刺激，甚至连人家大声说话都受不住。我一个在福建老家武夷山山沟里务农的儿子赶来，把我接回去养了整整一年。这期间学院曾经派过两人追到福建，向我了解老沈作那幅《斗寒图》时的情况。我说:“梅花刚强不阿，不惧严寒，人所共知，题作‘斗寒’并不足为奇。老沈是借它讴歌革命者的气节吧！”除此，我什么也没说。

幸好这两人比较正直。他们言语间反露出对老沈的同情，并未对我再加细问，就返校了。但没对我透露有关老沈的任何情况。

这使我难以放心得下。在这武夷山蓝色的山窝窝里，时时思念那遥远的难中友人。每日，看着晨岚从谷底升起，听着暮鸦带着一片喧噪声归返山林，或者当那疾疾的春雨浇着屋顶，或者当那经霜而变红的秋叶飘入窗来，我都会无端地联想起老沈来。尤其是一场大雪过后，万籁俱寂，满山遍野一片银白；横斜在山坳里的几株野梅分外娇艳。那鲜红的花儿在清澄凛冽的空气里盛开着，散出幽馨。见此情景，我就更会怀念老沈。心怀忧虑，揣测种种。便独对花柱，默默祈望他安然无事。每每此时，这傲霜斗雪的梅花便是我唯一的慰安。它仿佛捎来信息，告安于我：老沈依然如昨日那样刚强坚毅乐观。为什么梅花会有此神奇的魅力呢？只有请那幅《斗寒图》来作解释吧……

由于老沈这件事，再加上当时在搞“反击右倾翻案风”，人人都感到从未有过的沉重的压抑。整个社会动荡不安，不知道要发生怎样的骤变。家里人都劝我，文艺这行风险太大，不能再干了。我儿子便陪我回校一趟，以病为理由，办理退休手续，就此退出画坛，搬回老家，在这天远地偏、空气纯净的山沟里隐居起来，“弄风吟月归去休”算了。我回到学院，感到气氛比一年前更紧张和沉闷。学院里的“反击右倾翻案风”搞得火热。几位领导人人自危，反没人肯决定我的事。看来一时退休还办不成。我便打算再返回福建去，并且打算连老婆也一同带回去，免得惹是生非。

我向系里同事悄悄打听了老沈的情况。

原来他自“黑画展”开办那天，就被隔离审查。开了无数次批判会，叫他认罪。他不肯。为此，一度学院里传说，赵雄对院领导——主要是对杨主任很不满。认为他缩手缩脚，运动不力，似有包庇沈卓石之嫌。以大家分析，杨主任确实不是心黑手狠的人，对学院的老教师他也有一定的感情，故此对老沈总不肯做得太绝。但他素来胆小怕事，也绝不敢出面为沈卓石鸣冤，哪怕暗中出力也不敢做。后来赵雄竟亲自来到学院参加一次批判大会。会后大字报上沈卓石的名字就全打上了黑叉。过了半个月，老沈就被宣布为“现行反革命分子”而撤去一切职务，调到后勤组监督劳动。他每天做运煤、倒垃圾、清扫校园和打扫厕所等事。范瑛因犯了“包庇沈卓石”的错误，调到食堂卖饭票。潘大年仍留在国画系里做教师。但他不单在教师中，就是在学生中间也已名誉扫地，没人搭理他。上课时，学生们还故意顶撞他，冷言冷语嘲弄他。他终日郁郁寡欢，走路总低着头，好像怕见人。可见他的日子并不好过。

我听到这些情况，尤其是老沈的境况，心里难过极了。在这次返闽之前，说什么也要看看他去。他遭此重难，必然十分需要朋友的温暖与安慰呀！

我敲了敲老沈家的门。一边拍打着帽顶和肩头的雪花。

来开门的是沈大嫂。她一见到我，并不像我想象的那样——总归一年未见，应该感到兴奋。但她显得疲惫、冷淡、无精打采，甚至连一点欢迎的意思都没有。

“老沈在家吗？”我问。

“他……”沈大嫂竟表现得迟疑不决。我猜到老沈在家，她却不想让我见他。

正在这时屋里发出老沈的声音：“请！是老何吧？”

“是，是我呀！老沈！”我叫着。

老沈跑了出来，一把抓住我的胳膊，带着旧友重逢的冲动劲嚷着：“快请进，老何，老何，请进啊！”我俩紧紧握住手。

沈大嫂却在一旁发急地说：“你小声点儿行不行？不怕人家听见吗？”

我明白老沈的处境，朝他摆摆手，示意到屋内再说话。我们进了屋，老沈忙着沏一壶热茶，我俩面对面坐下，互相打量一下。我心里立刻涌起一阵凄然的情感——他瘦了，那件紧身的对襟黑绸面小袄竟显得宽松了。而且他好像一下子苍老了许多。瘦削的脸颊塌陷下去，颧骨更突出，气色发黄，黑黑的眼圈，眼球发红，额顶上又脱落下不少头发；剩下的头发比先前还要凌乱，白发也添多了。一年之间，变化竟如此大，显然他受了不少苦楚与磨难。我再扭头一看，沈大嫂也好像老了许多，屋里灯光又暗，炉火不旺，寒气袭人。四壁光秃秃，一张画也没有，只剩下许多大大小小的钉子眼儿；靠墙那张画案铺一张报纸，上边码着三四十棵大白菜。我一时感触万千，禁不住忽地涌出热泪来。

“怎么，你怎么啦？你身上也有这种没用的液体吗？”

老沈说罢，眼里重新闪出那种矍铄、达观和顽强的光芒。一见这目光，我登时止住泪水，我多么喜欢这种目光，就像黑夜里大风吹不灭的一对灯儿。见了他这目光，似乎知道了他深藏心中的真正的一切。我呢，反而自觉羞惭，抬起手臂抹着眼睛；他呢，开始关切地询问我的病情以及老家的生活情况，可就是不谈他自己。

“你呢？你为什么不谈谈你自己？你当我不知道你目前……”我忍不住问。

“扫厕所吗？”他急切切地截断我的话，却微笑着反问我，“你以为他们这样做就把我治死了？那是蠢人的妄想，可笑哪！”他笑着。但笑得一点也不勉强。

“可是……”我瞧瞧周围黯然而无生气的景象，茫然地说。却只说了这两个字儿就说不下去了。

老沈马上意会到我的想法。他神秘而洋洋自得地一笑，“噢，你以为……”他冲动起来，仿佛要泄露什么天机似的。

沈大嫂忽在一旁插嘴说：“行了，行了。你怀里暖水袋凉了吧！还不换换热水！你不怕胃口疼？才好了几天，又什么都不在乎了？”

老沈起身从怀里掏出那只墨绿色的橡皮水袋，换上热水。我心下明白，沈大嫂是借故阻止他乱说。

“你的老毛病还不见好？”我有意换换话题。

沈大嫂接过话说：“胃疼、血压高、嘴上没闸，三样老毛病，哪样也没好，早晚要他的命！”

老沈有些不耐烦地打个手势阻止她，并说：“得了，你少说两句吧！还不打点酒去？老何远道来看咱们，马上又要走了，你也不知道招待招待人家！”

他俩此刻的心情和想法我都知道。忙推说我有心脏病，医生不准喝酒，叫他们别客气。沈大嫂本来也不想去，好像只有死守在这儿她才放心似的。老沈却非叫她去打酒不可。看样子，他是想支开沈大嫂，和我说几句知心话。沈大嫂拗不过他，便赌气拿了酒壶往外走。临出门，还气哼哼地扔下一句话：“你要是这么活着还嫌不痛快，就乱说吧！瞧，一张画，一个潘大年，把你折腾得还不够受吗？”跟着呼的一声带上门走了。

当时我的确有些尴尬。老沈带着歉意对我说：“你大嫂心里不痛快，你可别介意。我的事真苦了她。多亏我们没孩子，要不孩子也得跟着受罪……”他的声音变得含混不清了。低着头，两只手摆弄着桌上的烟碟。一脑袋花白的乱发对着我。由此，我看到了他心中阴沉的一面。

“是潘大年害苦了你！”我情不自禁地说。

“不！”他摇摇头说，“是他，又并非是他。”

“怎么？这一切难道不都是因为他出卖了你吗？”

“他出卖了我，实际上也出卖了他自己。”

“可是他什么事也没有，你可吃尽苦头了！”

老沈苦笑一下。他笑得那么苦，又那么辛辣。

“你以为他过得还挺好吗？不，出卖灵魂的人的日子是阴暗的。一年来，我常常碰到他，他却不敢看我一眼。我呢？有时我故意眼睛一动不动盯着他，吓得他低着头溜掉了。我反比他光明磊落、比他主动、比他神气！你说怪不怪？！可我是他们‘专政的对象’呀！哎，你说这是阿Q的‘精神胜利法’吗？不，当然不是。这说明我身上还有可以自信的东西，因为邪恶与龌龊的东西实际上是怕我的。至于你说的——我‘苦’吗？也可以说吃尽苦头了。但谁也不会知道，我仍然是幸福的……”

“幸福？”我反问，并迷惑不解了。莫非他真的用“精神胜利法”在麻痹和欺骗自己？他哪里来的幸福。当我抬起困惑的眼睛，却见他那双大眼睛灼灼闪光——那确实是幸福的人眼里才有的亮光。我刚要说出自己的疑问，他就猛地站起身来，一把拉住我，感情冲动地说：“你来，跟我到里屋去！”

他拉着我的手，另一只手掀开挂在里外屋之间小门上的门帘，把我拉进屋，扭开了电灯。这是间不足七平米的小屋。我站在床铺与一面墙壁中间的窄道儿上，四下一看，床上堆着几床被褥，床头柜上放了一只旧马蹄表。墙上遮着一条灰色的粗毛毯，上边用铁环穿挂在一根横在一边的粗铁丝上。大概由于墙壁残破，用它来挡挡凉气。此外什么也没有。

“干什么？”我不明白老沈引我进来做什么。

老沈神秘地笑了笑。弯腰把床头柜打开。呀！里边竟被笔筒、水盂、砚台、色碟塞得满满的。水盂里盛满水，色碟里都是新鲜漂亮的色膏，砚台上汪着黑亮亮的墨汁。我奇怪，老沈往何处挥洒？

我对他的目光是一个问号。

他没说话，叫我靠床边站站。他一手捏住挂在墙上的大灰壁毯往旁边“哗”地一拉。我觉得自己的眼睛立刻像放了光似的亮了起来。一片无垠、坦荡、溢满春色的大地展现在我眼前。暗淡的斗室不存在了，四壁向外迅速推去，一直消失不见。照耀着山野的和煦的春光，仿佛也沐浴在我身上。我痴迷地沉浸在这壮阔而迷人的境界里——似乎在这一感觉之后，我才意识到面前是无比巨大、生气蓬勃地画出来的天地。老沈见我被他的画所感染而激动的神情，他就更加激动了。他忽然脱了鞋，登上床，脚踩着床沿，把这巨幅的画掀起来，跟着又出现另一番景致，另一种然而同样迷人的境界。他一幅幅掀给我看，每幅都有七八尺见方。我无法确切地描述看画时的感受。我只觉得，仿佛嗅到了树林里森郁的气息、万顷麦田上飘浮的清香、花丛中散发出来的诱人的芬芳，我还仿佛听到百鸟的鸣啭、飞湍瀑流的如雷一般的呼吼、大海豪壮的喧嚣和横贯原野的高压线上电流驰过时嗡嗡的低响；还有风、雨、电光，以及炼钢炉前灼人的温度……大自然的美、艺术的力和生活中的蜜汇成一股强劲的热浪向我扑来。我被他的思想、情感和形象征服了，被他的艺术征服了。我几乎忘掉了自己的存在。

老沈一边“哗啦、哗啦”掀动着这一幅幅挺重的大画，一边像孩子做了什么得意的事那样美滋滋地说着：“你瞧，这地方，我用了工艺美术中镶嵌的方法，把原色嵌了上去……哎，你瞧那儿，我把焦黑搞得多稠，叫它产生一种反光的效果。你看可以吗？龚半千也用过这法子呀！你别一言不发，你倒是提提看法呀！”

我抬头看他。他站在床上，从屋顶中央垂下的灯泡就在他脸旁。此刻他的脸颊涨得通红，眼睛里好似闪着一对烁烁闪光的小火苗儿——他简直忘了自己被监改的处境。从这些画里，我看得出他正在研究一种新风格和新技巧；他一直没有放弃对于崭新的艺术语言的追求，朝着自己早已确定的目标探索着——尽管在如此境况中也没有停止。依我的艺术见解，这些画绝对是新颖的、继往开来的、成功的……

“这么大的画，你是怎么画的呢？”我问。并且觉得自己的声调因感动而微微发颤。

他撂下画，告诉我：“我就在墙上画，否则画不开。上边够不到的地方，我就这样画——”他踩着床沿，踮起脚，伸着胳膊动了动手腕，模拟出作画时的动作。然后他跳下床，一边穿好鞋子一边说：“这几幅画是我近一个月画的。这一年，我总共画了四五十幅。你看……”他撩开垂在床帮下的床单叫我看，我低头往里一瞧：里面放着成卷的画，一共四大卷，每卷都有电线杆一般粗。为了防潮，外边都用塑料布裹着，捆上布条或麻绳。

我看着，忽然有一种挺奇怪的感觉，觉得他很像过去在白区工作的地下工作者。这儿就像一个地下印刷所。周围危险四伏，随时都有一旦遭到破获就要遭难的可能。但他却大胆、勤苦、热情地工作着。他白天劳动，这些画肯定都是夜深人静时画的。我再看他的眼睛熬得红红的，正是他不愿意让那些美好的想象只出现在睡梦中，才创造了眼前这画上的一切。那根横在墙壁上端的粗铁丝，被壁毯上的铁环磨得锃亮；只有成百上千次把毯子拉来拉去，才会磨成这样啊！

这是一个多么可怕的现实！一个画家画画，竟像偷偷摸摸、做见不得人的事情一样，竟像犯罪一样！不，老沈肯定不会这样认为。他如此不辞劳苦，不顾安危，难道仅仅是个艺术狂吗？绝不是。如果他不是对正义和光明、对真善美重返人间怀着强烈的渴望和坚定的信念，他画了那么多画藏在床铺下又有何用？忠于信仰的人有时会像傻子那样单纯与认真。他不需要赞美、喝彩、奖赏，也不为威吓所慑服。他默默地做着自己认定该做的事。这才是一个真正的艺术家呢！

我想把这些想法对他说，听听他的意见。他却指指我身后，叫我看另一样东西。我回头一看，只见一幅方形的、非常眼熟的画挂在那里，原来是《斗寒图》！这是我刚才欣赏墙上那些大画时，他悄悄挂在我身后的。没等我开口，他就说："我又画了一幅！"

这一幅画得更好！风雪更加狂暴，梅树更加苍劲，花儿更加饱满艳丽。他用这幅画再一次无声地回答我。这一次，似乎告诉给我更多的东西。我充满赞佩的激情望着他，他却躲开我的目光，带着一种谦卑与自责，诚恳地说："老何，你可不要把我想象成那种刚强而有骨气的人。我被潘大年出卖后，家被重新抄了一次，又被从系里赶出来。那一度，我曾经很消沉……可是后来，我变了。我变得更加振作，浑身都充满力量——这一切，并不是我自己幡然醒悟。是人民给了我温暖和力量，教育和鼓励了我。你不明白吗？"

我摇摇头，表示不明白。因为他孤单一人，没人理他，"人民"这个概念在这里太抽象了。

他没说话。引我从一扇门走出屋子。拐进一个窄小的夹道。大雪还在纷纷扬扬，飘飘而下，地上早积了厚厚的、软绵绵的一层，在脚下咯咯吱吱地发响。

我来到他家的小后院，只有一丈见方。我俩立在院子中间，四下一片白。我刚要问他为何把我带到这空冷的小院里，忽然却见周围昏暗的空间里透出一片暗红色小点点，远远近近，愈看愈清晰、愈鲜艳、愈明亮，原来竟是一片梅花！再一瞧，是许许多多小梅树呢！有的栽在盆里，有的栽在木箱内；还有两株有一人来高，栽在地上。枝干如墨笔勾画的，劲折硬健，虽然压着厚雪，毫无弯曲之态。花儿盛开，无一残败；雪打过后，反而倍加鲜丽。在小院湿冷的空气里，浮动着浓郁的幽香；风儿吹去，香气依然袭人。好像连它的香气也有分量，风吹不去，芳馨永在……

"你看，这些梅花都是人们送给我的。正是那个所谓的'黑画展'之后，很多人却反而悄悄给我送来梅花。大多数人我根本不认识。有的是工人，有的是农民，有的是干部或学生；也有的是从很远的地方送来的。你看栽在地上这两株，已经一年了，入冬以来放的花分外多。有时我画到深夜，感到疲乏，就到这些梅花中间站一站，身上的乏劲儿就会不翼而飞。你想想，为什么我那幅《斗寒图》挨了批，反有那么多人偏偏要给我送梅花来？他们仅仅是因为喜欢我的画吗？不是！究竟为什么，你自己去想吧！你现在明白刚才在屋里我为什么说自己是'幸福'的了吧！因为我不感到孤单，随时都感到我在人民之中。经过这些事，我才真正懂得，我们手中的这个画笔不是消闲遣兴、陶冶情致的工具。它属于人民，为了人民。我从来没有像现在这样珍视它，不论怎样艰难困苦我们都无权丢弃它呢！哎，老何，你怔着干什么？你在想些什么呢？”

我想得可多啦！生活中有时一事一物，会引起你无限的联想，由此而引申出无穷的思想，悟到深邃的哲理，致使你发生意想不到的变化。它像一把钥匙，给你打开一扇长期幽闭着的、几乎快要锈死的门，引你走进一片全然崭新的天地。其实，倒不是这事物本身有着怎样的神奇，它不过调动起你全部的生活感受、认识和经验，使你重新检验一下过去，并从中发现未来应走的道路。就像引线穿珠那样，按照一个新图案把平日积存下来的思想的珠子穿连一起。……我从那天起，不知不觉发生了许多变化。有时冷不丁发觉自己挺可笑，因为常常下意识地模仿起老沈来，甚至连一举一动、说话的腔调和手势都像老沈了。我家中人见了颇觉奇怪。我已年逾半百，不是处在爱模仿的孩提时代，究竟什么力量竟迫使我要返老还童呢？

那天，我在风雪之夜与老沈洒泪而别。临别时，我向他要了一枝梅花带回老家，插在一尊葫芦形的龙泉瓶里。它开了许久才枯谢，此后不久，竟得知老沈去世的噩耗。当时，我在悲恸之中，竟以为这枝梅花的枯萎是他死去的先兆呢！其实不然，老沈是在一个伟大的历史事件之后死去的——他听到“四人帮”完蛋的消息后，独自一人高高兴兴喝了半斤酒，从此长眠不醒了。

这消息对我太突然，又太简单了。因为这是系里一位同事给我来信中提到的。他写得很不详细。而且我得到消息时，老沈已去世一个多月。我不能再发唁电，便给沈大嫂电汇去一百元钱表示安慰。不久，钱被退回，退条上写着“无人收取”。我莫名其妙又不大放心，赶紧给范瑛写了一封信。范瑛很快就回信了。信上说沈大嫂给一个娘家外甥接到北京去了。她还写了一些我所不知道的情况：原来老沈得知“四人帮”垮台的消息，当夜喝了一通宵酒。他边喝边大笑。沈大嫂劝他少喝，他却怎么也控制不住了，醉倒后再没醒来。范瑛闻讯赶去，只见老沈“神态安然如睡，嘴角上带着微笑，此外还有几分辛辣的意味”。通过范瑛这一描述，我一闭眼便能想到他那样子，就像我当场见过一样。

范瑛还告诉我，老沈故去时，“监改”的帽子还没来得及摘下来，却有四五百人自动为他送葬。有学院里的师生，也有校外的干部和工人，多数是业余美术爱好者。据说潘大年也去了。他也落了泪。依我看他的泪水并非没有一点真情，但却没有一个人认为他会真心地伤心难过。

当然，这些事早已过去了。

两年来学院不断来信，对我表示关怀，欢迎我养好病回校任教。这是我多年来没得到过的温暖。虽然我有病在身，但时代已敲起前进的鼓点把我召唤，宛如春天的气息，使老树也要抽枝拔节、绽开新蕾、显露风姿呢！我怎能不赶快操起画笔，在有限的年华里，为渴望已久的新生活、为大有希望的祖国点缀上绚丽的色彩呢？我当即整理行装回学院，并指定我儿子买当天的车票。我儿子说：“早一天晚一天有啥？”

“我还要赶去参观你沈伯伯的画展呢！他虽然不在了。画展却不能误了参观日期。”

“沈伯伯的画你不是早都看过，为啥还要赶去看这个画展呢？”

“你懂什么！我……”我觉得，我怎么说也无法叫孩子们了解我们之间那些经历、那些情感、那些酸甜苦辣。便着起急来，说：“少说废话。我就要当天的票。没有座位，我就站着回去！”

现在，我又站在《斗寒图》面前了，心里默默地说：“老沈，你知道今天的祖国是什么样子吗？你要活着有多好。那么你会是怎样的心情呢？”

《斗寒图》悄无声息，可是我忽然感到，画上的风雪好像骤然停顿，冰峰雪岭正在融化消解。整幅画向四外闪烁出绚丽的光彩，满室五色缤纷……我定睛一瞧，原来是挂满展室四壁的争奇斗艳的图画在交相辉映。再看看这幅画呢——刚劲的枝条好像在多情地摇颤，花儿分外明亮，有如张开的笑眼……

这幅《斗寒图》便第三次无声地回答了我。

1979 年 2 月一稿

1980 年 2 月二稿

雾中人

无处归宿的船儿，最终会在漂泊中沉没。

无处栖息的鸟儿，最终会在盘旋中死掉。

你依傍在哪里？

你生根在何处？

一

莫愁大地被暴雨搅成泥泞，顷刻就被烈日晒干；莫愁冰冻的河面一片死寂，很快就给春风化解。繁花到处盛开，转眼落红满地；林木凋零不久，又是一片醉人的新绿。万物在白日的光亮里赤裸袒露，随即被漫无边际的黑夜遮掩起来。潮汐是大海喘息，气流是天空呼吸，春夏秋冬是大自然一次又一次老死和生还。冥冥中有座巨大而无形的钟，日夜晨昏，兴衰枯荣，是这钟面上的刻度。谁适应这钟的节律，谁就生存下来。否则就会给不停地运行的时针抛下，在无声无息中遭到淘汰。

天地间，有暖风、雨露、清泉、土壤、果实、氧气和紫外线，也有台风、地震、火灾、洪水、虫害和病毒……一种植物绝种，就使另一种动物断食；生存养育着生存，灭绝联系着灭绝。于是宇宙诞生了一种最有适应力的生命——人。

人创造社会，社会却给人出难题。人们愈是识破世界的一切奥秘，世界在这愈来愈多的发现中反而变得更难解释。人类的童年是克服自然，人类的成年是克服社会；大自然渐渐明了，社会渐渐穷于应付。中世纪田园生活那种单纯，是未开化的单纯，有如牧童短笛，属于音乐的孩提时代。孩子们巴望快快长大成人，成年人却怀恋一去不返的童子岁月。人间交流的深入，始知民族、思想、文化、习惯和语言的隔阂，如同鸿沟，纵横交错。物质富足，精神随之更新；哲学的普及，使每个脑袋都成为一个独立的世界。那么世界是混乱还是丰富了？人与人的距离是更远还是更近了？而科学的昌达又带来忧患。人在排除旧障碍的同时，树立新障碍。风车和天花离开地球，电脑和污染降临人世。难怪人们怀旧，幻想回到平静安宁的中世纪，回到朴素的过去，回到单一的昨天。但社会和人一样，都不能返老还童。社会将在日趋复杂、矛盾倍增的状况下前进。当代人的首要任务，是要了解这个变化了的社会和变化了的自己。前提是承认现实，承认存在的一切事物。无论你责怪还是赞同，厌弃还是宽许，推崇还是改革，你必须先把它搞清。那么，你就得心平气和了！

一只钢铁的巨鸟穿云破雾，降下来，亲吻大地。吻声如雷，这是飞机轱辘和坚硬的跑道发出的剧烈的摩擦声响。飞机停稳，一些外国旅客都站起来，鼓掌、画十字、轻轻唱歌，他们习惯这样庆祝平安着陆；中国人感情不外露，只在嘴角浮出一点点难以觉察的笑意。其实，数万里不无危险的空中航程完好地结束，谁心中不溢满轻松和喜悦？尤其对于我，头一次来到这个在世界上独具面貌的国家访问。我还有件心事，是件私事，与这个陌生的国家紧紧联系着。我这个人，一向是把公事撂在私事前头。不知为什么，当我走出沉闷的机舱，迎着潮润而爽神的晨风，脚底刚刚踏上这异国的土地，心里那件私事竟然迫不及待似的蹿出来，它逼我快去做。心情真是种奇妙的东西，有时很难违抗。

二

英国人把我安排在有名的“金拐杖”旅馆下榻。它在车水马龙的河滨大道上，与悠然自得的泰晤士河只隔一条街。旅馆门旁有个精致、锃亮、古色古香的铜牌，标志着这旅馆诞生于遥远的维多利亚时代。在守旧的英国人眼里，似乎历史价值高于一切。

负责接待我的，是位名叫珍妮的英国女郎。她肯定喜好运动，长得健美动人。尤其那一双蓝色、透明的眼睛，像两滴海水。目光明亮锐利，直视我时，简直像是逼视。因此显得精力饱满，聪明强干。在这个强者竞存的世界上，出头露面的都是这种人。但一接触她，即刻感到与她有一种难以消除的距离感，这是否来自于她脸上带着的傲慢神气。为什么？我一时弄不清。她的声音可是悦耳好听，同 BBC 电台的播音员差不多。使我这一口在国内被人艳羡的英语，在这里只能用来应付对话而已。

珍妮小姐把一张事先打印好的访问活动内容安排表给我，又向我交代几句必须知道的事项后，转身就走。外国人办这种事，不像中国人那样无微不至。公事公办，完事再见，只讲礼貌，不会客气。

她一走，我立即从床头柜里取出几本又厚又重的电话号码簿，查到号码，抓起电话拨通，真幸运，接电话的恰好是她本人！难道她一直守在电话机旁等候我吗？不，我虽早在临行前，请她爸爸写信转告她，但她并不知道我抵达的日期。

“你就是简梅小姐吗？请猜一猜我是谁？”我用英语说，为了使她意想不到。但我激动的情绪从自己的声音里都感到了。

“当然知道，但愿没猜错！”她说。一种愉快的声调从电话线里传来。真没想到，她才来一年多，英语说得这样好。

“那你猜猜看？”我仍用英语。

她忽然改用华语：“你为什么不说中国话？怎么，小马克思先生，刚到资本主义国家来就变质了吗？”一听到这口气，使我立刻觉得她一切都没改变：那好斗而伶俐的小嘴，那任性使气、逞强好胜的脾气，那漂亮而含着挑战意味的笑容。一切依旧。我们之间，这种久已习惯并无恶意又互不示弱的雄辩气氛，陡然重现。我当然不客气，马上回敬她一句：“我是怕你把中国话忘了。”

“中国的一切我都没忘。这里的情况你最好别拒绝知道一些，免得蒙面大盗把你绑架了！”

这是我对她说过的一句话，现在她用这话取笑我。我反击她：“绑架我这小马克思有什么用？”

“当然他们不要《资本论》，而要你身上的钱。”

“那正好。我从不吝惜钱，《资本论》还得留着看。”

“算了！《资本论》再好有什么用？反正没钱活不了。在这里你尽可以大讲《资本论》，绝对不会有人干涉。你还可以到海德公园发表演说，到海洛特公墓的马克思墓前献一束花。但你的活动可能没人响应，英国人现在感兴趣的不是马克思，而是查尔斯王子和戴安娜公主的婚礼。说吧，咱们什么时候见？”

“今天行吗？今天我白天没有活动。我就住在‘金拐杖’旅馆。你知道吗？”

“当然知道。但我不能去，我得上班。”

“不能请假？”

“不能。”

“怎么解释‘自由’两个字？”我说，我又发动一次攻势，而且攻得如迅雷不及掩耳。

“用你的话讲：怎么解释‘纪律’，就怎么解释‘自由’。你中午来吧，我请你吃午餐。你在旅馆门口坐9路汽车，坐到牛津街。我的餐馆就在牛津街南面的唐人街上，名叫‘钻石酒楼’，记住了？”

“哟，你万里迢迢出洋，反而在唐人街上谋生，这倒有趣。”

“世界上的事除去没趣的事，就是有趣的事，何必大惊小怪？”

“你有什么没趣的事？”

“不，都很有趣，非常有趣。见面我会告诉你的，看你这位雄辩家怎么饶舌。恐怕你得带来两张嘴巴。一张招架，一张诡辩。好，我等你！”她说到最后，伴着一阵笑声。听她的口气，她多么满足和神气！

“好，我歇一歇就去！”

我还真得有点准备，好应付这位出洋在外、志得意满的女人，她肯定会朝我发起一连串的不断的嘲弄和挑战的。

三

我一钻进汽车，就爬到上边一层。

外国旅游者到了英国，都喜欢坐这种老式的双层汽车的上层，好俯瞰市容和街景。牛津街上几乎没有一间房子不是商店。老板们为了使人们看见自己的商品，干脆把箱子、靴子、帽子、毯子和杂七杂八的东西都挂在门脸外边。尤其那些五色的衣裤随风飘飘，远看像一堆彩旗。整条大街成千上万种商品连成一气，使人感到自己腰包再鼓也是极其有限的。它的确能满足人们的物质要求。我忽然想到，简梅临出国时，我们在她家门口那次不愉快的辩论——

“你以为我出国，只为了吃好穿好？”她说。

“此外还有什么？我缺乏你的想象力。”

“我要这里没有的。”

“这里有的，你不一定都看见了。”我说。

“算了吧！伟大的爱国主义者，你就死守在中国吧！中国人口过剩，不缺我一个。再说，我认为，地球是属于全人类的。谁喜欢哪里，谁就去哪里。国家的形成是历史的错误。随着人类进化，它不应当再限制人活动的自由。”

“我却深信，哪个社会也不见得使人一切都心满意足。小心蒙面大盗把你绑架了。”

“别吓唬人！死亡威胁过我，我早已经不怕它了。如果真有什么蒙面大盗，拦路抢劫，我倒想亲自去试一试被抢劫是什么滋味。吃辣椒总比喝白开水有味。噢，你原来是个小马克思呵，真没想到。”她说着用鼻音发出几声短促的笑。她称我“小马克思”就是从这次开始的。

这当然是一种嘲讽。

“我从来没说过，我不是马克思主义者！”我说。我略略有点动气。

“我承认，马克思主义者经常打败它的对手。但马克思主义者们也常常吃自己的亏，哈哈哈……”她故意用笑刺激我，加重她的话的讥讽意味。

“有什么好笑？马克思主义者一边与对手较量，一边不断清除自己的冒牌货。马克思主义的斗争内容之一，就是辨别真假。”

“行了！如今世界上各种马克思主义已经有几十种。自己身边多得更数不过来。就让历史把这个‘责无旁贷’的区别真假的重任放在你肩上吧！我没这种能耐，还是走了好，免得‘假’的出来，我又得吃苦受罪，上当受骗。还总得擦亮眼睛，再擦两次，眼膜就得给擦破了！”

于是，她那涂了口红的薄薄小嘴，像机关枪一样朝我开火。好像我是她多年来坎坷生涯和不幸遭际的全部根由。人间任何一件事，都不止于一个道理，说服人并不容易。何况她的道理并非完全荒谬。可是出于我俩之间的习惯，在斗嘴时谁也不能退却，我就进攻她的薄弱处：“你选中一个比你大十五岁，只认识一个月的人，做你丈夫，不过是为了嫁给他，可以把你带出国罢了。你对自己负责吗？”

“生活教给我：无论什么事，都得走着瞧。好坏靠运气，谁也不能预卜。”

“但你的运气全押在这个仅仅认识一个月的男人身上了。”

“你认为是种冒险，或是牺牲？”

“是的。如果说冒险，是实实在在的；如果说代价，未免太大了！”

“世界上的事都得有代价。”

“如果你们不合适？”

“离婚好了！”她说得十分轻松，好像说一个空酒瓶和废报纸什么的。

“离婚？你把它看得这样轻而易举？”

她哈哈大笑，“你这位‘解放派’竟然这么害怕离婚？你连个人的私事都没有胆量去碰，还敢去什么‘干预生活’？”

我没说话。因为我清楚地意识到说什么也没用。由她去吧！我想。这是我们在国内最后一次谈话。我们之间这种谈话，她向来是不占上风就难以结束的。这次我有意让她占一点上风，算是为她送行。送行总是要给人一些快乐、祝福和安慰的。

她就是带着这些顽固又奇特的想法，跟着那男人走了。

我知道，她先到香港，随后又随那男人来到这里。她没有离婚，据她爸爸说，她生活得相当如意。我只想亲眼一见罢了。

我一走进索霍区的唐人街道，立时有种异样的感觉。这里很像四十年代上海的霞飞路和天津的劝业场一带，只是更加破旧和灰暗。不知是这些旧楼维持着这里的人生存，还是在这里谋生的人维持着这些破房子的存在。只是林立的买卖招牌上写的都是中国字，注着英文。街上的人大多是黑头发黄皮肤的华人，比起牛津街上来来往往、高大精壮、面泛血色、大步流星的欧洲人，完全两样。他们是从哪儿来的？香港？台湾？东南亚？美国？来旅游还是久居此地？为什么在伦敦大街上很少见到一个，却都聚在这狭小又无趣的街上？来买他们自己用惯了和看惯了的东西吗？不，这些专卖中国物品的店铺，都是为外国人开设的。这些算盘、毛笔、宫灯、筷子、纸扇、铜佛和龙头拐杖呢，不过为了满足异国人的猎奇。他们又为何而来……忽然，我这个远离故国才仅仅一天的人，好像失鸟飞回故林一般，一种亲切、熟悉、谐调、难舍难分的感觉，好像一团热气扑在我身上，使我陡然被感动了。哪来这种感觉？这些招牌上的中国字？大街上走来走去的人们所说的家乡话？他们那些熟悉的举止与神情？我想，炎黄子孙本色难移，肯定会万世不竭的！他们即使在地球的背面，在异国的闹市街头，也要顽强地开辟出一块使自己情感有寄托、心里有慰藉的地界……简梅也是为此之故，才来这里谋生吗？不知道。

“请问，钻石酒楼在哪儿？噢！对不起。”

我刚问一位路人，已然看见招牌。招牌极大，下边只有一个小门。但伦敦的铺子大多像牛魔王的肚子，口小肚膛大。外面只有一扇门，里边却上三层，下两层，多少英镑也填不满。

这是扇落地的无框的玻璃门。玻璃反光，如同不透明的一样。我才要推门，门儿自己开了，原来里边有位专管开门关门、迎送客人的侍者。

"简梅小姐在吗？"

侍者朝我微微笑一下，扭头用广东话叫一声。

简梅从里边的高台阶上轻快地走下来。她好像一直站在那里，就等着一声招呼。她一出现就使我一惊！她真是大变了样子，修长的身材穿着一条极合体的白软缎旗袍，下端绣着几枝花苞繁盛的银梅，又鼓又亮，好像金属的。外面披一件宽松又鲜艳照眼的大红毛衣。长长、打卷儿的头发自然地披落下来。我从来没见过她的头发这样黑、这样好。白旗袍、红毛衣、黑发，加上雪白的脸儿、红唇、黑黑的眉毛和眸子；红、白、黑，分明又夺目，的确漂亮极了。她身后还跟着两个矮粗的男侍者，好像什么贵妇人在夜总会出场露面时那种气派。就在我俩见面的一瞬，她对我流露出的惊奇的目光似乎感到很得意。我却立刻后悔了，我应当装得不以为然才是。

她请我在兼做起坐间的走廊的沙发上坐下来，问我想喝点什么。"啤酒吧！"我说。

她从酒柜上端来两杯，给我一杯，她自己一杯。

"怎么样？"她问我。

"你很适合穿红的。"我说。不知我为什么这样说。

她更高兴。可能为此，她没有像往常那样，一见面就和我斗嘴。

"我爸爸好吗？"

"很好！"

"我弟弟呢？"

"大概也挺好吧！我出国前没来得及去你家，只和你爸爸通过一个电话。"

"你夫人呢？"

"还好！"

"嘿，都是好。好不能概括一切，好中间有各种各样的区别，这些回头再谈吧！我先领你参观一下我们的餐馆！"

她兴致勃勃陪我上上下下转了一圈，看了整座餐馆：楼下右侧是酒吧间，左侧是餐厅，楼上是专供包饭的单间。侍者都是华人。矮粗，长发，穿西服，说广东话，互相长得很相像。黑西服的领口露出雪白的衬衫，上面好像粘着一个蝴蝶形的黑领花。我总觉得他们像什么，后来想到了相像物就暗自笑了：像一群肥壮的企鹅！

餐馆格局小巧，家具和陈设都是中国式的，餐具是碗筷，典型的中国餐馆。新奇的是，整座楼所有屋顶都吊着横斜穿插的干树枝，上面扎着绢制的红白梅花。

"这儿应当叫作'梅花酒楼'。"我说。

"这是老板特意为我装上的，因为我叫简梅——"她说着指指自己的旗袍，"这也是老板专为我定制的，你看，上边也绣了梅花。"她用受人恩宠、洋洋自得的口气说话。

"看来，老板待你很不一般。"

"当然了！他是以每周三百镑的佣金请我来当领班。原先我在东华餐馆当领班，一离开那里，那里顿时少赚一半钱。东华餐馆的老板再花大价钱请我去，我反而不去了。"

"你真行。是因为你漂亮，还是能干？"

"两样都有，你说呢？"

"我想说的，你都说了。"

说着，我们又回到走廊的沙发上坐下。跟着就来了一个侍者，给我们送来两杯热咖啡，一个奶罐和一个糖缸。简梅下意识地搓着两只雪白细长、涂了银色指甲油的手，并没有搭理这侍者。我对侍者说一声：“谢谢！”这侍者先是莫名其妙地一怔，随即表现出受宠若惊的样子，朝我一连深深点了几下头才走去。

简梅说：“你为什么谢谢他？你来吃饭喝茶，得付钱，他赚了钱，就得谢谢你。这儿可不像国内——你对服务员点头哈腰，他不高兴搭理你，照旧不搭理你。那种服务员要是到这里来混日子，保准不出三个月就得饿死在泰晤士河边。要不就得学会笑。怎么？你笑什么？这也是资本主义的腐朽性吗？”

我又笑一笑，说：“我谢谢他，因为我是你的朋友，他是你的同事。”

“去他的！这些家伙都是在香港混不下去，才跑到这儿混日子来。我刚到香港，他们叫我‘大陆崽’，瞧不起我！可到了这儿他们就神气不起来了。我现在是领班，管他们，都得听我的。哼！我要是想拿他们泄泄气、开开心时，就叫他们‘香港崽’，气他们！香港算个屁！不过是中国的一个脚指头，还是最小的一个。”

“哟，你居然也有‘伟大的爱国主义者’的情感了？”

她描过的黑眉毛一挑。显然由于意气用事，缺乏防备，失口叫我抓住什么，她一时反不过嘴来，马上换句话说：“十一点半了。我去找一个人替我顶班，咱们吃饭去！”她站起来。旗袍和高跟鞋使她显得挺高。

“老板不会扣你薪金？”

“你来之前，他到俱乐部赌钱去了，一赌就得到半夜。他走了，我当家。现在客人不多，只有几个‘鬼佬’。懂得什么叫‘鬼佬’吗？香港人把外国人都叫作‘鬼佬’。你等一下，我马上就来。”

她进去一会儿再出来时，换了一身黑衣服，黑外衣，黑裙子，黑靴子，黑色挎包。黑头发反而不显了，白脸红唇却更突出。

“走！”她说。

我们走出去。

在路上，她问我：“我穿这身黑衣服好吗？”

“嗯？嗯。似乎不如红的。”

她没说话。她高高的硬鞋跟，快步走起来，像小马驹走过那样“嘚嘚”地响。

“我们到哪儿吃饭？不如到我们旅馆去，吃完还可以聊聊天。”

简梅淡淡一笑，好像我轻看了她。她立即领我走进一家中国餐馆。刚坐下，立即有一位年轻而瘦削的男人走过来，用广东话殷勤地同简梅说话，我不大懂广东话，大概他们在说笑打趣。这男人掏出烟来请我们吸，还微笑着对我说一句话，我听不明白。简梅说：“他说‘叹番支’，粤语，意思是‘请享受一支烟’。”

我马上向这男人表示谢意，说明我不会吸烟。简梅拿一支叼在嘴上。这男人马上掏出打火机，“哒”地打着火给简梅点上烟。动作熟练，表明他老于此道。但从她吸烟吐烟的样子上看，分明是个新手，却尽量装得老练自如。她一边把只吸入口中的烟，像吹气儿那样吐出来，一边以一种漫不经心、略显大气的态度与这男人交谈。随后点了菜，都是清淡的广东小吃。

“看来你经常到这儿吃饭。你和侍者好熟。”

简梅笑了，“这哪里是侍者，是老板。”

“老板！”

“你印象中的老板大概都是饱食终日、坐享其成的了？对不起，你那些千古不变的概念，还得根据变化了的现实修改一下呢！如今这里的劳资关系不同以往。这种小老板，不带头干活，雇佣的人就不给他卖力气。这老板姓陈，九龙人，在这条街上开了三家餐馆，他整天得三家餐馆轮流跑，迎客送客，端酒端菜，你看他那双腿都跑成细棍儿了……”

我刚要笑又赶紧止住。陈老板亲自端来酒菜，还笑嘻嘻地把一张印着银字的红纸名片给我，请我指教。这时，一个客人吃过饭走了。他转身跑上去，说客气话，鞠躬致谢，一直送出大门，此后再没进来，大概又跑到另一家餐馆应酬去了。简梅对我说：“你尽管吃饱。我在这里吃饭，向来不花钱。”

“噢？你好大能耐！”

“能耐？谁没能耐？”她向热鸡汤里的馄饨轻轻吹了两口气，抬起她漂亮而神气十足的脸儿说，“只不过这儿一切都得靠自己，自己靠自己。不像国内，可以靠老子，靠领导，靠谁也砸不碎的金饭碗；干不干，都吃饭。”

“你在四万里之外，还在批评自己的国家。”

“批评自己国家的人，并非不爱惜自己的国家。批评不是咒骂，颂扬也不见得是热爱。批评现在，正是为了将来。”

“真没想到，你居然有这些可爱的想法。”

“想法是想法。想法可爱不见得有用，最后还是空的。因此我什么想法都有，哪种想法有用，我就哪样想。”

“你刚刚这个想法呢？”

“为了说给你听。你是经过训练的——专喜欢听没用的好话和大话。”她说着，嘴巴已经停住咀嚼东西，唇枪舌剑和我干起来。

"咱们把斗嘴的嗜好，放在饭后好吗？"

她笑嘻嘻地闭住嘴。每次争辩，总要让她说完最后一句才好结束。我们吃饭。吃饱后扬长而去，没有侍者来送账单。

"你吃饭真可以不花钱？"

"至少在唐人街是这样。"

"好牛气！请问，这些餐馆都是依仗你的力量才开张的？"

"不，靠我们老板。"

"你的老板是地头蛇？"

她令人莫解地笑一笑说："差不多。"然后把话锋一转，"地头蛇并不只这里才有！"

我们说着，不知不觉走出索霍区，一片喧闹的闹市声笃地把我包围起来；繁华的牛津街重新光彩灿烂地展露面前。简梅立即明显地兴奋起来，她陪我走串一家家店铺，从那些小型、单间、热热闹闹的纪念品商店，古色古香的古董店，珠光宝气的首饰店，浓香扑鼻的花店，酒店，瓷器店，灯具店，汽车商店到超级百货商场。简梅不等我在一处看仔细，就急着把我拉进另一家店铺。她仿佛要把这一切都塞进我的眼眶里，一边向我解释：这是无人洗衣店，这是带电脑的冰箱，这是歌星爱迪·维廉姆斯的唱片，这是电子赌具，这就是代替主人照管商品的监看电视……说话的语气常常能区别人之间的位置，听她的语气，我像是从山沟里初入城市的乡巴佬，她却像这个富有的城市的当然主人。她以一种令我反感的炫耀神气说："这里应有尽有。"

"不见得。"我说。我又到了反攻时刻。

"没有故宫、长城、莫高窟。对吧？"

“只要它还在你心里就好。”

“可惜那只能代表过去。”

“不，同样代表现在和将来。”

“将来我不知道。现在是现代社会，你随我来——”

她一拉我胳膊，走进一家商店，一个令人眼花缭乱的小天地。四边全是五颜六色、摇金晃银的东西，又被屋角投来的转来转去的光束照得如同梦幻的影像，细看原来是各式各样、垂挂着彩色绒线球儿的衣裤。室内用最大的、几乎不能令人忍受的音量，播放着节奏异常强烈、旋律近似疯狂的现代音乐；店内的顾客和职员却置若罔闻，大都随着音乐轻松地跳着现代舞。我听说西方有种商店，店员耳朵里塞着棉花团，大概就是这种商店吧！我一扭头，一个高高的英国青年的模样使我觉得好笑。他的头顶两边剃光，颇似当年红卫兵们创造的“阴阳头”。只不过那是强迫的，这是自愿的。新奇的是，他的头顶中间留了一长条头发，不知用什么办法把头发搞得竖起来，好像一排二尺长的黑色的细针。这使我想起古代印第安人的武士。他是在头发中夹了钢丝还是用树脂凝结起来的？我想走近看个明白，但音乐发展到高潮，撕扯我的神经，我简直一刻也待不住了。简梅为了使我听见她的话，冲我耳朵喊着说：“这是新潮商店。这里的衣服才是世界上最时髦的衣服。那人的发型也是最新式的。这里播放的音乐叫作‘嗳’乐，最现代的。你听得见我的话吗？”

我转身拔步走出商店。简梅跟出来，“你害怕了？”

“耳朵受不了。”

“马克思主义者不是无所畏惧的吗？”

“勇士也会厌恶某些东西。”我回答她。

“马克思反对新潮吗？”

“他没见过这种东西。他见了也会反对。”

“这是你替马克思说的吧！”她嘲弄地说。

“你当真不同意马克思？”

“我不懂马克思主义。但我反感借用马克思的名义的实用主义者。”

“这话太笼统。”

“太细说不清。再说马克思与我无关。现在与我最有关系的是——”简梅微蹙眉头思索着说。可是她忽然眼睛一亮，表情笑逐颜开，“是这个。请你站在这里等一下。”她推开一扇玻璃门走进去，不知什么事使她心血来潮。

我抬头看看门楣上的招牌，是一家赌马的小店铺，我也推门进去。迎面柜台上悬挂着的大型电视屏幕上亮出各匹马和骑手的名字，还有赌价。几个男人，一边吸烟，一边填写单子，谁也不与谁交谈。赌博是斗法，和政治一样。简梅面对电视屏幕思索的当儿，无意中扭头看见我站在一旁，立即笑道：“我可能交上好运了。”

她从店铺职员手里要两张单子，填写好，付了钱，朝我摇了摇单据存底，喜气洋洋地说：“瞧吧！后天我就会赚一大笔。上次我赌了一匹纯种的英国黑马，一下子赚了二百镑。”

“如果输了呢？”

“那就自认倒霉。运气有好有坏，你既然掌握不了它，就得靠它。”

我们站在街头。

“我得回去了。晚上英国文化艺术委员会为我举办一个小型酒会。我得回去洗洗弄弄，准备一下。这里还有什么新鲜玩意儿，找一天空闲，你再陪我见识见识。”

“一定奉陪。不过你总得来我家玩玩。我还得托你带些东西回去给我家。”她把披在肩上的头发甩向背后说，“后天行吗？我歇班，你来我家。”

我掏出珍妮小姐给我的活动安排时间表看了看说：“后天下午吧！你家在哪儿？”

“这上边有我的地址。”她掏出一张名片给我，颇有某家大公司经理的派头，“你还坐 9 路汽车，多坐两站就行了，不用换车。”

“好，后天下午，一言为定。”

“我送你回去！”简梅说。她站在路边一招手，在大街上跑来跑去的黑色出租小车中，立即有一辆机灵地拐一个弯儿，停在我们跟前。我们上了车。在车里，我问她：“我后天能够见到你的先生了吧？”

“不能。”

“为什么？”

“你见不到他。”

“他在哪儿？”

“伦敦。就在这里。”

“怎么，他病了？”

“不，他好着呢，大概正在和什么女人睡觉……”她咯咯地笑。但这绝不是一句玩笑话！

我听了不禁一惊。幸好没使一句莽撞的话脱口而出：“他把你——”

“甩了吗？”简梅接过话反问我。倒比我更痛快、更直截了当，并且不当作一回事儿。笑容虽然还在她脸上，她却认真地说：“是的。不过在这里，夫妻不合适而分开，叫作‘分居’，没有‘甩了’这个词儿。那是男尊女卑观念的专用词。一片叶子从树上掉下来。你说是叶子拒绝了树，还是树把叶子丢弃了？”

“那，那要看你怎么理解。”

“我活得不是很好吗？”

“独身？”

“谁都是单独的。难道你和谁连着？”她说。她一直微笑着，笑得自然、随意、开心。

“你不是开玩笑吧。”

“正常的事，没有玩笑内容。”她为了表示不是玩笑，收敛了笑容。雪白的脸十分平静。

比她大十五岁而和她仅仅认识了一个月的男人，迟早会甩掉她。我早就料到。

我痴呆呆看着她，不知该说什么。车停了，已经到达我的旅馆门口。

“你该下车了，作家。否则司机要我多付钱了。”

“唔！”我木然地下了车。

“再见！”她微笑着朝我一摆手，“啪”地关上车门。汽车一溜烟儿地开走了。从车子的后窗看见她的背影，黑衣黑发，很快就同飞速而去的黑色汽车混在一起了。

四

金拐杖旅馆非常舒适。

深红色的地毯、床罩和粗呢椅面，使人感到沉静。红，并非仅仅给人以火热，也含着镇定。

我洗了一个热水澡，躺在松软的床上，懒洋洋地伸一下胳膊大腿，真要好好睡一大觉，把几十个小时以来旅程和活动中积累在身上的疲劳排除掉，蓄足精力，好应付下边一连串紧张繁忙的访问。

不知什么原因，我脑袋挨上枕头，精神反而抖擞起来，睡意一扫而空。怎么？我并没有换地方睡不着觉的毛病呵！由于时差吗？记得，在北京上飞机之前，有个朋友要我在肚脐上贴一块伤湿止痛膏，据说可以消除时差反应，我这样做了，看来不管用，就把那块还紧巴巴贴在肚皮上的膏药扯下来。然后打开电视解闷，屏幕显现出一部正在播放中的电影，题材是当今西方最流行的，即性解放造成家庭解体，最后致使孩子到处流浪，老年孤居寡伴。一个老鳏夫用这么一句话倾诉衷肠：“你以为我脸上笑，心里就轻松吗？人世间还有什么比孤独更可怕？”

这话使我一下子联想到简梅。她是我睡不着觉的原因吗？

她的生活真像她告诉我的那样快活？整天串饭店、迎客送客，与老板们斗智，梳妆打扮，逛商店，赌钱——这就是她的生活内容。但生活是否幸福，不在于别人怎么看，而在于本人怎么理解。这种生活她很满足吗？那个比她大十五岁的男人终于像扔掉一个废烟头似的抛掉她，她真不当作一回事？化解开这些厄运和不幸，是她坚强的个性还是消沉灰色的心理？一个年纪三十岁左右的女人，在这个人情淡漠又充满陌生的世界里，竟活得像鸽子那样开心，简直不可想象！她又为什么不回去？她的希望在这里吗？生活的希望比现实更具有吸引力。不，不！简梅告诉过我，现实比希望更有力。人活在实实在在的现实中，不是活在梦幻般的希望里。只有傻瓜才不讲实际，只要实际的人就没苦恼？

我隐隐有些不安。虽然我说不出任何具体的东西，却总感觉她得意扬扬地炫耀富足，有点强撑门面的意味。尤其她的笑容后边，总像藏着什么令人担心的东西。我从来不认为笑就是快乐和幸福。人生中的笑，大部分只是一种表示。如果说敷衍的、假装的、勉强的笑是树上无数的叶子，那么真正舒心的笑不过是这树上有限的几个花朵。在我和她接触的十多年中，她一次比一次难以理解，这一次简直叫我摸不着头脑了。此刻，不知由于心里的莫名的担忧心情，还是一种捉摸不定的异样感触，促使我把深埋在记忆里的一本有声有色的旧相册打开——

记忆是个筛子。该留下的都留下，该漏去的都漏去。

我自然忘不了，最初认识她时，她只有十四岁；我二十四岁，刚刚从中国人民大学新闻系毕业不久，作为《光明日报》的记者去访问她。那时我挺神气，总爱穿一件风衣，没有风也立起衣领，见了人就掏出记者证。虚荣心谁没有？现在想起来真好笑。

她是这一年（一九六四年）全国青少年钢琴比赛的一等奖的获

得者。她爸爸是音乐学院的副院长，妈妈是这个学院的钢琴教师和有名的演奏家。简梅是个幸运儿，少有的天赋得到了最恰当和最充足的滋养。

那次见面，真是一闭眼，就能出现的一个光洁透亮、色彩鲜丽的画面。东交民巷。大树冠盖的宁静小路。一扇墨绿色的小铁门，洁净的铺石板的小院，一幢两层小楼，走廊，楼梯……然后是一大间向阳的屋子。屋里，细白的纱帘，窗外的绿枝，桌上的瓶花；阳光把这些东西的影子都投在一架斜放着的、漆得锃亮的黑色大三角钢琴上。简梅坐在琴前。这个身材修长的姑娘穿一条淡蓝色的连衣裙，长长而黑亮的头发梳成凤尾式，上边是鲜蓝色的丝带扎一个蝴蝶结，下边的裙带也在后腰上扎成一个蝴蝶结。她最动人的还是那张雪白而漂亮的小脸儿。

她为我演奏《热情奏鸣曲》。妈妈爸爸站在琴旁，一会儿看看简梅，一会儿看看我，表情是欢喜和紧张的，好像他们自己在应考一样。简梅的手很大，不费力就够上八度，可是琴音一响，我就不再为她的天赋条件和娴熟的技巧而惊叹，我感到有一股感情的激流倾注琴上，她的演奏便开始了。我不是音乐行家，却是一个入迷的爱好者。我几乎想不到着意去欣赏，就给卷进音响的旋涡中去了。还觉得这旋涡中有股内在的、充沛的、难以摆脱的带动力。感动都是没准备的，而任何天赋首先都是感人的。我正在激动不已的当儿，曲子已经结束，她没站起身，腰儿一转，面对着我。表情有种大人样的严肃，与她的年龄极不相合，这是由于紧张吗？

“你想成为一名钢琴家吗？”

“是的。不然我弹琴做什么？”她说。小嘴很利索。

她的回答使我一怔。看来她毫不紧张，也绝不是一个腼腆羞怯的姑娘。

“你妈妈弹得很好吗？”

“很好。我要很快超过她。”

“胡说。”爸爸在一旁说，“骄傲会成为障碍。”训斥的口气中透出明显的宽许和娇爱。

“不是骄傲，是自信。”简梅的小嘴一努说。她又似乎比她的年龄小得多。

这是那次谈话中我记得最清楚的几句。她说话随便，表明她在家中的地位——父母的掌上明珠。而一个人的性格，首先表现在她的说话上。当然从一个未成年的孩子的话里，又很难看到她的将来。她对世界和生活知道得太少了。钢琴、妈妈、爸爸、贝多芬、学校、音乐会和裙子……大概只有这些。而这些只不过是世界上的几个微不足道的细胞而已。世界上还有一双摆布人命运的巨手，一张吞食人的嘴！一个呼唤人早起的太阳和催人休憩的星夜，还有千千万万个机遇、机缘、机会，许多转折和十字路口，许多险滩和暗礁，许多陡坡和高峰……

我把这次采访写成一篇报道，叫作《键盘上的希望》，刊在《光明日报》上。为此，只要她去参加演出，她爸爸准寄票给我。我很忙，采访工作迫使我全国各地奔跑，她的大部分演出我都给错过了。但我只要再沾上有关音乐的事，准要想起她来。她是属于音乐的？她的确是音乐的一个希望。

但是，希望仅仅是一种可能，千万种可能中的一种。不能依赖于它。

一九六七年的秋天。在别人的眼里，我像一只丧家犬。由于父亲的历史问题，我的家被搞得粉碎。全家人给轰到一间窄小的屋子里，等待父亲问题结案而发落。人为什么会感到命运的存在？因为你有时必须听候它来安排。这期间我的记者证被报社收回。在收发组管理每天来来往往的大宗邮件的收发。记者的视线应当四面八方，我的目光却只能停在各种邮件的封皮上。当外界的压力不断朝我逼来，使我只能考虑个人的出路，心情低落得很。虽然年纪不算小，却无伴侣。没人愿意跳进我所陷入的灾难的坑底，我更不想拉着别人一头栽进来，陪我受难。幸亏我爱读书，家中受劫之后残留的书便成了我最亲密的伙伴，它填满我打发不掉、无所事事的空虚时光，给我知识、经验和同情，宽解和抚慰我的痛苦，却不向我讨取半点代价和报酬。因此我想，我将来是否也写书，帮助那些我从未见过的人们，化苦楚为甜蜜，变颓丧为力量？当然这想法在当时只是一种空妄。

那天，我沙沙踩着满地干卷、焦黄、又脆又薄的槐树叶子，在街上漫无目的地溜达。一扇出现在面前的墨绿色的铁皮小门，唤起我的记忆——简梅的家！一九六六年是中国当代史的一条分界线，过去的一切恍如隔世。如今这小铁门也沾上了时代色彩——残留的大字报翘起的纸角，在凉飕飕的秋风里轻轻颤抖。由此我猜想到，不久之前，这一家肯定也卷入时代狂潮的中心了。我受怀旧情绪所驱使，推开她家这小铁门。

依旧是那两层小楼，楼下的房门贴满封条。我头次来采访那房间不是在楼上吗？对，在楼上！我上楼，一边问：“有人吗？”

没人应答。

楼上一扇门没关严，留一条缝，屋里的光从这条缝隙透到幽暗的走廊上。这就是简梅弹琴那间屋子吗？是的，是这间。“可以进来吗——”我问。

仍没人回答。

我轻轻推开门。

屋里很静，但一切变得面目全非。三张去掉床架的垫子落地放着，成了地铺，铺上没人。四周没有一件家具，连一张小板凳也没有。地上铺了许多张大大小小的牛皮纸和草板纸，上边放着水杯、饭锅、碗筷、烟碟、瓶瓶罐罐和几个小包袱，像难民的住房。奇怪的是，那架大三角钢琴依旧摆在原处，使我想起广岛给原子弹轰炸过后，爆炸中心不可想象地耸立着一根电线杆，那是奇迹，这也是一个奇迹！大概由于在当时钢琴毫无用途，又不好搬动，临时存放在这里。琴盖交叉贴着两条大封条，封条上写着“东城红卫兵”的字样。比上锁更难打开，我呆呆望着这个被囚禁的音响世界，幻想小简梅当年演奏《热情奏鸣曲》的景象。回忆使我一阵痴迷。忽然发现，在钢琴一侧的阴影里，还有一个人！一个身材修长的姑娘坐在放倒的破木箱上，脑袋斜靠着钢琴，默默而直怔怔地望着我。从这苍白、淡漠而依旧漂亮的脸上，我一眼认出是简梅。

“你在家……”我说。

她没有马上回答，停了一瞬，直起身子，抬手指指地上的床垫说：“坐吧！”看她这平淡的神气，她大概把我忘了。

我坐下来说：“你还认得我吗？我是——”

“方记者。”她说。她分明记得我，但没有半分热情。

我不怨她。屋里的一切，就是她此刻的心境吧！

“你来采访什么？”她问我。脸上无表情，声音更单调。

“我已经不是记者了。我路过这里，想到你们，来看看，你爸爸妈妈好吗？”

在钢琴的阴影里，她的脸显得十分苍白，嘴唇也隐隐发白。她说：“我爸爸现在是我的敌人。妈妈已经和这伟大的时代绝缘了。我呢？活着就很不错了……”她苦笑一下，笑里含着浓郁的苦涩和辛辣的嘲弄。

听了她的话，我就不好再问了。我想扭转话题，无意间一眼瞧见了钢琴，大概是给一种同情心促使吧，我说了一句完全没有经过思索的话：“你与钢琴也绝缘了吧！”

她听了，脸色一沉，黑眉毛像受惊小燕的翅膀一抖，猛地站起来，把木箱放在琴前坐下，双手将琴盖向上用力一推，哗的一声，琴盖带着封条掀开，封条断了！迷人的黑白分明的亮闪闪的大键盘横在她面前。她陡然把双手抬到肩上，然后像两只鹰疾落键盘上。沉寂的空间突然响起一个熟悉的、强壮的、震撼人心的旋律。这个上世纪的、历久不竭的声音闯进我们的生活中来——贝多芬《第九交响乐》第四乐章“欢乐颂”的旋律。

我只能看到她的背影：剪短的头发、发白的蓝布褂子、瘦溜溜的肩膀，此刻却显示出一副真正的英雄的气概！她一下子把音乐中内涵的深沉磅礴的激情、苦海求生的欲望、壮阔的境界、对严峻的现实压抑之下那些美、真诚、善良和谅解的痛苦而勇敢的追求，全都表达出来，抛洒出来，呼喊出来！音乐是对世界的呼喊。此时此刻，再没有一支曲子能够这样痛快地为她——也为我——呼喊一声了。它猛烈地捶响我的心，唤起我收藏心底的那一切美好的东西。世事丑恶，然而我们心里有着怎样宽厚、宏大和慷慨的爱呵！我的泪水流下来，同时感到这姑娘突然长大起来。她像成人一样成熟了。

是的——

幸福使人长久幼稚，苦难使人很快成熟。

这是音乐最强烈的一次感动我。以后我还想这样重新被感动一次，但无论怎样去听《第九交响乐》，再没有那种令人战栗的感受了。

就在这当儿，门儿“啪”地开了，一个男人撞进来，是简梅的爸爸，他穿一身破旧衣服，面容憔悴，好像老了许多。他看见我，立即认出我，但只朝我点一下头，就朝简梅冲去，抓着她的肩膀，使劲地摇，制止她弹下去，一边急啾啾地叫着：“你撕开封条！弹贝多芬！你，你难道不想叫我活了？”

她回过头来，满脸斑斑泪痕。这泪痕顿时使她爸爸冷静下来。他们好像很容易互相理解。

她站起身，离开钢琴走到床前，面朝着窗外站着。窗外一片蓝蓝的秋天，脱叶后的杨树，把粗长挺劲、银白发亮的枝丫伸上去，疏疏落落地舒展开。一群黑色小雀在上边又喊又叫。

小黑雀在线条般的枝条上，好像乐谱上的音符。大自然不管人间发生什么事，照旧演奏它的乐章。如果我是一只小鸟多好，我想——那时我经常发出这种渴望变成动物或植物的奇想。

这时她爸爸已经关上琴盖，从饭锅里取出几颗饭粒，细心把扯断的封条粘好。他猫着腰，垂下额前花白的头发，动作小心翼翼，模样可怜巴巴，他被这世界吓破了胆！

我觉得自己站在屋里有些尴尬，就告辞而去。她爸爸送我到走廊上，简梅却始终面朝窗外，没有回头。她是不是正在落泪而不愿意叫我看见？

过不久，我又经过她家时，门口挂一个小牌，漆成白色的小牌竖写着一行红色的字“东交民巷街道居民委员会”。她一家被轰出来了？到哪里去了？我怕给她家找麻烦，没有进去打听。

我与她最初的接触不是经常的，所以每一次都记得。其中记忆最深的是这一次——

那是七二年的冬天吧！我父母被遣送到原籍江苏淮安，到老家不久就身患重病，母亲的风湿病也发作了，我去看他们。为了省钱，在永定门车站买了慢车票。火车误点，拖到深夜也没来。在空荡荡的候车大厅感到浑身发冷，便裹严围巾口罩，到外边的广场上跑跑步，好使身体发热。在漆黑的广场上，忽然一个姑娘和一个男孩儿站在我面前。男孩儿提着旅行包。这姑娘对我说：“我们买车票钱不够，你能帮助一下吗？”

我听这姑娘说话怯生生，声音低沉，不像经常讨饭人的腔调，就伸手向衣兜掏钱。

就在这时，不知从哪里蹿出一个穿军大衣的男人拦住我，上来一把抓住这姑娘的胳膊，好像抓到一个小偷儿，并对这姑娘厉声说：“好呵！你刚才也对我说买车票钱不够，要走了五角钱。你为什么还找他要？这是诈骗！走，跟我去派出所！”

姑娘使劲甩胳膊，想摆脱这男人的手，连连说：“你撒手！撒手！”声音又小又急，但这男人死死抓住不放。

“算了，他们提着旅行包，看样子是上车赶路的人！”我说。我向来希望息事宁人，不愿看到弱小者过于难堪。

“嗨！你这同志，受了骗还替他们说话。你能保证他们不是坏人？你也得跟着去一趟，到派出所去作证！”这男人不依不饶，一手抓着姑娘，一手抓住那提旅行包的小男孩，刚走几步，姑娘一扭头，她的脸给远处一盏小灯照见。这缠着深色围巾的异样白的脸儿好面熟，就在这一瞬，她大概也认出我来了，忙低下头。但我已经确信无疑：她是简梅！我不禁大吃一惊，却来不及弄清这是怎么回事，必须先帮助她和那男孩儿脱离困境。我立刻拦住那男人，对他说：“你甭管了！我认识他们，他们不是向你要了五角钱吗？给，我给你！”

我拿出钱，塞在那男人手里。那男人莫名其妙，似乎还要纠缠什么，我已经拉过简梅和那男孩走了。

“你怎么到这里来了？”我一边走一边问，她没回答，我又问，“这男孩儿是谁？”

“我弟弟。”她说。

我头一次知道她还有个弟弟。

“你们要去哪儿？”

她回答得很简单：“我和弟弟到黑龙江去插队，回来看我爸爸。他上星期就被送到河南一个农场劳动去了。我们事先不知道，白跑一趟，打算今晚返回黑龙江。”

这姐俩的景况可想而知。我问：“你们……你们吃东西了吗？这么冷。”

她和那男孩儿都没说话。

我领这姐弟俩到车站的日夜食堂吃包子。我买了许多，那男孩子见到热气腾腾的包子端来，毫不掩饰自己的饥饿，狼吞虎咽地大吃起来。只顾吃，也不说话。我问他叫什么，他仿佛腾不出嘴来说话，简梅替他说："他叫简松。"说着解去头巾，她依旧很美，室内的暖气使她脸颊的气色微微变红。她是那种真正漂亮的姑娘，淡妆浓抹总相宜，不会因衣着破旧而显得寒酸，也不会因华服盛装而显得艳俗。此刻她很少说话，手捏一个包子，微微张开唇齿一点一点吃，好像在品尝。

"你尽量多吃呀！"我说。

她反而撂下包子说："我刚才吃饱了。"就不再吃了，把自己碟里的包子都给了弟弟。简松也不推让，顷刻一扫而光。

"你们在黑龙江生活得怎么样？"

"好呗！"她带着冷冷的嘲弄说。她始终垂着头，没抬眼看我。大概由于刚才发生的事，她不好意思正眼瞧我了。我也万万没料到在这种情况下碰到她。这样我们就没有更多的话好说了。她默默地从衣袋里摸索出五角钱，放在我面前说："刚才你替我还了那人五角钱。还给你！"

"这——"

"谢谢你。我们该走了。"她这才抬起脸来，所给我的感激微薄得很。我不怨她。我懂得，一个受伤的自尊心会怎样顽强地自卫，相反我有点可怜她了。

"你们缺钱吧！我可以支援你们一点。"我说。

"不，我不需要任何人施舍。"她说。

实际上，她在认出我之前，向我讨钱时，不正是向我寻求施舍？

“算借的，将来还，行吗？人生无处不相逢，早晚还会碰面的。”

我说得很诚恳，拿出四十元钱递给她。

她犹豫半天，好像在决定做一件分外艰难的事。然后慢吞吞地、艰难地、尴尬地向我张开手，接过钱，同时给我一个目光。我真不愿意看见一个好强的人给我这样的目光。

这姐弟俩去了。我站在车站广场上目送他们。入夜的冬天分外寒冷，她紧紧搂着弟弟。我瞧着他们的背影，心里涌出要去保护一个困苦女子的男性所特有的感情。

在对她的回忆的相册里，有几页是空白的。没有她的形象，影子也没有。自从那次在车站不寻常的邂逅之后，我就办理了随同父亲“遣返”的手续，迁居淮安乡下，为了在有病的父母身边尽尽孝心。世界不要他们，唯我能给他们安慰。我在穷乡僻壤中苦苦求生尚且艰难，谁又知简家姐弟俩在遥远而寒冷的边陲怎样生活？那时代，生活给每个人留下的空间极其狭小，并在这小空间里加上十足的压力，使人只能顾及周围那么一点点攸关切身利害的事情。我仅仅在一次翻动书箱时，无意中从一本旧书中间发现一页剪报，就是我当年为简梅写的采访《键盘上的希望》。如今这希望已经被现实撞得粉碎。当然它只是那时被消灭的无数的大大小小希望中最最微不足道的一个。她此刻正在生活的键盘最低一组的琴键上挣扎吧！我想。那会发出怎样的声音？

待我又一次见到她时，十年沉重的岁月过去了。

想到这次，我的眼睛一亮，耳边竟然响起一片喧嚣和狂喊，这是天安门广场上怒不可遏、火山迸发般的呼吼，还是苦尽甘来，令人悲喜交集的十月里的欢叫？喊呀，叫呀，挥舞拳头呀，五色的彩带漫天飞舞呀，不！我从记忆的深井里跳出来一看，原来是面前的电视屏幕变了画面。刚才那部影片早已演完，正在播放一场英国人喜爱的异常激烈的橄榄球比赛的录像。呼喊、挥拳、抛掷彩带，都是球迷们的狂闹。

我起来“啪”地把电视关了，灯也闭了。一片漆黑包围着我。但是，黑，有时并不能使人闭上眼睛，反而叫人张大瞳孔努力把里边存藏的东西看清。

五

一九七九年。中国如同再次脱开母体的新生儿。一切都不适应，一切还没完全过去，一切又都重新开端。打开的桎梏还没有完全从身上卸下，满怀希冀中难免疑虑重重，带着噩梦残留的恐惧面向又大又空的未来。这未来任人们用幻想的大笔去涂抹和充填。可是，每个人都有自己想象中的未来，未来又能像谁料想的那样？它总是在含糊不清的时候最有魅力，就像这个刚从黑暗的母胎里痛苦分娩出的新时代。谁知道它渐渐会长成什么模样？

这时代，又像风儿吹动的大海，所有舟船都颠簸不稳，扬帆却正好开航；这时代，还像战后、像早春、像黎明、像溺水上岸、像起死回生、像松绑、像大地返青，也像一场非凡的大胜利。生活，再一次敞开人们心灵的窗户，点燃人民心中不灭的热情，把自由还给它的主人——人民。但这自由有多大？有没有边界和轮廓？会不会重新被没收？自由是个陌生的东西。它像水，没有它生态就会枯竭，泛滥开来却会酿成灾难。过去中国很少试验它，试验一次吧！陌生的路，需要一双有勇气走起来的腿！

大家都在试着迈步。还都张开嘴巴，吵个不停。这很像融雪的山野，到处发出欢快的喧哗；清凌凌的水随意流淌，在阳光下闪耀着一片炫目的亮点……

这时，我正回北京办理父亲错案的落实问题，也办理我返回北京工作的手续。但生活的节奏比想象的慢，困难障碍也比想象的多。我家原先的房子早在“遣返”时就被人占了，只好住在大栅栏一家低等旅馆里，等候迟迟未决的准批手续。一天闲着看报，偶然从一位前些年含冤而死的著名音乐家的追悼会的消息中，看到参加追悼会的各界人士名单中有简梅的爸爸——简山川的名字，真使我喜出望外。

一股莫名的冲动使我奔到她家。

依旧是那墨绿色的小门。真好，她家门口那块“街道居委会”的牌子已经摘去了。她一家人肯定又返回这安适的旧窠。只是院墙上还有当年用墨笔写的吓人口号的遗痕。时过境迁，这些吓人的东西反会使人发笑。但对于被吓的人，却是留在心中的难以抹掉的阴影。

我敲了门。

门打开，一个高高的、脸儿白净的青年迎出来。我一眼就认出他是简梅的弟弟简松。他和他姐姐有些相像。

“你找谁？”

“我是你家的朋友，也认识你，你还记得七二年冬天在车站？”

我笑眯眯看着他。他大了，面皮光滑，没一条皱痕，但唇上已然有一些软髭。

他立即露出甜甜的、讨人喜欢的笑容，伸出一双又细又长的大手，热情地同我握手说：“记得，记得，快请进！我姐姐和爸爸都在家，还有许多朋友。”他喉音挺重，像成年人的声音。咬字可不清晰，不像他姐姐口齿那样伶俐。

我随他进去。楼下的门都开着，物归原主了，我想。楼上传来热闹的说笑声。

“我姐姐前几天还念叨你呢！你还在报社吧！”

“不，我在乡下，正在往回办。你和姐姐都从黑龙江回来了吧！”

“也还没有，快了吧！”简松笑呵呵地说。他两条长腿，轻松地连跑带跳地上楼梯。真是个可爱的小伙子！同当年在车站狼吞虎咽吃包子的样子大不一样。生活一变，人也两样了！

“你爸爸落实政策了吧。”

“嗯，差不多，就剩下补发工资和发还查抄的东西了。”他说着，我们已经上了楼。

从敞开的门口望进去，屋里一群年轻人正在聚餐。一条长桌子上摆满啤酒、汽水、碗筷、杯子和五颜六色的水果。大家七嘴八舌，欢乐在每一张脸上。简松走进去说：“姐姐，你看谁来了？”

应声从餐桌一边站起一个修长、漂亮的姑娘。几年不见，她仿佛高了许多。她穿一件浅蓝色、夹着白条的毛衣。这时姑娘们已经开始试探着打扮自己，穿起非规范的各种衣服了。她的脸儿依旧雪白，明洁透亮，却褪尽了原先多多少少带着的孩子气，前两次凝聚在眉宇间的愁云也一扫而空，她像一只鹿儿轻快地绕过餐桌跑过来，握着我的双手说：“太好了，太好了，你来了！”

快乐使她更动人。她二十多岁了。任何生命的青春时代，都是生意盈盈，有一股鲜活的魅力。

她把我介绍给屋里的青年们。这时，简山川走进来。一见到他，不免生出几分感慨，他头发已然全白了。当然不单是时间过早地把他的头发耗白。所幸的是，脸上开心的笑抵消掉浸透在这满头白发上的忧愁。他告诉我，他已经官复原职了。简梅对我开玩笑说：“你也官复原职了？”

“我随父亲回到原籍，正在设法回来。”我说。

“会很快的！”简梅畅快地说，她从餐桌上拿起一杯酒，对大家说，“为这位不幸者重新得到幸福，为他官复原职，干杯——”

大家一饮而尽。简梅请我坐在桌旁一张木凳上。我刚落座，同桌一个圆头圆脸、唇上靠右长了一颗黑痣的小伙子问我：“你什么官？”

“哪里的官！”我笑道，“过去是一位记者。”

“记者？记者从来不讲实话。”这小伙子说。我一怔。跟着我明白过来：青年们就这样直截了当。

简梅把两条半长的小辫扔到肩后，说：“今后中国要立一条规矩，谁不说实话，就驱逐出境。”

大家又笑又点头称对。那唇上长痣的小伙子把满满一杯酒高举过头，“为实话干杯！”

“好！好！好！”

大家再一次干掉杯中的酒。痛饮最能激发情绪高涨。简山川也高兴极了。他那白发下皱痕纵横的老脸通红，有如雪里的一团火。简梅呢？她正为自己说了一句受欢迎的话而兴高采烈。我从来没见过她如此快乐、开朗和开放过。她和我以前对她的印象全然不同了。她为了超过大家乱糟糟的谈话声，提高声调说：“不过，我们这位记者是不会讲假话的。如果他过去讲了，也是违心的，今后人们再不说违心话，做违心事。因为，虚假的时代已经过去了。”她说着扭头问我：“对吗？记者。”

我正朝简松点头致谢，这个只爱笑、不爱说话的青年在热情地给我斟酒。我听到简梅的问话，便说：“我比你们年龄大一些，也许就更懂得，把现实想得困难一些，便不会由于一旦碰到困难时而懊丧。过于乐观的人，常常经受不住打击；事实和想象总有距离，有时甚至完全相反。中国‘极左’的土壤过于肥沃了。它有多肥沃？你今天埋下一个暖瓶盖儿，明天就会长出一个大暖瓶来！”

大家哈哈大笑。有人说：“你可以当作家。”

我笑而不语。这时我手里正在悄悄写一部关于当代青年生活道路和精神历程的中篇小说。我习惯于在事情没有做成之前，不告诉别人。

可是那唇上有痣的小伙子又说：“作家更不说实话。”紧接着补充一句：“在中国没有真正的文学。”

“那么真正的文学在哪里？”

“在心里。”小伙子说。别看他年轻，往往一针见血。

“不，现在已经有了起色。”有人反对他。

“但吞吞吐吐，欲说还休。有了一点勇气，不过仅仅一点点而已。”

“为什么？”我问。说实话，我不大喜欢这个口气太狂的青年。但我很想知道他的想法。他们有时十分尖锐，敢于一语道破成年人习惯了的某些荒谬的东西。

这小伙子发出一声嘲笑。噘起的嘴唇把黑痣顶得快跑进鼻孔里去了，“我们的上辈人没养成说实话的习惯，下笔更得打折扣。《天安门诗抄》里有几首是名诗人写的？甭说文学，中国将来的事都指不上他们！”他抓起酒瓶，把自己和旁边几个人的杯子都斟满。

“刘海，你说话留点分寸，别动不动叫骂‘上辈人’，我爸爸在这里呢！”简松用他成人般的粗嗓音呜噜呜噜地说。

唇上有痣的刘海抬手使劲拍一下自己的脑袋说：“小的该死，触犯伯父，罚酒一杯！”说着把刚斟满的一杯酒倒入腹中。

白发红颜的简山川笑呵呵听着这些年轻人直率、大胆、纯真又狂妄的谈论，神情不免时露惊愕，时显惶惑。老年人的天职之一似乎是训诫年轻人。但他们刚刚从十年囚禁中解脱出来，脑袋麻木不灵，生活的急转弯弄得他们更是头晕目眩。转折时期总是属于年轻人的。当青年人带着活脱脱的朝气和所向披靡的勇气冲击生活、冲击传统、冲击多年来被视为不可逾越的老化了的经验时，老年人不免瞠目结舌，好像骑在一匹豪放不羁的马背上，一时真有点驾驭不住了。

刘海给酒精刺激得有些冲动难禁，他大声说：“简老伯，我可向来是尊敬您的。但中国将来要有希望，思想上必须平等。如果总是年纪大的当教师，年轻人只能竖着耳朵听，只准点头，不准摇头。国家只能走向衰老。过去中国是个老年人的国家，今后应当成为年轻人的国家。”

简梅叫着：“去你的，我听爸爸的。”她伸出胳膊搂着简山川瘦削的肩膀。

“我们也要相信自己。”一个青年郑重其事地说，“我们是在生活的旋涡里滚着长大的，对生活的理解并不比老年人浅薄。”

“如果每个人都不相信自己，最后都成了没有能动性的‘螺丝钉’了。”另一个女青年说。

简梅听了这话，眸子闪闪发亮，“我同意你们的看法。我刚才是成心气刘海，不叫这家伙太狂。我认为，人就是人，不能有脑袋而没头脑，创造生活不但需要双手，更需要有创造性的头脑。”

刘海端起酒来说：“简梅，别看你气我，我一直是佩服你的！在你这几句话里，我看到了中国的希望。”

“她曾经就是一个希望。”我说。

简梅知道我指什么而言，她瞥向屋角，那里的钢琴没了，空荡荡只有一片投进来的阳光和窗影。她的声音变得深沉：“过去的希望没了，希望在将来，来——”她忽然使自己的声调升高二度，好似提高自己的情绪：“为将来干杯，为我们自己干杯！干杯！”

为将来——多么壮阔又空泛；为自己——多么自信又自傲。简梅却高兴极了。她已经喝得两颊泛红，仍然要大家举起杯来一起尽兴干掉。她仿佛还很满足自己此刻的位置——她是这间小屋和这几个人的中心。

几个杯子叮叮当当碰在一起，好像几颗热烘烘的心碰在一起。心仿佛也斟满酒，醉醺醺了。在酒意蒙眬中，我感到，我们好像回到了一九五三年、一九四九年、一九一九年，那些真实、赤诚、献身的年代。那时代的一切都是自发的，非人为的，因此充满魅力；生活有希望，心中有信念，哪怕这信念中有幻想色彩，希望中有虚构成分。为它死，嘴角也含笑。即使你将来由于过失成为生活弃儿，错怪它欺骗了你。但人的一生中，赶上这样一次，也不枉来此世呢！

迷人的一九七九年呵！

可能由于我喝了简梅的祝福酒，不久就全家迁回北京，我在报社重新领到记者证。经过严峻的岁月，记者的社会责任感变得郑重和分明，它使这记者证变得像铁制的一般沉重。

这期间，简梅和简松正努力从黑龙江调回北京。他们来找我研究。我在报社，报社是一个长着一张巨嘴和十万个耳朵的大脑袋。消息灵通，联系面广，能够帮助他们。我也愿意帮助简梅，是不是这样就可以多接触她？我模糊而幸福地感到，她对我有种好感，是好感还是一种信赖？她知道我是个音乐迷，几次从简山川那里搞到来华演出的维也纳、费城、波士顿等交响乐音乐会珍贵难得的入场券，并陪我去看。此后这姐弟俩的户口都弄回北京来，连铺盖卷儿也从遥远的地方运回来了，她家里一切悬留的问题都已解决。“十年劫难”里查抄去的东西和扣发的薪金一律发还。有如寒飙吹尽，这株几乎断绝的树重新又葱茏起来。生活把能发还的都发还了，无法还的则永远欠着。比如欠她死掉的妈妈，欠她可能放出光华的音乐生涯，还欠她什么？光阴？当然不仅仅是光阴。十年正常而良好的生活，会使她获得多少宝贵的精神积累。但她现在还看不到，也不当作一回事。生活陡然的转机带给她的快乐暂时压倒一切。可是当生活像潮水那样平静下去之后，她会茫然地将这一切寻找。有些也许还能找到，有些永远给流逝的时光冲去……如何补偿？她大概想也没想。

虽然她和弟弟都回到北京。他们没有学历，没有特长，心气很高，却无所适从，找不到如意的工作，也不知什么工作如意，她渐渐苦恼起来。我又成了她减除苦恼的帮手。但是，在别人唾液里溶化掉的苦恼，转瞬会在自己心里重新凝聚而成。何况她的苦恼像浓烟一样摸不清，赶不散，紧紧笼罩着她。

起先，她对我劝慰的话点头称是，渐渐默不作声，后来她拿话反驳我。心情愈冷漠，对世事议论起来就愈苛刻。我们便开始了一种新的谈话方式：辩论。我心里清楚，她把我当作对立面，好发泄胸中郁闷。有时我故意刺激她，为了使她在泄掉郁气之后可以痛快一些。斗嘴使我们没有忌讳地交换和交锋思想，关系反而更接近了……

简松呢？简松好像没有这么多苦恼。他整天玩玩乐乐。家里富裕，没有迫使他快去工作的压力。他听音乐、跳舞、郊游、滑冰、游泳，还养只小狗。一帮朋友互相找来找去，比我这个上班的人还忙。他过得挺快活。

有一次，简松来报社找我，说同他一起插队的一个青年写篇小说，想通过我的介绍在报上发表。闲聊半天，最后竟落到一个使我十分难堪的话题上。这就是他来找我的真正目的？

“你喜欢我的姐姐吗？”他问得过于直截了当。

我碰到真正的难题，真难回答。

“我看得出你喜欢她。”他又补充一句，“她也喜欢你！”

听到后一句话，我的心跳了。我一张能言善辩的嘴巴忽然不灵了。这天的话全都叫这个平日里不好言语的小伙子说了：“请你回答我，你是否能保证我姐姐的幸福？你必须回答我，因为我必须对她负责。前些年我能在黑龙江活下来，全靠着她。她太善良、太能干、太会照顾人。她必须找一个可靠的人一起生活，我才放心。哎，你怎么不说话？”

我依旧没答话。对一个人幸福的保证，是件分量太重的事，我不敢轻易作答。

他却不等我开口就说："你能够，是吗？你是看得出来的——我姐姐非常信任你，我一家人都非常信任你。你应当大胆向她表白。你知道她周围有一大群追求者吗？但我总觉得那些人都不可靠，只有你才最妥当。"

我连头也抬不起来。真为难！她的确是我心中最喜爱的人；如果她愿意，我可以把自己的一切全都铸成她的幸福。只可惜她来到这世界上迟了几年。我比她年长十岁，怎好向她吐口？

"你顾虑年龄比她大吗？"简松问。他平时好像什么事也不走心，原来事情都在他心里。他说："这有什么？你难道还这么封建？许广平不是比鲁迅小二十岁吗？再说，现在很多女孩子都想找比自己大十来岁的男人。"

我听了大惑不解，禁不住问："为什么？"

"她们认为在一个成年的男人身边够味，也显得自己更年轻。另外，现在二十多岁的傻小子们没劲！什么也不懂，没知识，没思想。四十来岁的男人差不多又都结婚了。有些女孩子宁肯和自己看中的成了家的男人相好，把人家搅散，也不愿意嫁给跟自己岁数差不多的傻小子们！"

我头一次听到这种话，异常惊讶，我发现自己与简松这样年岁的青年存在着很大一段距离。当然，我又是十分感激这小伙子。他是充满热情地要促成我和简梅的结合。心里的秘密第一次公开，我也第一次感到自己怯懦无能。他却慨然说："这事交给我办吧，你大点胆儿就行了！"说完站起身走了。

我送他到报社门口，他跨上一辆崭新的自行车，飞似的转眼就看不见了。

第二天在报社，我接到他打来的电话。他说今晚他姐姐请我在大华影院看内参影片《魂断蓝桥》，还再三鼓励我“鼓足勇气”。

她为什么请我看电影？是不是简松促使的？这件事的本身就非同寻常了。

那天，我有生以来头一次打扮了自己。在影院门口看见简梅，她手里拿着票站在道边等我。她表情平淡，衣着也很一般，是否女孩子在此时此刻，反而要装扮得朴素些，神情矜持些？人们不是都说女孩子在恋爱时，自尊心变得异常脆弱？恋爱是童年之后，第二个多梦时节，猜测萦满脑袋。

看过电影出来，我们没议论电影，这很反常。以前我们每次听完音乐会出来，在道上总要一边走一边热烈地议论不休。简梅还要抢着发表意见。更何况今天看的这部感人至深的影片，有着丰富的、可供琢磨和议论的潜台词。这是到了捅破隔在我俩中间一张半透明的薄纸的时候了吧？

月光和灯光，使她很动人。晚风一直吹进我的心里，我的心跳都加快了。

我的话好像粘在舌头上，吐不出来。当我想到了简松要我“鼓足勇气”的话，心情反而更加紧张。需要勇气的事总是很难堪的事。简梅忽然说：“有人追求我！”

“谁？”我问。听见自己“咚咚”的心跳声，只等她点我的名字了。

“刘海。”她说。她没有一点羞怯，好像说别人的事一样。

“刘海？”我怔住了。噢，那个唇上长痣的小伙子！我险些给这意外的消息打昏头脑，完全靠着毅力使自己镇定住。理智使我暗自庆幸没有先把心里的念头吐露出来，否则就会遭到拒绝，多尴尬！现在，自尊心叫我必须装作若无其事，还要保持住声调的平稳，不让内心的波动流露出半点。我问:“他在哪里工作？”

“和我一样——加里敦（家里蹲）大学。”

“你熟悉他吗？”

“他曾经和我一起在黑龙江插队。”

“你喜欢他吗？”

“他喜欢我。”

她未置可否，这是默认?

“他父亲在哪儿工作？”

“最没趣的工作。”

“干什么？”

“官。”

“小的？”

“很不小。”

“这不会是你接受他追求的原因吧？”

“如果我接受，就是为了这个原因。”

“太可怕了！”

“可怕的并不是事情结果。”她说。

我万万没料到简梅以这样的思维方式，考虑自己的终身大事。我无法理解！我想问她：生活中最美好的东西是什么？这不必说，她完全懂得。像她这样教养和修养都不寻常的女孩子居然也顺从社会流行的庸俗观念？生活逼迫吗？不，十年严酷生活的压迫也没压垮她的信心和向往，今年年初在她家聚餐时，她还表现出那样的热诚和纯真！到底是什么东西转瞬间污染了她一颗高傲而纯净的心？

一只好高骛远却没有翅膀的鸟儿，最后恐怕要落到最低的枝梢——我想。

不能，不能这样！

“我最近发表在《人民文学》上的小说你看了吗？”

“看了。还看到《人民日报》上对你大作的评论。”

“你觉得怎么样？”

“很勇敢，面对现实，但又有什么用？”

“还记得今年一月里，你不是对生活充满希望。”

“我自己却没有希望。”

“为什么？”

“不知道。我最近愈来愈强烈地感觉到，我在生活中丢掉的东西太多了。可怜的是，回过头，连自己的脚印也看不见……”

“不，过去的路不白走，前面还有更长的路。我可以帮助你——简梅。”我忽然冲动起来。

对于我这突然、猛烈、脱开自我约制的情感爆发，她没有躲避；黑黑的眸子不动感情地盯了我一会儿，然后说：“你叫简松告诉我的话，我都听到了。这不可能。”

其实我并没叫简松告诉她什么，但这时来不及考虑和弄清这些。简梅的话使我陡然冲动起来的情感又陡然低落下来。我说：“我知道，年龄的差距是一条无法跨过的鸿沟。”

“是的，不可能，你连自己都帮助不了，也没人能帮助得了我。何况，不……我的思想很乱。希望你以后别往这方面想了。我们只能是很好的朋友。再见！”她转身走了。

我站着，自己的思想也很乱，不知是心情搅乱思想，还是思想搅乱心情？我又很狼狈。一个三十多岁的男人，向一个年轻的姑娘求爱而遭到拒绝，多么可羞！多么糟糕！我这个人总是喜欢把爱藏在心里，不愿意轻易地表达出来。这样一来，我显得多浅薄！何况，人生的事，有些必须明白，有些最好永远不明白才好，如同美梦，醒来反更失望，我茫然地望着她走去的身影，眼前掠过当年在车站那个漆黑而寒冷的夜目送她走去的一幕，她也是这样走了，一走就是许多年。但这一次不同，她走了几十步远，忽然停住，又转身跑回来，站在对面瞧着我，眼里流露出一种不能言传的、从未有过的感情——仿佛她在可怜我。她对我说：“谢谢你多年来对我的关心。你是好人，我和你不一样。你也许知道，我从来没和任何人恋爱过。我现在就把一个姑娘最珍贵的东西——她的第一次吻——送给你吧！”

没等我弄明白她的话，更没等我表示接受或谢绝，她已经把嘴唇轻轻贴在我的嘴唇上。第一次，也是最后一次。仅仅这一次。

这对于我也是第一次。原来亲吻如此冷静。它不意味着融合却意味着拒绝。人们说，第一次吻，是两颗颤抖的心碰撞在一起，我的感觉却像两个瓶盖挨了一下。无情的、无机的、无生命的接触呵！她用这吻当作一种特殊的礼物，偿还我对她的情谊。我至今，也许永远也不能理解，她到底是怎么想的？

此后一段时间，我没去过她家。简松也不来电话了。这使我对简松的印象变成一个谜团。我猜到，那次促使我向简梅求爱，完全听信了简松的话。如果简松愿意我成为他的姐夫，不会从此不搭理我的。我模模糊糊悟到一个道理：说话的技巧，不是口才而是心计。可是我一想到他那甜甜的、讨人喜欢的笑容，就不会以为他有什么心计。算了，不去理他！这期间，我连续发表的几篇小说，都在社会上打响，成了文坛上受人注目和公认的新作家。天天开会、座谈、接待各种来访者，还要写东西，没有闲暇。但我不去看简梅，并非受时间限制，而是一种说不清的心理的缘故吧！我不是不想见到她，但每次我走过东交民巷时都是设法绕开了。

一天，我请一个朋友在新侨饭店吃饭。这是青年们爱来的地方。我们将要吃完的时候，从门外进来五六个男女青年，打扮得时髦又漂亮，坐在接近门口一张空桌上。远远见一个小伙子用步话机呼话："喂！喂！我们到了新侨，我们到了新侨，佐罗听着，佐罗听着——"这步话机是新鲜少见的进口玩意儿，自然吸引了周围不少青年的注意，这小伙子很神气，说话声故意很大："听见没有，听见没有，简梅说了——你过二十分钟再不来就罚你请客，罚你请客！"

跟着那几个青年就爆发一阵笑语。

我一怔，简梅？我仰起脸望去，其中大概有三个女的，一个背坐着，看不清；一个头发高高梳上去；一个披散头发，头上扣着一个玫瑰色夹蓝条的小檐草帽，不知哪个是简梅。不一会儿，从门口闯进一个高高的青年人，脸上轮廓清晰，蓄着小胡子，宽肩细腰，身上的肌肉发达又结实，很像西班牙的斗牛士。但是一开口说话就与他的外形极不谐调："你小子催得好紧，赶得我差点儿跟他妈 6 路电车合轮子！"

“你可别死，要死也得把这顿饭吃完。等你掏钱呢！”这是简梅的声音，语气很放纵。我由声音辨别，大概那个披头发的女青年是简梅。

我和朋友吃过饭，走过那张桌子时，瞧见那披发的正是简梅。小草帽儿放在桌上。她完全变了样子，黑颜色的紧身的弹性尼龙衫，白裤子。一条亮闪闪的项链挂在胸前。给浓黑的衣衫衬托得十分耀目，再看一眼，哪里是项链，分明是小摊上卖的镀铜的小十字架。她可不是教徒。唇上淡淡擦了口红，眉毛择过，细长而整齐。虽然她依旧很漂亮，但过分的矫饰使她显得浮浅和表面了。这变化令我吃惊，我正想赶快走掉，她一眼看见我，把我叫住，一边将我介绍给她的几位朋友：“这是我的朋友。著名作家方桥！”她的声音很大，显然不只为了她身边的几位朋友知道。难道我也成了她向人炫耀、满足自己虚荣心的东西之一？简梅忽又指一指手拿步话机的小伙子对我说：“你认识他，刘海。”

原来是刘海。他唇上那颗墨点样的黑痣唤起我的记忆。刘海只朝我点一下头，却没站起身来，仿佛是种挑战。

“你们都读过他的作品吗？人们都说他是文坛上的勇士。”简梅对她的朋友们说。

刘海像外国人那样耸耸肩遗憾似的笑一笑，手里摆弄着步话机的天线杆，嘴角露出嘲弄的神气。这一次，他那颗痣已经有一半跑进鼻孔了。他的话很不客气：“有限的勇敢，虚假的成功！”

“你不要瞧不起人。刘海，方桥是有胆量的。”

“可惜不大。”刘海说。他有些盛气凌人。

我放弃了一向的宽容，回敬他两句：“胆大不是敢于破坏一切。还有，文学不是自我排遣和发泄，请你记住。当然，你如果忘了，对你也没什么关系。”我完全可以淋漓尽致地把他挖苦一顿，但我真不想和这种人再费一点口舌，就朝简梅说一句：“我有事。再见！”

“好，再见！”简梅只对我一笑，原地不动坐下了。

我心里恼火得很，在饭店门口和朋友分手后，上错了车，换车后一时连自己应当到哪儿去都搞不清了。一个解不开的问号在我脑海里急速旋转：谁使简梅一下子变成这样？她自己？

八〇年的秋天，我在京西宾馆参加文艺界一个座谈会，碰见了简梅的父亲简山川，他告诉我一个震惊不已的消息，简梅已经结了婚，最近就要出国。简梅已经不止一次使我吃惊了。她称得上“惊人的女人”了。

“和谁结婚？刘海吗？”

“怎么？你不知道？”简山川的话等于否定了我的猜测。

随后简山川告诉我，简梅和刘海办了结婚登记，正要举行结婚仪式，刘海突然毁了婚约，与一位副部长的女儿结了婚。简梅经人介绍嫁给一个将去香港继承遗产的男人。这男人比简梅大十五岁，一直独身。简梅必须马上嫁给他，才能一起出国，由于事情急，他们只认识了一个多月就结了婚。

为什么？当初我比她大十岁都不可能，这个比她年长十五岁的男人反而认可了？仅仅为了出国，出国才幸福？生活已经不止一次告诉我，一个在你面前渐渐长大，你自以为完全了解的人，但他可能做出一件事把你搞得一团糊涂。掌握一个人的心真和掌握世界一样难。我急不可待地问："这男人怎么样？"

"看样子还老实。"

"人不能看样子。有人往往认识两三年都不见得看透，何况只认识一个月。一个月天天见，总共才能见多少面？您怎么能放心叫简梅跟他去？"我说。不免有些怨怪简山川。

简山川犹豫一阵子，对我说出心腹话："你不是外人，我可以告诉你。简梅太任性，简松这孩子太浑，容不得他姐姐。两人天天吵得不得安宁。我劝也不顶事，压又压不住。简梅……"

"他姐弟俩不是很好吗？下乡在一起吃苦，相依为命。"我止不住问。

简山川摇头叹息："吃苦的日子过去了，到了吃香的时候了！情况变了，人就可能跟着变。简梅好强，恨不得赶快离开家，一走了之，简松也恨不得她快走。这男人还是简松介绍给她的呢，你想不到吧！"

生活有时叫人莫名其妙，明白过来又感慨万端。

从简山川的话里，我悟到了事情的根由，并联想到当初简松鼓励我向简梅求爱，不过希望他姐姐快些结婚，早离开家，好独享简山川落实的那些钱。看来，那天简梅请我看电影也是简松安排的。简梅根本无意于我，不过明白了弟弟的用心而来拒绝我罢了。果真如此。这个不善谈吐、外表讨人喜欢的小伙子未免太可怕了！但我从来没听简梅说过她与简松存在矛盾，这或许是种自尊心？那么简梅出走，就是为了避开家庭内部的压力了？可是她为什么挑选出国这么一条不可靠的险路呢？

"这很冒险！国外人生地不熟，万一那男人不好怎么办？"我说着，见简山川沉默不语，似有难言之隐，便换句话问他："您为什么不劝阻她？"

简山川皱起眉头，"我并不是不劝阻，你知道的，她要做的事谁也拦不住，非得自己吃了亏才认头，还不准别人说这件事。……简松和她真到了水火不相容的地步。唉，别说这些了。这都怪我——自从她死了妈妈，我被关在农场里，她带着简松在外受苦多年。因此我遇事总由着她，这样惯了，我的话对她就不再起任何作用，她反而对我意见还很大。"

爱？爱中有多少是非啊！

我再一次想起，在车站食堂她姐弟俩吃包子时的情景，难道利益就能使这苦难中结成的深厚的手足之情破裂？利益和利害就有这么大的破坏力？我真恨透了风靡社会的这股赤裸裸的利益至上的风气！它毁灭了人与人之间一切美好和诗意的东西。好像河里无水，空气没有氧气，原野上没有一点绿色……一切精神追求、理想、信仰、事业、爱、友情，都被利益取而代之了。一瞬间，我好像想法极多，但此刻又都来不及深思，我问："她什么时候走？"

"三天后。你应该去看看她。当然你也劝阻不住她。但你可以嘱咐她遇事冷静，别太任性……你的话，她还是听的。"

对，我应该见见她。但我预料到，见了也无非是一场空对空的辩论，似乎我比简山川更了解她的个性。果然不出我料，我去看她，我们只在门口谈一阵子。半年左右没谈话了，这位生活的嘲弄者变得更加顽固，对我任何好心的规劝都报之以讥讽，她还多了一种表情——轻蔑的嘲笑——这仿佛是从刘海那里学到的吧！辩论到达激烈时，我们双方都不免动了气。她就在这次戏称我为"小马克思”，也不请我进她家，大概不愿意叫我看见她那位速成的丈夫。她带着远走高飞的渴望，九头牛也拉不回来。但我所担心的是从她的话里，看不出她对自己的未来有什么信心。一片美丽而虚幻的海市蜃楼，等待着这位艰辛又疲倦的长途跋涉者一步步走去。出国后一切都会好的——她用这种假设麻醉自己。她宁愿在这麻醉之外什么都不想，也不肯让进入幻境的大脑有半点清醒。因此我每一句话没说完就被她气啾啾地打断驳回。我们就这样分手了。还不如以前每次平平常常的分手有内容。

过了不久，我在王府井大街上碰到简松和他的女友。这女友是位俊俏又洋气的北京小妞。简松用夸耀的口气告诉我，他姐夫是英国怡和洋行的特别雇员，简梅随这人离开香港去英国了。一去万里，她已经到地球的另一面去生活了。此生此世，恐怕很难再见面。这时我已经和一位普普通通、性情温厚的中学女教师结婚了。

我很少再想到简梅。人与人失去联系，渐渐就会互相淡忘掉。我猜想她的生活肯定不错的。冥冥中真像有神安排，谁料到我会到英国来访问，在异国相逢；谁又料到，她竟独身了。这情况简山川并没对我说，到底是简山川瞒着我呢？还是简梅瞒着她爸爸呢？如此生涯，她却无忧无虑？满意又富足？我很想到她家看一看究竟，我不大放心，也可能我这忧虑是多余的……

夜寒袭人，我起来转动暖器的调温钮。忽然发觉没有拉严的窗帘缝隙，透进一缕淡淡的光。掀帘一看，天已发亮。高高的楼宇的下半截依旧浸在未有消散的黑沉沉的夜雾里，上半截却在晨光初显的天幕上明晰地现出它的剪影；那天幕上还有阴影很浓的云块和几颗碧绿色的晶亮的星。看不清的大街上已经有早起的跑步声了。难道长长的一夜就这样飞快地过去了。我这才感到浑身倦意缠绕，却不敢入睡了。我怕一觉误了早餐和上午访问活动的时间。英国讲究守时，中国人更讲信用。于是我用电炉烧了一壶开水，沏了一杯咖啡，不加糖，喝了下去，这真像一服醒脑剂，很快除尽拥满脑袋里的往事的影像，就像外边渐渐廓清雾气的天空，清亮起来。

六

左边一排高大、阴森、旧式的公寓建筑，门牌是单号。17、19、21、23、25、27……79号在哪里？在那里。那儿道边站着一个通身穿深红色衣服的女人，在灰暗的大街上十分鲜明，像一长条火苗，她正远远朝我招手，她是简梅。

她穿一身红？我忽然想到，前天我说她很适合穿红。她为我这一句话才换了一身红？

我走近。她穿红的确很美。一件深红色的披肩上衣，深红色的宽褶的短裙，一条深红色的长裤的裤腿塞进一双深红色的长筒的纯牛皮的靴筒里。肩挎一个同样颜色的小皮包。这就使她的头发显得更黑，脸儿更白。

“我一眼就看见你了。”我说。

“是吗？”她立即显得兴冲冲，“别看这里的衣服一人一样，我这身衣服还是引人注意。这是苏格兰人喜欢的颜色：深洋红，有时加上白色和银灰色的方格。请进吧！就这儿——”她手指着一扇厚厚的、雕花纹的木门。

铜门牌上刻着花体的阿拉伯数字：No.79。

我随她身后进了门，穿过一条又宽又高又黑的走廊，拐一个弯，前边更黑。只听钥匙在锁孔里转动的声音，然后是她的声音：

“请进——”眼前忽然一亮，在打开的一道门里边，现出一个宽阔的房间。

“这就是我的房间，欢迎小马克思先生批判。”

“噢？”我笑了，“不过在这里，你够不上马克思批判的对象。”

“这种生活方式不该批判吗？”她似乎叫我欣赏一下她的财富。我目光横下一扫，双人软床啦，电视机啦，沙发啦，镜台啦，七零八碎的东西啦……

“你就这一间住房？”我问。

“里边还有卫生间，你想参观吗？”

“卫生间有什么新鲜玩意儿？”

她耸耸肩，有点懊丧。跟着她的目光四处搜寻，看来她急于想拿出一样显示她生活上富有和优越的东西压倒我。当她的目光碰到桌上的一架电视录像机和一架录音机时，就立刻显得兴高采烈。她叫我坐在一张特大的三人沙发上，一边说：“听音乐吗？古典还是现代的？伯莱·斯力的歌曲你肯定没兴趣。我这里古典名曲很全，大都是卡莱扬指挥的。要不你看看录像影片。山口百惠的《炎之舞》？想看鬼片吗？《第六感》很神！算了吧，你还是看点郑重其事的东西吧，这里有一部美国影片……”

“随便什么？鬼片也吓不死我。当然我更习惯于认真对待生活和艺术的——”

她故意以快速又熟练的动作，通过闭路电视播放出一部影片。

“《往事难忘》？”我问。

“对，在国内看过？”

“没有。我在杂志上看过梗概介绍，我很喜欢这故事。有的杂志翻译为《回首当年》。”

“对，这两种译法都合原意。我非常喜欢这部影片，里边的主题歌也非常美。你看吧！我去给你煮咖啡！”她得意极了。她终于拿出我在国内没见过的东西。她抬起双手把披在肩上的头发推到背后，走出去，带上门。

我的目光不由得从电视屏幕上移开，冷静地观察她的房间。这房间就从我对它最初的、笼统的感觉中裸现出一切细节。房子是旧式。这种旧式的木结构的房屋比新式的水泥建筑更舒适。可惜窗子受不到日晒，又是楼下一层，再加上年深日久，墙壁的防水层腐烂，沿着墙根有一圈两尺高发黄的水渍，屋里还有股阴冷、潮湿和霉坏的气味。屋子一面，一排大壁柜，属于房间本身结构之一；这张半新半旧的大沙发和那张软床，大概也是房东的吧！这里出租的房屋都带家具，甚至带有各种小日用品。屋里哪些物品属于她本人的呢？墙角的几只衣箱，床前几双鞋子，地上一本三毛写的《撒哈拉的故事》，壁炉台上的香水瓶、烟罐、罐头、酒……她还喝酒？屋角圆桌上摆一个红黑条纹的大陶罐，插着一大束花，却一半干枯，半死不活；英国人最喜欢在室内摆放鲜花，天天更换新鲜花朵。花放干了，这表明她经济拮据还是生活过于紧张？她还有什么？噢，显然这架电视录像机是她房内最昂贵的物品了！

她万里迢迢来到这里，仅仅为了一架电视录像机。我的心不禁黯然。

门一响，她端着两杯冒着气儿的热咖啡进来。

“影片好吗？”

“呵？好。”

“你看吧！我不打搅你。”她把一杯咖啡放在我面前，转身向壁柜走去，“我给家里预备点东西，回头你好带走。”

“你最好快些，不然过两天再说，反正我在这里总还有十来天的时间。我今天要早点回去，下午去伦敦大学做报告，我得回去做做准备。”

“那么你连电影也看不完了。”她挽留我说，“做什么准备？外国人不那么严肃认真，你随便说说算了。只要他们不知道的，都会觉得新鲜。”

“我要有点责任心，不能敷衍一下就完，应该尽可能说得具体和透彻一些。”

“认真的人早晚都得累死。好吧，我快整理东西。”

她打开壁柜，拉出一个小白皮箱，说：“你瞧，瞧呵，别只盯着电视，反正你也看不完。你瞧这大塑料袋里的东西是给我爸爸的。这一包是送给你的。”

“干什么要给我东西？算了，你自己留着吧！”

“你不要连一件衬衫都和资本主义划清界限。那些自我标榜的马列主义者，有几个不喜欢资本主义的东西？他们有病，吃药还得是进口的呢！”

“马克思从来不这样区别世界。哎，你喝酒吗？”

“我，不……噢，你说那瓶？是朋友送的。”

“送你半瓶？”

“嗯？不，有时客人来时喝一点。哎，你干什么总注意那瓶酒好不好，难道你也是个酒鬼？你还是看这儿吧——这箱子和这包东西是给我弟弟的。对了，我还得给我弟妹几件衣服，他们刚结婚不久。你说——”她用手翻弄着壁柜里挂着的一大排花花绿绿的衣服，“我给她哪件？我真不知国内的女孩子现在都穿什么样的衣服了。”

“哪种人穿哪种衣服。”

“你见过我弟妹吗？你说她属于哪一种？”

“路上碰见过一次。解放派！”

“你不也是解放派吗？”她说。

“有区别。”

“在哪里？”

“我是有限的解放。”我不自觉提起那次在北京新侨饭店里刘海说的话。我并无意刺激她，只是随口一说。

简梅的神色立即变了，显然她也想起这句话的出处。她突然神经质地一甩头，好像要把记忆中的什么东西使劲从脑袋里甩出去似的。我从来没见过她有过这种病态动作。她向来是个打不败的强者。没有弱者那种经不起捶打的神经质。我略微感到气氛有些异样，忙换句话说：“照一个青年的话说，我是理想主义者，他是现实主义者。”

简梅沉了一会儿，好像要稳住精神的重心，随后神色恢复正常，才说：“我赞成现实主义者。”

“现实主义者也需要理想。”

“最好你别谈理想，理想对于我从来没用。你说，这几件他们在国内敢穿吗？”

“敢。连‘皇帝的新衣’都敢穿！”

“我还送他们点什么呢？”她上半身钻进壁柜翻了一阵子，拿出一条围巾和几双没拆包装的丝袜子塞进一个包里，“真不知他们还需要什么？”

“你对你弟弟还蛮不错呢！”

她听了我的话，不自觉地陷入了沉思。痴呆呆，自言自语地说：“有一阵子，他都不叫我‘姐姐’了……”一时她连手里的动作都停止了。

“究竟为了什么？”我问，“你爸爸对我讲过你们的矛盾，你们当初不是在一起相依为命吗？我真弄不明白。”

她若有所思，声音低沉：“很简单，他不过想……想，想自己的生活更好一些，设法挤我离开家，爸爸因为他比我小，偏向他，那时我真是难极了……”她头一次向我吐露这件事，也再次证实了事情的根由和简松其人。但她此刻的神情有如白日做梦，话声喃喃如同呓语：“不管过去怎样，我现在愈来愈想他们。”跟着她的头忽地又一甩，这种神经质的动作使我隐隐不安。但一甩之后，她似乎清醒过来，眸子放光，神情有种异样的兴奋。她的声调里再没有刚才那种低沉又惆怅的情绪。她反而嘲弄地笑一笑，笑里似乎含着彻骨的寒冷，“我扯那些事干什么？他们好坏，与我毫无关系。相隔万里，谁还顾得上谁？再说现在简松对我可亲了。一封信起码叫二十次‘姐姐’，当然，他并不是想我，而是想向我要点外国货。这也不怪他，人都变得实际了，我也一样。你呢？你也实际多了吧！说实话！”

我什么也没说。我有许多话说，不知为什么我一句也没说，她专注地看我两眼，忽然冲动地说：“我应该送你爱人点什么？”

“什么也别送。我不是向你要东西来的，是看你来的。这次能见到你，多难得，我已经心满意足了。真的……”说到这里，我忽然感到心里有股热烘烘的液体流向全身。

感情最容易感到。我们一下子好像都触到了埋藏在心底的昔日共同的情谊。为什么？是由于我刚刚这句真情流露的话，还是给电视机正响起的《往事难忘》这首歌唤起的？反正这伤感、浑畅、怀旧的旋律，分明已经把我心里的往事都乱糟糟地搅起来了。她似乎也明显地激动起来了，转身跑到卫生间拿来一瓶香水，“这是瓶法国香水，只用过两次，虽然不是整瓶的，就算件礼物吧！”随后又朝我叫着：“我再给你点什么，给你点什么呢……”她站在屋子中间，摊开两只空空又白白的手。

我快掉泪了，她原来什么也没有呀！

她忽从挂在壁柜里的一件男人西服的上衣口袋摘下一支钢笔给我，“你用得着。”她推开我的手，硬把钢笔插在我胸前的口袋里。她的真情实意和执拗，使我无法拒绝。

“这是你原先那位先生的？”我问。

“不……嗯？是的。”她回答得并不肯定，使我不解。

“告诉我，简梅，你们真的分开了吗？”

此刻，我们之间的气氛，已经不适于戏谑地斗嘴，而更适合于认真地交谈。

“是的。”

“你现在真的独身？”

她似乎犹豫一下，跟着点头说：“是的。”

“你那位先生不再与你有任何联系？”

“是的。”

她一连说了三次“是的”，点了三次头。

“你打算这样独身下去？”

“独身有什么不好。这里的妇女独身的愈来愈多，有的干脆就不结婚。但我必须结婚，而且必须嫁给一个英国人，我才能取得英国籍，长期住下去。”

“有一个合适的英国人吗？”

“合适？谁知道。现在还没有。”

为了出国嫁给一个陌生的人，为了留在国外再嫁给一个尚未找到的外国男人。想到这里，立时有几句刺激性的话跑到我的嘴边。但我不忍心说出来。因为我已经发觉，她已不是我原先想象的样子。我不是傻瓜，自然看得出，她脸上的笑、神气、得意和自足都是装给我看的；她的富有也是装出来的。她为什么要装给我看？

这时，我已经猜到，简山川并不知道自己女儿的真实情况。可能根本不知道简梅独身生活。

表面上的时针提醒我应该返回旅馆了。我提起她交给我的小白皮箱，向她告辞。她却非要送我上汽车不可。她说，她还要看看前天赌马的结果。到了那家赌店门口，我站在门外，把小白皮箱放在脚边等候她。只两分钟她就从赌店里走出来，从脸上的表情，看不出她的运气如何。

“又赢了三百镑？”我问。

“不，输掉了一百五十镑。”

“输了这么多！”

“这还算多？”她笑着说，脸上若无其事，好像是位百万富翁，其实她输掉了将近一周的薪金。随后她说：“我近来沾点晦气，不该来赌就是了。”

“什么晦气？”我像发现什么，紧紧追问一句。

“嗯？”她怔一下。她的神气告诉我，她已经后悔无意之间把她的什么心事泄露给我了。她马上改口说：“我是指手上的晦气。近一个月，我在俱乐部打桥牌，天天输。本来不该来赌马。不过没关系，今晚我和老板还去俱乐部打牌，说不定从今天起又会来个大转运！运气很像伦敦的天气，说变就变。”说完，她朝我快活地一笑。

她真快活吗？我没说话。心里明白，她是笑给我看的。

一个只听从命运摆布的人是可怜的。

我们在街头分手。我的脑袋好像处在构思小说时的状态中，又朦胧，又清晰，捉摸不定，捕捉不住。这是今天简梅给我的一种说不清楚的特殊感受。对于她，我好像预感到什么，又什么也猜不透。我承认，我对这个世界知道得太少了。

七

我透过车窗，欣赏着令人心旷神怡的醉人的英格兰风景，它就像康斯坦布尔笔下画的那样。

丘陵间平坦坦的原野，被收割过的庄稼的根茬覆盖；秋天的风霜把它一片片染红，再加上刚刚一阵小雨淋过，就像刚刚生育过婴孩儿的母亲的脸庞一样，平静而温柔。一群乌鸦与白鸽在地里安闲地寻找收割机粗心大意而遗落的种粒。起伏的山坡，平缓而舒展；没有突兀和棱角，严严实实披着一层厚厚的草皮，露不出一点土的颜色。分割开这些原野和山坡的是一些疏格的木栅栏和铁篱笆，还有壮美的阔叶林和深郁发黑的松林。长绿苔的茅屋，尖顶的华丽木楼，树皮搭的牛棚，停放着的小轿车和摩托车，点缀其间；在它上面是无限开阔、白云堆砌、时阴时晴的天空……然后是什么呢？还是草坡、原野、阔叶林、乌鸦、尖顶楼、木栅栏、壮阔的天空和云等，它们连成一幅没头没尾、看不完也看不腻的画卷。此时汽车的速度为每小时一百二十公里，我不感到头晕，不知由于事先吃了防晕车的药片，还是被这静谧而幽雅的异国风景迷住了。几天来，繁忙的访问带来的疲倦，以及简梅给我的复杂、费解、不可捉摸的谜一般的印象，好像都被这飞驰的车子抛在后边，自我感觉，兴致勃勃。

我去诺维赤市，访问一座有名的大学，还要去会见大名鼎鼎的布莱特伯雷教授。

珍妮小姐陪我一同前往。几天来她陪我东奔西跑，丝毫没有表现出一点倦意，那双照人的蓝眼睛也很少眨一下，但并非为了公务而强打着精神。她总那么精力十足。在这些天的接触中，我对这位小姐有了进一步了解。最初两天，她那种理性、矜持、淡漠和甩开感情因素的彬彬有礼，叫我受不了。我常常想起一句话："美国疯子，日本精鬼儿，傲慢的英国人。"看上去，这位毕业于值得自豪的牛津大学的女博士的确有点傲慢。可是昨晚她请我和一位新华社记者吃饭时，我对她的印象有很大的改变。

我一到她家，她就把她的爸爸、妈妈和一位过胖的金头发的妹妹介绍给我，还有一个高大而极其健壮的男人，他的肩膀好像有两人合起来那么宽，亚麻色蓬散的头发和簇密的胡须像鸟巢。他很少说话，大概不善交际，胡须中间厚厚的嘴唇含着憨朴的意味。他总爱抬起手搔一下脸颊和腮边。珍妮说，他是一名职业足球队员，我想是没错的；他总去搔腮须，多半由于在球场上常用手去抓腮边的汗水而养成的下意识的习惯。他既不是珍妮的丈夫，也不是一般朋友，而是她的情人。他们同居——她说得十分坦然，又理所当然。就像介绍她的妹妹或丈夫一样。我送给珍妮一小盒惠山泥人，她当时就撕开包装，把泥人摆在桌上叫她一家人来看。中国人向来不当着送礼人打开礼物，因此这做法使我感到惊奇。她的菜做得很好，但不向我让菜，我按照中国人的规矩客气一下，反而没吃饱。告辞出来时，她送我刚到门口，说声"再见"就转身回去，未等我们走下台阶就"啪"地关上门。这样待客也算是"公事公办"吗？我把自己这些不解之处和想法对同来的记者说了。这位常驻伦敦的记者听了大笑起来，他说："你不能用中国人的习惯要求他们。英国人男女自由同居，不受法律干涉。合适在一起，不合适就分开。如果举行婚礼，再离婚就很麻烦，还得花一笔不小的开销。他们接受你的礼物，必须当着你的面打开，这样做正表示他们懂得礼貌。英国人素来不爱管别人的事。你的事，如果你不说，他们很少问；他们请你吃饭，绝不让菜，不勉强你，你想吃就尽量多吃，他们反而高兴。你不吃就表示已经吃饱了。如果你假装吃饱，委屈了肚子，便不能怨他们了！"

"他们送客人出去，怎么像轰人走一样？"

"如果你这样对待他们，他们也绝不怨怪你。英国人互相都是如此。"

"我可不大习惯，好像少了点感情。"

"感情的表达方式不一样，各有各的习惯。像吉卜赛人那样热烈，恐怕你也不习惯。"

我笑着点了点头，同意他的说法，然后说："这叫作'少见多怪'吗？"

"缺少一点入境问俗的工作。"记者先开玩笑，后边的话却很郑重，"我们总爱用自己穿惯的鞋子去套别人的脚，肯定不合适。我们需要用恢宏豁达的态度看待世界。"

有时一句话能使你的思维豁然开朗。

此刻，在汽车的疾驶中，我对珍妮小姐说着闲话："你那位足球球员很有名吗？"

"阿斯通维拉队的前锋。他说他很有名。"她说着耸一下肩，

“我只好相信，因为我从来不关心足球。我喜欢高尔夫球和网球。”

“他很老实。”我说，这实际上是句客气话。

“老实？”她的蓝眼睛幽默地转了半圈，笑着说，“我发现你们中国人特别爱说‘老实’这个词儿。你们常常说某某人很‘老实’。先说这个人‘老实’，又说那个人‘老实’，但在我看来，这两人并不一样。我查了英汉字典，字典上说‘老实’是忠诚和规矩的意思。规矩又意味着什么？我们评价一个人，从来不说‘老实’或‘不老实’。喜欢说这个人‘坦率’或‘不坦率’。不管这个人的想法如何，只要他肯把自己的想法坦率地说出来就好。如果他自己有想法不说，只按你的意思去说，看起来规矩，其实不好——”

“看来我们有很多不同。”

“是的。我觉得最大的不同是，你们要求所有人都得有一个共同的目标。我们没有。我们只强调自己个人的目标。”珍妮小姐说。她的思维方式与我们不同，发现的问题也与我们不同。

我们喜好统一，世界多么难于统一；我们追求相同，万物又多么不同。还有多少不同？我想。

汽车不知不觉驶入一座古香古色、幽闲冷寂的小城。石板地上站着成群的鸽子，见车子驶近才飞起来，有的落向一旁，有的落在道边的长凳上，有的落在前面不远的街心，等待车到再一次飞起。有一只灰翅膀、白眼圈的鸽子落到汽车的前盖上，正挡住司机的视线。

“讨厌的家伙！”司机说着，一按喇叭，鸽子呼啦啦飞了。

我和珍妮都放声笑起来。一向有点矜持的珍妮小姐好像愈笑愈控制不住似的，以至笑得前仰后合，好像和什么人开了一个大玩笑。

布莱特伯雷陪我去听他们大学文学系的一节课。一位胖胖的教师讲授的内容是“亨利·詹姆士从巴尔扎克那里继承到多少现实主义？”，学生们抽着烟听课。其中两个女学生穿超短裙，眼皮涂着淡绿色，听课十分认真。开始是这位胖教师滔滔不绝地讲述，跟着是学生们各抒己见，学生们的看法与教师发生分歧，最后他们索性和教师辩论起来。胖教师招架不住这十多个青年学生的唇枪舌剑，转过头，向布莱特伯雷教授求援。布莱特伯雷对他开玩笑说：“你的工作，不是努力征服学生。如果你被他们的道理心悦诚服地征服了，也算你的成功。”

大家都笑了。

我们在学校餐厅用午餐。餐厅是一家食品公司捐赠的。一面是几十米长、纯度很高的透明玻璃，当作墙壁。玻璃外是一片开阔的草地和小树林。草地中间摆放着亨利·摩尔的铜制雕塑。好像一个人朝天仰卧，若在深思。黑黝黝的铜像在阳光下幽幽反光，并给绿草地衬托得清朗又沉静。它在想什么？人生，宇宙，忧愁还是快乐，短暂还是永恒？它知道中国吗？在地球这面生活的人，有多少人关心或想到地球那面的人？此时此地，大概只有我会想。是的，我想。我的意识比光电的速度还快。绕地球半圈，飞到北京，我妻子的身旁；她此刻恐怕还在酣睡吧，北京现在是凌晨还是午夜？故宫角楼那羚羊角般的飞檐挂着银亮的月牙吗？我家门口那家小早点铺已经亮起灯来炸油饼了吧？上早班的女工们正在抱着沉甸甸、半睡半醒的孩子站在秋寒里等候早班的公共汽车吧……

一个干哑的声音唤醒我:“你是方桥吗?”这人说的是中国话。

我扭过脸一看，一个瘦瘦的戴眼镜的中国人。

“是的。你是留学生?”我问。

“对。我叫江月明。大连工学院的，就在这座学校留学。您能到我的宿舍玩玩吗?”

尽管我下午还有其他访问活动，也许给一种异地相逢的同胞情感所驱使，不愿意拒绝他，便征求珍妮小姐的同意。珍妮小姐看看手腕上的小金表，说:“只给你一小时。”

“好!”

我赶紧吃了饭，就随江月明到他的宿舍。路上我说:“你的名字倒挺有诗意。”

“乍一听有诗意，叫惯了就毫无诗意了。”他说。

他的宿舍只有十多平方米，带一个小小的卫生间。屋里好像小杂货铺的仓库，凌乱不堪;屋角堆了大大小小许多牛皮纸箱。只有一张单人床，一只柜，一张写字台，上边都给台灯、电话、杂乱的书报和笔记本占满，没有可以使用的桌面。一切东西都给一层薄薄的尘埃覆盖。江月明请我坐在床上，一边把旧报纸团成团儿，擦着自己的椅面。

“这间屋子真该好好整理一下。”我说。

“是呵，就是没时间。平时我不住在这儿。我在校外一个英国人家里当家庭教师，教那家一个小女孩中文。我和那家人处得很好。每天下午去，在那里吃饭，晚上住在那里。一边我也可以练习英语会话，一边还可以赚些钱。他们每月给我二百镑教课费，加上节省的每天一顿饭的饭费，也是一笔不小的收入呢。”

“那很不错。你来了几年？”

“两年。”

“学什么？”

“力学。我——”

“物理我是外行。你说我也听不懂。我只知道牛顿定律，在生活中还使用不上。别的就什么也不知道了。”我说。

戴眼镜的留学生笑了。一笑，他发黄、瘦削、没有光泽的脸颊上和眼角旁同时出现了几条很深的皱纹。

“你成家了？”我问。

“嗯。我三十七岁了，已经有两个孩子，家在大连。”

看模样，他似乎更大一些。额前的头发脱落不少而变得稀疏。大概是过度使用脑力所致。

“学业几年？”

“四年。回国就快四十岁了。在这里像我这么大岁数的留学生不多。二十多岁正当年。现代医学证明，人过了二十五岁，体力就开始下降。有什么办法？我们二十多岁时，不是把精力用在发狂中，就是消耗在睡觉上。现在要干些正事，老的太老，小的太小，又得靠我们这代人承上启下。人生已经匆匆过了一半。十年前，一连熬几个通宵不当回事，现在真不行了。”他说着，有些感慨。

“你到这儿来之后，回去过吗？”

“没有。”

“想家吧！”

“怎么不想。在国内有些人以为出国是美差，当然能开开眼界，长长见识，学到不少新东西。但感情上是痛苦的。我在这里交了不少外国朋友，建立了不少令人感动的友情，却怎么也弥补不上对家乡的怀念。想家，不只是想老父老母、老婆孩子，一切都想。奇怪的是，连那些与我平时有点隔阂的同事们也会常常想念。因此，我一到伦敦就跑到唐人街的光华书局买几本国内的杂志看。因此也就熟悉了你。我喜欢你的作品，它往往使我掉泪。”

“我的小说并不伤感。”我说。

“并非伤感才使人掉泪，热情也使人泪下。你笔下的那些人物很真实，看你的小说又像回到他们中间了。我现在才知道什么是民族感情。”

“这里的华人多吗？”我问。

“不多，伦敦多。听说有几万华人，大多集中在唐人街，有些华人即使不住在那里，也常往那里跑。”

“噢？为什么？”

“你乍从国内来，很快就要回去，就不易体会到久居异国的华人的心情。他们中间大多数人，三十年前就离开大陆，到香港、东南亚、台湾、欧洲或美洲，做买卖，赚钱，发财，可是他们像一团浮云，到处飘飞，没有归宿。中国过去有句老话，叫作‘树高千丈，叶落归根’。三四十年代，一些中国人穷得受不住，闯关东，在富裕的东北混了多年，有的发迹，有的始终熬不出头来。但不管怎样，哪怕最后衣衫褴褛，带着几个破铜子儿，也要回到老家去。宁肯死在故乡，也不愿意死在异地。那是一种乡情。民族感情可比乡情强烈又深沉得多呢。所以他们常往唐人街上跑……”

“找根吗？”

“根？对，找根！”他连连点头，同意我这说法。

“唐人街上扎不下根来。它不是真正的故土，只是摆在异国的一个花盆。”我说。

“你说得好！但他们找根找得十分痛苦！”江月明说到这里，一股沉重的情绪使他的脸拉长了。他用手指按着眉心处的眼镜架向上推了推。

大概我职业的习惯，就是被感动和设法感动人。听了这留学生的话，我的心陡然被感动起来。不知为什么，眼前忽然几次地掠过简梅的身影。

“在唐人街生活的华人，日子不见得好过吧！”我问。

“当然。尽管人们愿意生活在自己同胞中间。但大家都在唐人街上谋生，都想赚钱，必然互相倾轧，情况就不同了。凡是在唐人街上谋生的人，大多是在这里没什么办法的所谓‘低等华人’。拿着中国的特色和风味，从喜欢猎奇的外国人手里赚钱度日，因此那里没有大买卖，都是本小利薄的小店小铺。再有，像什么性商店之类的低级玩意儿，反都集中在唐人街一带，真糟！”

我忽然觉得谈不下去了，很想换一下话题，我看见墙角一大堆牛皮纸箱，好像是装电视机用的，便随口问道：“你买这么多电视机？”

江月明笑了。

“买这么多电视机做什么？这里边都是仪器，我买好准备将来带回去的。我们的试验室的设备实在太差！”

“谁给你的外汇？”

“哪来的外汇，是我自己节省的，加上教课费，钱也不少。有些太贵的仪器可以买旧的。这样回去工作起来就会便当些。”他咧开又扁又大的嘴朝我笑了笑。他做得很动人，说得很平淡。

“你一定很艰苦。”我不由得说。

“艰苦比享乐更有内容。你说对吗？”

他说了一句很好的话。于是在我眼里这个其貌不扬的留学生就变得非同寻常了。对于一个找到生命真谛的人，不必去赞美他，赞美是一朵花，戴在朴素的人身上并不相称。当他把自己的一切祭祀给所信仰的神圣事业时，还顾得上别人的毁誉？少数人头顶上的光圈是画出来的，许许多多真正的圣者却活在普通人中。中华民族有多少这样的儿女？谁统计过？联想，使我的思维再一次跳到简梅身上。她过的是一种什么生活？为了试试自己的运气，一百镑就随手扔掉；而这个留学生为了祖国的进步，默不作声、心甘情愿地从个人身上一个个便士压轧出来，一个挥霍自己的生命，一个奉献自己的血汗，人与人之间有多大距离！

每人走一条路。路是命运安排还是自己选择的？

在我们分手时，我什么话也没说，只是情不自禁地用力握着他的手，摇了又摇。情感有时必须用力量表达。这时我心里产生一种欲望，恨不得马上见到简梅，尖利地刺激她一下。

八

五天后，我从伦敦周围的几个卫星城转了一圈，回到了金拐杖旅馆。服务台的职员交给我房间的钥匙。只见钥匙的环孔里插着一个折叠的纸条。上面写着：

方作家：

两次登门拜访，都吃了闭门羹。这次才知您出游到外地去了。您嘱买的书已经买到。请周四上午来我家取。大概您后天就要回国了吧！

简梅　12日

看来只能和她见一面了。

明天，周四，可以去。

这几天好累！诺维赤、剑桥、牛津……会见、座谈、报告、访问、应酬、询问和解答，连嘴巴都累得酸疼！晚上来不及洗澡就倒在床上，好像无知觉地掉进一个软绵绵、没有边缘的大坑里。一觉醒来时，已经是第二天早晨九点了。好在今天下午游览市容，上午无事。我没有吃早餐，就赶往简梅家取书，不然她就等急了。

赶到她家，穿过黑黑的走廊，敲敲她的房门，一次一次，直敲到第三次，以为她等不及我已经出门了，才要留个条子塞在门缝处，却听见里边简梅含糊不清的声音：“谁？噢……等会儿，稍等一会儿，就来。”

她还没起？去俱乐部打了一通宵的牌？夜生活？我想到前几天在诺维赤市见到那个令人尊敬的戴眼镜的留学生，心里又涌起用话狠狠讥刺她一下的念头。

我站在走廊上等了片刻，门响后开了一条缝。露出简梅的身子，她穿一身浅色、碎花的睡衣，头发蓬松缭乱。她对我点点头说：“请进来，进来。”声音很轻，目光还带着没有完全清醒过来的蒙眬的睡意。

“对不起，打断了你的美梦！”我已经开始刺激她，“你把书给我，我就走。”

“不，你进来等等我。我有事要出去，待一会儿，咱们一起走。进来呀，没关系！”

“不，不，我还是在走廊上恭候吧！”

她笑了，“你怕什么？英国人向来不说别人闲话的。你进屋坐，我去卫生间换衣服。怎么？马克思不是也反对孔夫子吗？”她已经把门敞开，但她说话声音依然很小，与她平时的声调不同。

我有些尴尬地进了她的房间，坐在那张特大的沙发上。屋里拉着半透光的窗帘，空气中有股一夜未曾流通的噎人的浑浊气息，还混着淡淡的难闻的烟味和酒味。在依稀的光线里，只见她脸上没有化妆，嘴唇颜色很浅，脸色更显苍白。好像给水泡过的画：光彩、色泽、亮度，都褪去了。她扭身从床边一张椅子上抱过一堆衣服，蹑手蹑脚走进卫生间，仿佛还有什么人在屋里睡觉似的。她又为什么不拉开窗帘、敞开窗子呢？在晦暗不明中，这个一半生活混在谜里的女人的房间渐渐显现在我面前，打开盖儿的空酒瓶，杯子，满是烟灰和烟蒂的烟碟；床中间一大团被子，床单揉乱。忽然我一惊！被子中间竟有一个男人的脑袋！由于面孔朝里，只能看见长长的黑头发，是个中国人！怪不得她刚才的声音和手脚那么轻。这人是谁？难道那个抛弃她的丈夫又回心转意了？这时，床上的男人懒懒地一伸胳膊，把盖在身上的被子推向前，露出赤裸裸、光溜溜的后背，从脖子一直裸到腰下，几乎露出屁股，看了很不舒服，我马上把视线移向屋角。

这时简梅已经梳妆打扮完毕走出来。她还穿那身深红色衣裙。擦过粉，描过眉，涂过唇膏，用过香水，又变了一副样子。她走到壁炉台上拿手表时，瞥见床上这个几乎裸体的男人，她以一种自然而然的态度顺手一拉被子，给这男人盖上。然后从柜里拿出一包书递给我，又拿了围巾和皮包，轻声对我说："走。"

我俩出去。

从这憋闷的房间出来，感到伦敦的潮湿空气分外清爽，沁入肺腑。

走了一段路，我俩都没说话。我似乎有话难说，她好像无话可说，只字也不提屋里那个男人。我有些忍不住，"你那位先生重返故林了？"

"哪位？噢，屋里那个？不是，那不是他。"

我吃惊不小，还有谁？她不是独身吗？未等我问，她就说："是我们老板。"

"老板？怎么？和你？"

一瞬间，从我心里爆发出的惊愕、关心和迷惑不解，她显然都感到了。她告诉我——又像是一种解释："他待我很好。他怕我寂寞，每次去俱乐部都带我去玩。家里那架录像机还是他搬来给我看的。"

呵，她家仅仅一件贵重的物品，也是别人的；那老板到底为了她，还是为了占有她？一个无依无靠的独身女人，究竟为了什么样的生活才不惜任人……我简直不敢往下想了。我的头皮发胀，心里填满无名火，嘴巴不住地哆嗦。

"他，他有家吗？"我几乎是用审讯的口气说话。

"大概有吧。如果有也只能是在香港，反正在这儿没有，他一直和我做伴。"她并没反驳我，回答得挺顺从。

"会长久做伴吗？"

"人生没有任何东西是长久的。"

"他会和你结婚？"

"我不会和他结婚。"

我完全不明白了，忙问："为什么？"

"我对你说过，我必须嫁给一个英国人，才能取得在这里久居的权利。他也是从香港来的，连他本人都还没有入英国籍呢！"

"真实际。他也不想和你结婚？"

"我们在一起，从来没谈过结婚。"

"他喜欢你？"我问。

"可能。"

"可能之外呢？"我问得相当不客气了。

"那就是另一种可能，但没什么。说明白些，我需要他。"她说明了一切。

“需要？为了塞饱肚子，为了赚钱，就不惜——”愤怒使我无法注意说话的措辞和分寸了。

她突然扭头，脸色煞白，气冲冲地对着我的脸叫着：“请你闭上嘴，我有选择自己生存方式的权利，这里不是中国。你可以惊讶，可以反对，但你无权干涉。我的生活是我自己的事。我不相信别人能够无条件地让我高兴，因此我活着只能为自己高兴。怎么高兴就怎么做。我跑这么远到这里来，就是为了躲开你们这种自以为是的生活的教师爷。再见！”

说完，她跳上一辆刚刚开来的公共汽车，把我撂在闹市街头，我双手抓着那包书，看看左右潮水般来来往往的人群，一时不知自己身在哪里。

我们在异国相逢就这样告别了？

九

当晚，我接到她的电话。她的声调变得委婉柔和，但不提白天的事。她非要明晚请我吃饭，为我送行。多年来她一向用那好斗的、任性的、尖刻的口气对我说话，很少这样温柔，几乎是种恳求。这就使我由于白天的事惹起的烦恼，顿时消减大半。心软下来，还生出一些同情。这个曾经有着美好希望、纯真而好强的女孩子，如今背井离乡，身在异地，被压抑在生活底层，无以摆脱，任人摆布。尽管她赚钱多一些，享乐的方式多一些，但她在我眼里再不是强者，而是一个装扮的、躺倒的、垮掉的强者，纯粹一个弱者。只不过以一种玩世不恭的态度麻痹自己内心的苦痛，拿着强撑起来的面子对人遮掩自己凄凉的窘境罢了。这个生活的大胆的嘲弄者，当她依照自己的意志去生活时，反而被生活嘲弄。这到底是生活的悲剧，还是个人的悲剧？如今她已然溺入深渊，无以自拔，只有随波逐流，摸索着求生的木板，最后摸到的可能仅仅是一根并不能解救她的草棍……于是，我觉得自己对她过于严厉和刻薄。既然无法帮助她摆脱这一切——她也许还不想摆脱这一切——那么就多说些宽慰她的话吧。何况我后天就要回国，故此我决定明晚见到她时，不再说一句刺激性的话。

她请我吃一顿地道的英国饭。

这是一间英国情调十分浓厚的小餐馆。守在唐人街的街口。迎门是一个五光十色的小酒吧，各种酒，各色小灯泡，相互辉映；柜台边包着的铜皮都给客人们的袖口磨薄。墙檐上陈列着各式各样刻字的铜盘、古代的酒桶和帆船，使人感到一种遥远的时代气息。壁炉里烧着木炭，台上摆着自鸣钟，炉前趴着两只狗，一白一黑。黑的又丑又大又壮；白的腿长身细，短尾巴，脖子上套着皮项圈，像只猎犬。地毯的经纬已经松散，边缘破烂，图案相当古老，所有桌上都摆着鲜花，餐厅深处放着一架立式钢琴，涂着白漆，只是没有一位身穿燕尾服琴师在那里轻轻弹奏……

屋顶垂下几盏结构繁复的鎏金大吊灯，没有点亮；数十盏壁灯散着幽幽的柔辉。人很少，互相躲开，散在四处。一个老人在屋角摆牌，嘴角衔一支烟斗，桌上放一杯饮料，显得异常清静。大部分英国人都痴迷于这种旧时代的生活情调。是怀旧还是保守？是时代前进还是生活倒退的结果？

“我很喜欢这餐馆，它使人想起狄更斯笔下的画面。”

说完这话，我马上警觉到：简梅又要故意嘲弄我什么了。但没料到，她没说话，神情沉郁，不像为一位老朋友送行，而像送别。可能由于她昨天对我泄了底，过后她后悔了，因此再打不起精神来。我还发现，她今天没穿那套红衣服，而是最初见面时那一身黑。化妆也很简单，神采顿减大半。有如失败的斗士，连眸子也黯淡无光了。

“我明天一早就走了。飞机票已经买好。”我说。

她低着头，用小银叉下意识地把盘子里一颗小蘑菇拨得转来转去，说话声十分低沉："真遗憾，本来我应该陪你看看蜡人馆、伦敦塔、柯南·道尔的公寓、卡纹德市场……这市场专门出售英国手工艺品，你准喜欢。"

"将来还有机会。"

"将来？"

她没有接着说下去。怎么，对于她没有将来吗？她突然端起酒杯，一饮而尽。这动作很放纵，却陡然使她兴奋起来。笑容出现在她漂亮的脸上，她的声音也响亮起来："你再来，我陪你玩遍整个英国。"

整个英国？她恐怕自己还没离开过伦敦呢？这话安慰我，更像安慰自己。也许这句话比酒更能陶醉她自己罢了。我苦笑一下，真诚地问她："别生气，简梅。我看得出来，你生活得并不如意。告诉我，你为什么不回去？"

这句话顿时扫却她满面笑意，沉了半天，她眼睛直视着我说："我回去能干什么？"

是呵……她已深深陷入一口污井里，在中国人的道德习惯中，她几乎无法生存，即使想诚实地重新生活起来，也无法排除可能出现的各种困扰。而在这里，她的一切都是正常的，无人干涉，没有是非可言。她是不可能回去的。她一定后悔过，但后悔过来早已迟了。

我动了感情，"简梅，我马上要走了。你这里一个亲人也没有。你前面到处是关口，没人保护你，替你出主意，遇事也没人商量，这就全靠你自己了……好在你这个人身上脆弱的东西不多。但当人与人的关系充满利害而互相盘剥，生活必然严酷无情。我说什么呢？本来，我满肚子都是动感情的话，但感情对你现在来说，的确很多余。它会软化你的心，而你的心非硬起来不可。学会冷静和判断吧！我现在收回这些天来对你说的那些刻薄的玩笑话，化成一句有用的话送给你：找一条坦白而有意义的路吧！尽管在这里走起来很难。你完全能够这样做。因为你好强，你懂得生活的意义和生存的价值，更因为我曾经是你生活道路上的见证人。我还记得……"

说到这里，我就再说不下去了。伸手去拿酒，手是颤的，一端起杯子就把酒摇晃出来，湿了桌布。

这时，只见她的头又一次猛烈地一甩，好像要甩掉里边所有的东西，无论是过去的还是现在的。对她这个非正常的、病态的神经质动作，真使我有点害怕。看来这是她曾经受了什么强烈的刺激之后留下的毛病。此时，她又快活起来。朝我笑了，请我饮酒，给我夹菜，尽量扯闲话，说话却东一句，西一句，前言不搭后语。好一顿沉闷、压抑、缭乱、心不在焉的晚餐呀！这天吃的什么，我一点也不记得，只记得她整整一顿饭，总用叉子去拨弄那小蘑菇，最终还是没有叉起来，孤零零留在盘中。

侍者用一只花边小碟子送来账单。四十六镑四十便士。

她拿出一张五十镑钞票放在碟中。

侍者又用那只碟子送来找回的钱，她一挥手，表示是小费。侍者道谢含笑而去，这显然是一笔相当肥厚的小费。她这一挥手，动作很有气派，好像家财万贯，她是不是又装给我看的？

我们走出来，一阵湿漉漉、凉爽而特殊的气息扑在脸上。眼前一片空茫、浓重、乳白色的空气在流动。遮掩一切景物，只有牛津街千奇百怪、耀眼的霓虹灯远远近近地闪亮。

“下大雾了，真难得。这个有名的雾都如今很难得下一次雾，雾也快成了古董了。”她说。

“这说明我很幸运。”我用愉快的口气说。我想在临别时制造出一点轻松的气氛来。

她的反应却是淡淡的，她说：“咱们该分手了，我得回餐馆去，今晚老板不在……”她提到老板时，好像舌头尖被什么蜇了一下，本能似的戛然而止，然后说：“我只求你一件事。”

“什么事？”

“你回国后，关于我的情况，别对我家说。千万不要告诉我爸爸。”

这一句话等于告诉我一切。我的心好像加重了，往下沉，心里苦的、辣的、酸的、涩的都有，只是没有甜的。

我点点头。

“好了，再见！”她说。

这是难得的一别，比相见似乎更难。怎么向她表示？我正在想。她却已然转过身子，径自去了，头也没回一下，就像英国人分手那样；她已经连习惯和人情都异国化了……在大雾里，她那通身乌黑的身影飘然而去，好像也化成一片没有形体的雾气，融化在这模糊又浓重的空气里。人走了，只剩下霓虹灯花花绿绿地朝我挤眉弄眼。

十

将要登上归程，反而思乡心切，恨不得一下子跳上飞机，但又觉得一双腿是沉重的，迈不动，总像这里还留下什么悬而未决的事。当珍妮小姐对我说："方先生，欢迎您再来。"我却忽然把手提包儿放在珍妮小姐的怀里，说了声"对不起"就跑进公用电话的小屋，把十便士硬币塞进一个小孔，按了简梅所在餐馆"钻石酒楼"的号码。接电话的是个男人，我请他替我赶紧找简梅说话，可是我还不知道自己要对她说什么呢，接电话的男人告诉我一个万分意外的消息："她遇到车祸，在医院。"

"什么？什么时候？"我大叫。

"今早。"

"她怎么样？请你告诉我。我是她的朋友，从国内来的，马上就要回国。"我说。我感到两条腿发软。

"请等一等，我去请老板和你说话。"

跟着，一个声音浊重的男人用广东腔对我说："你是她什么人？"

"朋友。我是——"

"你就是前天早晨去她家找她的那位吗？"他问。

"是的。"我说。心想你就是那几乎裸体的男人！我对以任何方式占有女性的人，一向都报以难以忍受的反感，说话也挺冲，"我是向你问简梅的情况，不是请你问我的情况。简梅现在怎么样？”

“噢，你放心好了……”他口气放得平和一些，不像刚接电话时那么盛气凌人，“她不过给车剐一下，伤并不重。”

“你去医院看过她？”

“还没有……我也是刚听说的。我给医院打电话，医生说没有骨折，很快就能出院。我一会儿去看她。也会把您的问候带给她。”

一口商人腔！他用对付我的口气说话，使我怀疑他隐瞒真情，有欺骗成分。我手握着话筒不知该问什么，他的声音却在话筒里响了:“我很忙，对不起，我放下电话了。”不等我再说什么就“啪”地撂下话筒。

“喂，喂！”我叫。已经断线。我再拨就拨不通了。

这时珍妮小姐隔着电话室的玻璃门，向我示意，登机的时候到了，要我马上去。我走出电话室时，脑子极其混乱，大概也表现在脸上了，使得珍妮小姐的蓝眼珠对我诧异地打转，“你怎么了，方先生？”

我摇摇头，没说话，从珍妮小姐手里接过包儿来，一起向检票口疾步走去。珍妮小姐也不再问我什么。幸好英国人不爱打听别人的私事，这就使我不会因此而多费口舌。人经常有些事是不想对旁人说的。我就这样带着不安、焦躁、一筹莫展的心情默默踏上归途。

简梅到底怎么样？恐怕我永远不会知道实情。她是否真的遇到车祸我还怀疑呢！

机头朝东，我回国了！

回国的人心里都有种幸福感。出国的人当然也有种幸福感。这两种感觉的不同，就像水手们出航和返航。

飞机载着我渐渐与家乡里的至爱亲朋们一点点接近。

但此刻我这种幸福感被烦乱的情绪搅得一塌糊涂。舷窗外是漆黑的夜空，机舱的大灯都闭了，许多乘客已呼呼大睡，我睡不着，打开头顶上的小灯，从手提包里掏出笔和纸，给简梅写信，我要把这封信写好，一到北京机场就寄给她。这样可以最快地得到她的回信。

在小灯细长的光束里，我刚刚写了“简梅”两个字，便发现手里的笔是简梅送给我的那支。一支很粗的黑色钢笔。不知为什么，我眼前忽然出现在简梅床上那个头发又长又黑的男人的背影——我始终就没见过这男人的脸；我立刻想到这支笔绝不是抛弃她的原先那丈夫的，就是这老板的！于是这支笔拿在手中就有种别扭的、龌龊的、不祥的感觉。我真想把这笔从飞机上扔下去，可惜飞机上没有可以抛出东西的地方。只好把笔帽套上，塞进提包，又掏出我自己的笔，却怎么也写不出一个字来了。

我默默坐了许久。舷窗渐亮，向下望去，目光穿过轻纱一般飘飞的烟云，飞机早已飞过繁华又拥挤的欧洲大陆，此刻正在阿拉伯大沙漠的上空横飞；机影在下边平荡荡的金色的沙海上掠过，很快就要飞入亚洲了。

仿佛没有任何原因，我的心头猛然响起莱蒙托夫的两句名诗：

你期待什么，在这遥远的异地；
你抛下什么，在你自己的故乡？

我感到两颊有些发痒，手一抹，是泪水，咦？我怎么流泪了？

尾声

多么熟悉、多么舒适、多么惬意；连阳光、树影、人声、街头巷尾、空气和风，乃至尘埃，这一切仿佛都属于我自己的。回到家了？是回家了！世界上只有自己的家才是最舒服的。

北京，东交民巷，那扇黑绿色的小门。我提着简梅交给我的那个小白皮箱，站在这门前，心里顿时生出无限感慨，我已经无数次站在这小门前，但这一次与以前每一次都不一样。进了门，楼下响着悦耳的音乐，简松迎出来，他对我露出那甜甜的、讨人喜欢的笑。但如今我已分明感觉到，这笑只是他面部的变化，与他内心毫无关系。我便不自觉地对他无内容地笑一笑。他把我迎进他的房间，如今这楼下一层都属于简松的了。他已经结婚，爱人和爸爸简山川都去上班，他依旧没工作，一人在家。看到他室内的家具陈设，就知道，他的生活会使不少年轻朋友艳羡不已。他把录音机关上，对我客气但不很热情，待我说明来意，他才想起给我沏茶。我与他谈话时，他却心不在焉，目光不住地在那小白皮箱上扫来扫去。

“我见到你姐姐好几次。”

“是吗？真逗。她还好吧……”

本来，我有一种心情，想对他透露某些简梅的情况，甚至打算告诉他简梅遇到车祸的事。当我发现他的兴趣并不在他姐姐身上，而在那个没有打开而装满洋货的小皮箱时，我就感到一阵悲哀。好像一个冰冷的浪头打在我的心上。这漂漂亮亮的小白皮箱里，装着多少艰辛、苦涩、令人难过的内容……我忽然悟到一个道理，世界上有些事只应存在关切它的人的心中，何必换取廉价的同情。于是我一刻不想多坐，站起身和简松握过手，告辞走出来。我走在这秋光照亮、落叶满地的寂静的小街上时，心想此刻简松大概已经把小白皮箱翻得底儿朝天了。

一片又一片大杨树叶子从半空中，忽悠悠打着旋儿，擦着我的肩膀落在地上，引得我的视线也落在这满地落叶上。这些叶子，有的已然黄褐枯干，有的依旧崭新碧绿，完全可以在大树上存留，充足地鼓足和胀尽它们的生命，在阳光里闪烁，在风里喧哗，在高高的空间伸张开它美丽的形体。它们不应当过早地脱落，飘然不定，任路人踏碎。这时，我有一种渴望，想使自己化为一股神奇的风，把这地上的落叶全都吹到树上去……

1982 年 8 月 12 日　天津

感谢生活

火车已经开过三站，这包厢的其他铺位依然空着，多半没人来，那可真要谢天谢地了！长途旅程中，没熟伴，就最好也没生伴，一个人自由自在。特别这些年，可能由于人与人关系变得太可怕，处处藏危伏险，一不留神就陷落下去，我便总喜欢自己陪着自己，在淡漠中寻求宁静。只有在没人的地方才自由吗？在没人的地方活着还有什么意思呢？

几小时前天就黑了，可是猛然外边射进的强光照得眼睛发花，不等弄清是对面来车还是到达什么站头时，车身“咣当”一晃停了，直把杯中的水晃出一半。那时司机就这么停车，总像憋着多大的火气拿旅客撒。不知哪个包厢的孩子被吓醒，哇地哭起来。我把脸贴着冰冷的窗玻璃往外看，原来是辽河平原上的郭家店车站。但在那一条条涂满口号的水泥桩子中间，看不见几条人影；寒风把刮落的大字报团成一个大纸球似的，在月台上缓缓滚过。很快鸣笛和关车门的声音过后，再“咣当”一下就动起来。看来今儿一夜这包厢属于我自己了。我躺下来，闭掉顶灯，扭开床头的小壁灯，在半明半暗的光线里，松弛思维，放纵想象，打算任意享受一下孤独才有的安宁。忽然“哗啦”一声包厢门拉开。糟糕，来人了！

我忙起身开灯，没见人进来，却先拱进一个笨重的大牛皮纸箱。纸箱撂下，现出一个中年男人。我刚想和他打招呼，可他喘着粗气，脱下带着寒气的棉大衣往铺上一扔，回身又提进个破旅行包，拉锁坏了，中间用麻绳捆扎起来；还有一个绿帆布面的脏得发黑、边儿磨毛的大画夹。他把东西往里一放，赶紧回身把包厢门拉上，动作紧张得好像是个没票混上车的。他进来后没搭理我，而是仰着脸为他的大纸箱找地方放好。待他坐下来，我问他："外边很冷吧！"谁知他好像没听见似的，又起身四下看看，再把那大纸箱挪到门上边的空格里去。我见他举那纸箱挺吃力，刚要问他是否需要帮忙，他一用劲，正对着我脸的屁股，"噗"地放了一个又粗又响的屁。我从来没见过这样不通人情、不懂礼貌的人！而且他放好纸箱之后，也没向我道歉，只用他死鱼一样淡灰色的眼睛瞅我一眼。瞅我时，眼睛一觑，好像看什么费眼的东西，真叫人讨厌极了！我预感一次不愉快的旅行就此开始了。

我决定不再搭理这家伙，头靠一边，假装打瞌睡。但这家伙一会儿也不闲着，总出声音。先是"嚓"地划着火柴抽烟，吐烟的声音好像吹气，然后听见他总在自言自语念叨着，什么"车速太慢""暖暖手吧""黑夜、黑夜、黑夜"……我想大概这家伙精神上有点毛病。后来这家伙就折腾开了，坐不一会儿就站起来，总去把那纸箱弄得咯吱咯吱响，我把眼微微觑开一条缝，只见这家伙正踮着脚把棉大衣盖到纸箱上去，完事还没坐下，又去拉开棉大衣，让一个箱角露出来，原来这箱角上有一个撕开的洞。这引起我的好奇。纸箱装着什么东西怕冷又需要空气？显然是活物。起初我以为是偷运的鸡呀猫呀鸭呀之类的东西，但为什么没有叫声？即使不会叫的兔子，也会有响动。这时，更稀奇的事出现了。这家伙回头看看，以为我睡了，便轻轻登着铺边上去，把嘴对着箱角的小洞，居然小声说起话来：“憋坏了吧！忍一忍，天亮就到了！”

啊呀！这是人贩子吧！但两尺多长的纸箱绝对装不下一个人，多半是小孩吧。可他背着画夹子干吗？伪装画画好遮人耳目吗？我等他坐下来，仔细瞧一瞧他。幸好我在阴影里，觑着眼看不出是醒是睡。却见这家伙头发像一团冬天蓬乱的干草。平板板的脸上蹭上一块块灰，好像刚从什么地方钻出来的。瘦瘦的手上净是伤疤。格斗留下的疤痕？再瞧，他从旧制服、破绒衣，直到里边的烂领子的衬衫，领扣儿全没扣。胸前一个扣子还扣错了眼儿。这副狼狈相，活像一个越狱出逃的犯人。可是细心打量一下，他浑身上下沾满颜色，新的痕迹压在旧的痕迹上边。还有种散漫的、不经意的、脱俗似的气息，不知从他身上还是脸上散发出来。他那天生的红眼边，给人一种忧郁感。一个落魄的穷画家吗？怎么坐得起软卧？这又和那神秘的纸箱怎样连到一起？我脑袋里对这一切无法形成明确的判断。好奇心和一种莫名的不安，使我忍不住问他：“那箱里是什么？”

他差点蹦起来。“你吓我一跳！你没睡着？”他惊慌失色，显然那纸箱里装着非常之物。

等他像刚才那样着意瞅我一眼后，便说：“你先回答我一个问题，咱再往下说。”

他反而来问我。不等我开口，他进而把问题提得十分具体：“您是作家？嗯，我没说错吧！”

“我？”我不知该怎么回答。那时，“作家”这两个字是一种光荣还是罪过？我苦笑一下说：“……以前写过东西。”

“好了！其实我第一眼就认出您来。”他顿时松弛下来，脸上的惊慌像水纹一样忽然没了，身子往后一仰说，“您不会认识我，我是您的读者。以前在报刊上常见到您的照片。连批判您的文章也读过，当然是揪着心读的……”

这几句话，似乎使我们在相互了解之前就沟通了。我觉得，我对他那些猜疑也变得毫无根据。

“你……”我想问什么。

他从衣兜摸出一盒揉成卷儿的破烟盒，从中掏出一根只剩下半截却没舍得扔掉的烟卷，点着狠狠抽两口，再用力吐出来，然后隔着面前浓浓的烟团对我说：“我给您讲个故事吧！”他见我有些诧异，就用手指指上边说：“您不是要知道那箱子吗？还有我，都在这故事里。我这个故事没对任何人讲过，但我愿意讲给您听……”

我从他的目光中感受到一种信赖。人民的信赖是作家最大的幸福。如果你是个严肃的作家，便会常常碰到这种令你深深感动的情景：一个陌生人，怀着虔诚，把久闭的心扉突然朝你敞开。似乎只有你才肯用心，并能够体会那中间的一切。那么，你获取的绝不止于这秘密了。

这时，他已然扭头，把那淡灰色的眼睛对着漆黑一片、冰天雪地的窗外，望了一会儿，再扭过来时，便好像换了一双眼睛：炽热，逼人，烁烁发光，仿佛有种压抑不住的东西要从这眼里炸开。烟头带着火，就在他食指和拇指中间碾灭。“是这样——”他的故事开始了。这几年，风云变幻，天旋地转，以至无论怎样古怪奇特的事听起来也不动声色，谁知道世上还有这样一个难以想象又撞击人心的故事……

他答应我可以写出来。为了他的安全，我一直靠记忆把它保存心中，只有在今天才能如实地写在纸上。

一

他妈的！您别怪我开口就这么一句。我一想到过去的事，不知怎么，这三个字儿自己就蹦出来了。

那是六十年代初，我从北京美术学院毕业。我是学油画专业的，不是吹牛，我是那一届公认的尖子。我认准自己一定被分配到美术馆、美术出版社或艺术研究所那些专业部门。那些部门也在争我。和我最相好的一个女同学打听到，我可能被留校当助教。我那时真是兴致勃勃，恨不得一头扎进社会里干一气。“拿着画笔向生活和未来报到！”我整天喜笑颜开地这么说。可是“报到通知单”到手一看，我傻了，上面写着报到单位：迁西县第二陶瓷厂——一个开玩笑也扯不到的地方。开始我以为搞错了。当我看见“报到人”一栏清清楚楚写着——华夏雨——是我的名字，我感到这单子黑了。我的向往、抱负、前途、计划，连同我挚爱的她，全都涂在这黑纸上了。直到我在北京站等候开往迁西的火车时，还像做梦一样，不相信这变化。为什么？这怎么可能？出什么事了吗？

当时，我怀疑这种“草菅人命”式的分配是系主任捣鬼。因为我和他的艺术观点截然相反，简单地说，他把艺术看作学问，我把艺术当作生物。我们常常弄得很僵，偏偏多数同学都站在我这边，深深伤了他的自尊心……他怎么肯留我？嘿，其实这完全冤枉了他。我倒霉的根由与他毫不相干。他妈的，叫谁也绝想不到……待会儿我再说这段吧！

命运开始折腾起我来了！让我充军到这么个鬼地方，下车也没人接，只好自己扛着行李走，越走心里越冒火，几次想掉头不去了。

可我站在陶瓷厂门口往里一看，乖乖，事情就变了。我一下子把行李扔在地上，眼前的情景将我震住。瞧瞧！大片开阔地上摆着成千上万正要装窑的泥坯，海碗、大缸、瓶子、坛子、罐子，没烧过的泥坯有股子野味的、生性的、原始的美，粗糙、圆厚、紫的、白的。干活的窑工们都光着膀子，坚韧的脊背晒得又黑又亮。背景的大土窑，好像平涂上去的砖红色和土黄色。我从来没见过这种单纯又辉煌、雄性加烈性的颜色！生活中的颜色永远充满生气！太新鲜、太独特了！我几乎什么也没想就爱上这地方了，兴冲冲进厂报到。

厂党委书记叫罗铁牛，给我感觉像个小商贩，又矮又有点歪的身子，像个压瘪的鞋盒。他对我的态度很微妙，客气后边好像藏着什么。他领着我在窑上和车间里转转看看。工人们对我也不理不睬，个别年轻人好奇地瞥我一眼，赶紧低头干活，年岁大的干脆头也不抬。我以为闭塞地方的人对外来的大学生都有种畏惧心理。我朝他们友善又亲切地微笑。其实我又猜错了！他们对别人并不是这样。

您要是没干过陶瓷，绝想不到，那是一个怎样奇妙的世界！一个平平常常的日用瓷碗，要经过几十道工序，更甭说瓶儿罐儿的了！处处都有讲究，都含着艰辛，都藏着神秘。铸浆的小姑娘，一个月要用木桶把一万三千斤瓷浆灌到模子里去。这些车间下边都有大地灶，把屋里烤得像蒸笼，为的使泥坯快干。三伏天，热得那些没结婚的小姑娘也脱光膀子，顾不得别的了。有人说“每一件瓷器都有陶瓷工人的汗水”，那种说法太空洞。应该说世界上无论多精美的瓷器都是从这里出去的！

我在拉坯车间看到一个高大壮实的老汉在做瓶子。他把一摊软泥放在台子上，脚蹬轴碌，双手一提，没见他手指怎么动，一个式样古朴、神气活现的大瓶胎就出来了。这地方的瓷器与景德镇的不同，不求匀整精细，看上去笨重，可有股拙劲，一股雄风，尤其这老汉拉的瓶子，个个赛活的，有神气，有姿态，好像安上眼就会说话！我被他的手艺感动了，情不自禁问他：“老师傅，您这是怎么做的？”

他对我这句实际上是赞美的话并不高兴，偏过半张大肉脸，生硬地说：“使手做的！”

这句话像把一团泥塞在我心口上，真憋气！我心想一辈子也不再搭理这老家伙。您别以为我真会这样，我天生不会记恨人，过去就忘了。

罗书记叫来一个细高、文气的青年，他皮肤像绸子一样光滑，见面就笑眯眯。他叫罗家驹，彩画组长，以后我归他领导了。我很高兴，因为他是我遇到的第一个热情的人。他领我去后院看“宿舍”，争着抢着帮我扛行李，他说早就听说我要来，一直盼着，还要拜我为师。话里没虚假，我在美院时，也常在业余作者那里感受到这种殷切的敬意。后来我才知道，罗家驹在厂里非同寻常，他既是罗书记的表侄，又是头号秀才，人极聪明，十几岁就进厂，对各种洋彩和花釉熟悉得赛过一个老娘儿们使唤油盐酱醋，还能画素描、国画、水彩，写草书和隶书，全靠自学，在这县城，有这两下子，就算半个圣人。虽然照我看，他这些不是凭天赋而是靠精明达到的……

罗家驹指着一间破屋说："您别怨怪，厂里都是当地人，没宿舍。这还是几年前，会计的亲戚打秦皇岛来找活干，也是个画画的，没地方住，就住在这儿。原是里外间，那人走后就堆乱七八糟东西了。听说您来，只能先腾出外间应应急，等有地方再把里间也腾出来……"

我打量一下这屋子，真不能算是住人的。总共也就三四步见方，大小且不说，它倒像没入窑烧制过的泥坯。地是黄土地，墙上刷过一道大白也差不多掉净了。屋顶没扎糊，露着草笆和带树皮的黝黑的椽子。里外屋中间没门，用木板隔开，一种阴冷加上积尘的"仓库味儿"从木板缝透出来。简简单单几件家具，窗台上还有一层没除净的青草的根茬……怎么，您以为我很恼火吗？不，我这人倒不在乎这些。如果一座宫殿和一座森林，由我来挑，我必定选择森林。因为大自然会给我无穷无尽的感受，我把它们都能变做艺术。特别是我那后窗户，外边是开阔的河滩和无声的荒野，它和我屋里无雕饰的一切，融成一种单纯又自然的美，一种诗的气息。多棒！

想想看，那时我只有二十多岁，从学院走出却没有从艺术走出来的人，对周围的一切都充满艺术的敏感。一切事物，有生命或无生命的，好像都在发光、喘息、出声。连阳光、风，摇动的树影，恬静、微细、亮晶晶的浮尘，也是有感情的。您觉得吗？黑夜比白天色彩更丰富，更有感情。我感觉，自己所有神经末梢都露在皮肤外边，常常被自己这些感受激动得不得安宁。天啊，那是一种怎样的自我感动。感动才是真正的幸福！我喜欢厂里的人们，不完全因为他们干活时的场面具有画面感，我更喜欢他们狭隘又实在的性情。这性情使他们每一张面孔都大有画头。我时常对他们表现出一种难禁的冲动来。

但渐渐我感到，他们对我不是这样。除去罗家驹，很少有人同我说话，我要给他们画像，没一个同意。本来乡间的人是高兴别人给他画像的。可他们为什么总避着我?

一天早晨，我正在水龙头前弯腰刷牙，厂里的司机崔大脚突然抓着我的肩头，粗声大气、挺认真地问我:“你这家伙是不是反革命？”

我给他问得蒙头转向，等我抓起水杯，漱去嘴里的牙膏沫子，他已经摇着两尺多宽的肩膀走了。

崔大脚有点缺心眼儿，但这话不像是瞎说的。我忍不住追上去问，他瞪着眼冲我挺横:“你别装蒜，厂里没人不知道，你是到我们这儿改造来的！”看他这架势，真把我当作十恶不赦的罪犯。

我听了这话，联想到那张黑色的报到单，罗书记的假客气，一张张躲避我的脸，原来事出有因。我没有犯过任何错误呀！可是，一九五七年后，生活中又多了一层，就是告密。我私下对谁说过什么犯歹的话没有？天啊，谁知道自己都说过什么话。不管怎么，我感到，暗中有种东西紧跟着我，左右着我，威胁着我。心里常常产生一种恐怖感。

显然受了这东西的影响，我对周围人的感觉全变了，人家冷淡我，我就和这东西联系起来。我不愿意与别人接触，真像自己做过什么坏事，这感觉太别扭了。我渐渐对周围的一切缺少那种艺术敏感。生活好像褪色了。白天干活，下班一人闷闷待在屋里，什么也不想干，画笔干得像锥子了。偶尔又想："我不能不画！"这样画出来的东西，没神，没魂，没气……什么也没有，完事连看也不想再看一眼。

那时我唯一的消遣和寄托，是我那后窗户。我把枕头用书垫得高高的，目光正好从这窗框穿出去。世界上任何一个窗框都是一幅画框，画框里的东西是活的。我这画框里是条灰暗、古老、沉缓的河，一直能看到它虚入天边的端头。这河床过浅，从来没有一只船，远去的或来近的。河岸是干涸的泥滩，被太阳晒得结成硬皮，龟裂成很深的沟纹；只有几处裸露出一些满是裂缝的嶙峋的石头，略略有些峥嵘。所有的草都是先天不足，没绿就枯黄了；河岸从堤坡向两边延伸，渐渐软化，烟一样散开，成为一片苍凉的、泛着碱花的茫茫荒原。这荒原的一边消失在雾气里，晴天赤日时，也看不见际涯；另一边在二十多里远的地方，给一条黑压压的林带截住。这林带是条神秘的墙。鸟从那上边飞来，带来一阵撒野的狂风暴雨，乌云从那边飞走，就洒下一片玻璃般晶亮的阳光，地上的一切都睁开眼了。鸟儿从那上边飞来时，就给这窗框里寥廓荒寂的景色带来一点声音，一点活气，一点自由自在的联想，一点悠然自得的心绪，一点点安慰；鸟儿从那林带上远去了，我的心也被带走了，带走了。

谁来跟我做伴，谁愿意走到我这灰色的生活中来？

二

来厂后一个来月吧，那是个公休天。我死睡个懒觉，起来推开门，一个意想不到的、奇特的形象跳到我眼里，吓我一跳，一只狗，黑狗！它给我的感觉，挺凶，挺壮，通身黑毛，以致看不清面孔。脑袋两边各垂一片挺大的耳朵。半张的嘴耷拉出粉红色柔软的舌头，随着呼呼喘息，滑溜溜颤动着。凶猛的狗才这么喘气。它不吼不叫，像一个很有身份的武士，威严，老练，一动不动蹲在那里，雄赳赳张开胸脯上绒样的长毛。我要出去打热水，提着暖瓶几次迈出门槛，都给它严厉的目光逼回来。我们这样相持十分钟，它根本不打算退让。我便试图绕开它走。根据我小时在乡下的经验，对狗，你愈不理它，它愈不招你。但这狗分明是专找我来的。我出门，它不动，我往旁边走两步，它立刻起身，不慌不忙走到我前面两步远的地方一蹲；我想从另一边走出去，它又这样把我拦住，说什么也不叫我出去。我被困住了，手提空水瓶，不知所措地看着这狗，不知它要干什么。忽然前边传来一阵开心的笑，原来缺心眼儿的崔大脚倚着车库的砖墙，看我的笑话。我被激恼了，撂下暖瓶，朝这狗叫道："你盯着我干吗？我打你了！"回身操起门边的长杆扫帚。这时听到一个苍哑的喊声："别动手！"

罗长贵——就是头天到厂给我钉子吃的那个拉坯老汉，从一边走来。他朝这狗呵斥一声："滚开，黑儿！"

狗只往后挪了一尺。我把罗长贵让进屋，这老汉头次来串门，我想给他沏茶斟水，但是……我尴尬地指指空暖瓶，又指指守在门外的狗。罗长贵笑着说："甭怕它。这是条野狗，不常来，说不定一会儿自个就走了。"

"看样子倒不像野狗。"我说。

"噢，你蛮有眼力，怎么看出来的？"

"凭感觉。"我说。这三个字儿可是艺术学院的学生们总挂在嘴边的。

罗长贵皱皱眉。

"怎么？"我问。

"没什么。它确实是条家狗。原先给二道街一个油匠养着。那时一身毛好亮，油匠说他给这畜生刷了一道油。前两年度荒，粮食紧，这畜生太能吃，实在喂不起，就下狠心送到一家木材厂。谁知送去后，油匠回到家，这畜生反比他回来得早。二次下狠心，又把它远远送到城外的砖厂去，拿条链子把它拴在升降机的架子上，怕它再跑。可是一天夜里下大雨，这畜生居然又回来了，浑身淋得净湿，脖子还挂着半挂链子，后脖梗子上都是血，硬把链子挣断了呗！这次它回来，一头扎到铺底下，怎么叫也不出来，给东西也不吃，好像知道为嘛把它送走的。直到饿得快断气，才肯吃东西，却从不多吃，饿极了到外边找食吃，绝不在家偷嘴，你说这畜生灵不灵？"

"它怎么成了野狗？"这狗的命运像磁石一样，有力地吸住我。

"那是去年，油匠一家迁到唐山。人家大城市不兴养狗，油匠就拿酒把它灌醉，甩下它走了。它醒来没了家，成了野狗，成天乱跑，经常入户偷吃的。它常到咱厂里来，食堂后边不是总扔着剩骨头剩菜吗？开头崔大脚往外轰它，后来它咬住一个偷瓶子的贼，算有点功，大伙儿也就不轰它，要来就来，要走就走。”

“怎么没人养它？”

“先前咱罗书记倒想养它，它不跟。大概那油匠待它太无情，它不信人了！”罗长贵意味深长地笑一笑，年岁大的人，笑里边总沉淀着某种东西，“再说家畜一野，很难改回来，挺好的一条狗，完了……”

“它叫什么？”我问。

“黑儿！还是油匠给它起的名字。”罗长贵说。

我瞥一眼黑儿——这条命运坎坷、性情奇特的狗。我对它的感觉全变了。这毛茸茸动物身上，包藏着多少令人感慨的人生内容！这哪里是一条狗的遭遇，多么像一个人的遭遇！

“黑儿，过来！”我朝它叫，已经丝毫不怕它。我的声音那么亲切，像是对一个人。

我敢说，这狗绝对是非同寻常的、通人性的。它一听我的声音，浑身一抖站起来，原地颠颠儿转两圈，又蹲下来。这时它不再带着那股凶厉的劲儿了。

“甭搭理它了。人家都说你的画不错，我今儿是来看画的。”罗长贵对我说。

我知道他的来意后，真有点惶惑不安，甚至还有点受宠若惊呢！

您很难想象，陶瓷这行保守得多厉害！为了手艺秘不外传，我们厂一百多人差不多都姓罗，外姓人很难待住。除非像崔大脚这种缺心眼儿又不沾陶瓷，不受排挤。厂里的高人只有罗长贵和罗家驹。罗家驹那种精细的画瓶，我没兴趣。罗长贵的绝活是拉坯和使花釉，都使我着迷。尤其花釉，使上去一个样，烧出来一个样，颜色像进入幻境，不可捉摸！什么味道、意境、感觉都可能出来。有时抹一条鱼，点一些浮萍，窑里的温度过高，出窑后，那鱼瞎了，变成一条船影，浮萍变成一片繁密的大雪花。我在古画中也没见过这样高深玄妙的境界！

我想跟罗长贵学艺，不愿在彩画车间天天勾蓝碗边，我担心罗家驹不高兴，谁知他笑眯眯答应了。我到罗长贵的车间来，头天就给我一个下马威。他叫我把一个刚拉好的三尺多高的大瓶胎抱到一边。我为了表示认师的诚意，上去卖力气一抱，“噗”，大瓶像大蛋壳瘪了，摊在台子上，我失去重心，栽在上边，满身沾得都是泥！车间四处发出笑声，真狼狈！老汉不声不响把台子上的泥很快团起来，转眼又拉出一个大瓶，大小形状，和我抱碎那个一模一样。然后他两手捧着两边，一下子，把这几十斤重的大泥瓶神话般拿起来，走两步放在我身边，什么话没说就走了，叫我和这泥瓶并排傻站着。

我可怵透他了。生怕他看不懂油画，以后更瞧不起我。便把在学院上国画课临摹的宋元山水花鸟画都翻出来给他看。奇怪的是，他更注意那些讲究色彩、变形较大、主观色彩更浓的油画。他开始用一种猜谜般的神气看，一直看得脸上的皮肤渐渐变软。忽然他“啪啪”拍两下画布，他每次烧出一个好瓶子，也这么得意地拍两下。

这时，我忽然发现门口那狗没了，再一瞧并没走，它在门口，身子躲在墙外，露半张脸朝屋里怯生生张望。好像一个孩子！这情景惹起我一阵怜惜的、亲切的、温柔的情绪。叫它也不进来，我要去抱它。

罗长贵拦住我说："它整天在外野，脏极了。"跟着他皱皱眉说："奇怪，它是不愿靠近人的。多半你这儿有油色味，和油匠家的味儿差不多……"

是挺奇怪，打这天起，黑儿就常来了。我猜不透它为什么来找我。尤其公休天准来——它居然能记住日子！我在屋里做事，扭头只见它在门口探进来半张脸。显然它想跟我亲近。可是我无论怎么招呼它，拿吃的引它，它也不进来。我愈加劲，它愈不肯进门，只是阳光把它发蓝的影子投进来。看来我们之间还没建立信赖。有这么一句话：不幸者不敢相信人。难道狗也这样？

我想个办法。它来，我就像见到老朋友那样朝它点点头，然后支起架子画画，不瞧它，以免它起疑。有一次，我连续画了一小时没动弹，也不再瞧它，但我确信它就在门口。我坚持画下去，直画到两个半小时，忽从眼角看见它蓬松的影子一点点挨近我。我的心突突地跳，生怕手里的笔滑落下来惊跑它。跟着感到一个毛茸茸、有分量的东西倚在我腿上。天啊，我们紧挨着。我强按着心头的激动，画、画、画，直画到阳光从门前移走。我累了，从来画画没这么累过。低头一看，它靠着我的腿甜甜地睡着了。当然，这甜甜的，也是我心中的一种感觉。

从此，我有了一个伴儿。

但它毕竟不是家狗了。不肯总待在我这儿，有时一去十天半个月，不知去什么地方，干什么。它每次都到了十分想念我时才来。您别以为这是我多情，它一来就用脑袋亲热地拱我的腿，咬我的裤脚，舔我的手。白天跟我玩，晚上就睡在我脚边。外边有点动静，它就警惕地出去转两圈，或者干脆一夜守在门外。黑儿是条极聪明的狗，教它什么会什么。我教它开门，只几次，它自个儿就会按门把，进出自如。我叫它“抬左手”，它就把左爪子给我；我叫它“抬右手”，它就把右爪子抬起来。它从来不找我要吃的。当然，只要食堂卖排骨、烧蹄子、酱杂碎，我总买一份留给它。它找我绝不是为了吃，绝不是！我抚摸着它的头问：“你干什么总来找我？”

它直怔怔看着我，不出声，好像对我说，你完全应该知道。

三

命中注定，我还要有一个更热烈、更亲密的伴儿。这伴儿一出现，黑儿马上退到次要位置。她叫罗俊俊。我们一下子就相爱，一下子就结婚，事情快得像闪电，而且像闪电唰的照亮整个天地，连最浓厚、最阴郁的云层也照透。

那是个黄昏。罗家驹忽然带来一个姑娘，说是县城第一中学的美术教师，慕名拜访我。

她给我头一个感觉是块朦胧的暖色。这感觉挺奇妙。尽管她细溜溜的长腿，又尖又圆肉感的小下巴，又宽又鼓的脑门，我都看到了。但她给我最新鲜、最独特的感觉，是她全身没有一条线是清晰的。轮廓也模糊，好像从背景上都抠不下来。她能融在任何背景上，周围的颜色、光线，以至空气，顿时都随着她变，成一幅美妙的画……

记得那天，我手忙脚乱拿画给她看，说了许多话，这些话我一句也不记得了。我只感到自己的嘴很小，很多想法吐不出来，那些想法就像蜜蜂在蜂箱里嗡嗡乱转。她几乎什么也没说。一种春天化雪时溪水纯净的光，在她那双毛茸茸的眼睛里闪烁出来。她的睫毛又长又软又乱，看上去毛茸茸。她走后，我就用朱红、熟赭、土黄和群青，调出一种特殊的暖色抹在灰暗的墙上。这颜色就是她，如梦如幻地融在墙壁上。我整整一夜看着这块颜色发怔。

那天，罗家驹虽然坐在一边，我好像忘记了他的存在。此后，罗俊俊不叫罗家驹陪着，她自己来，带画给我看。据说她自小生活在青岛，父亲遗弃了她和母亲，母亲死后，青岛没有亲戚，她就到这儿随姑姑过活。她曾经在青岛工艺美术学校上过两年学，但从她的画看不出一点专业的东西，几乎没有基本功，甚至还带着女孩子瞎涂瞎画的成分。但她的感受很好。她把这些稚嫩的画面里蕴藉的意图解释出来时，极棒，极妙！她不缺乏细胞。我最不愿意跟那些只有技巧却没有艺术感受力的人说话，你把嘴说碎了，他依旧大眼瞪着你发傻；对罗俊俊，你只要把心里那些感觉，不管多微妙，不管多么不可捉摸，稍一说，她就能完全意会到了。后来我知道，她像许多充满幻想的姑娘一样，狂热地喜欢诗，喜欢文学，尤其是屠格涅夫的小说。她时而觉得自己像丽达，时而又觉得像阿霞。她带着这种自我感觉，走在县城大街上不是挺可笑吗？她这些气质是在诗情画意的青岛，在海鸥和小别墅中间，在她原先那个工程师的家族里培养出来的。我居然能在这个闭塞的像个密封罐儿的小县城，碰到这样一个姑娘，简直是奇迹了！

我觉得是命运先把她安排到这儿，又把我安排在这儿，再叫我俩碰到一起。

我给她改画时，她拿一个矮板凳坐在我身边，她的目光渐渐由画面移到我脸上。那双毛茸茸的眼睛发呆地瞅着我，惊讶，崇拜，激动，迷惘，好像睁眼做梦……很快——至多五六次之后，她与我熟了，性格中更迷人的另一层表现出来了。她给我唱歌，背诗，还跳舞，我坐着，看她像小孩撒欢似的，率真地、开心地连唱带跳。

我的心像春天的原野一下子全绿了。

她喜欢创造一种小说里那样的气氛，来感动自己，她还要把我也拉进去，一起去创造和享受这种气氛。她爱靠着我的肩膀，喃喃地自言自语地说一些充满艺术想象的幻想；她还爱穿一件新做的小花褂，乘我不在屋时溜进来，找一个光线迷离的角落站好，等我进门，忽然像发现一幅画那样发现她。艺术比生活美。但如果生活像艺术那样，我宁肯不要艺术了！她使我重新感到生活的魅力。世界重新变得五彩缤纷，万物浓缩为各种颜色的原汁，活喷喷流泻在我的调色板上。我的笔杆也热起来。一阵阵盲目的绘画冲动，使我半夜从床上跳下来，支起画架。但这一切来得太猛烈，我还缺乏艺术所必要的那些理性，拿着笔根本不知要画什么。一天晚上，她待得挺晚，天下大雨。我说："我送你回去。"

她的眼睛直视着我说："你轰我？"我一看她的眼睛，赶紧躲开。她目光烫人！那是多么伟大的画家也画不出来的一双眼睛。这眼睛在燃烧。

"你为什么不看着我？"她的声音微弱却强烈地抖颤着。似乎她怕什么，又分明要勇敢地去攻取她所胆怯的东西。

"天太晚了，我怕人说你……"

她忽然一把抓住我的手腕，猛拉开门，把我硬扯到当院。在哗哗大雨声中，她叫着："叫他们来看吧！我们爱怎样就怎样！"跟着仰起脸，把滚烫的、抖动的嘴唇，使劲按在我嘴唇上，怎么也不松开。任雨水从我俩紧紧吻在一起的嘴唇上浇下。凉雨浇着发烧的嘴唇，那感觉，真是奇特又强烈！

我用了很大力气才把她拉进屋。她已满身浇透，湿发贴在水淋淋的脑门上，目光依旧火辣辣看着我，她不甘心进屋来！我再受不了这年轻女人主动、狂热、勇敢的进攻。蕴藏全身所有细胞和血管中的一种欲望，全都鼓胀起来，完全失去自制力，胆子突然增加一百倍。当我把她拥抱在床上，她用那双柔软的小手捂住脸。她把一切都交给我了……

我可不是个荒唐人。在学院，我和那个相好的女同学在一起，规矩得像呆子，最多轻轻挨一下脸，就像触过电一样赶紧躲开。不知为什么这一下子就“出境”了。

第二天，我们开始办结婚手续。表面看没人反对，但办得那么别扭。不是找不到开证明的人，就是公章锁在抽屉里拿不出来。罗俊俊一连三天没来。头天没来，我等着，转天没来，我就不安起来，第三天我打算去找她。但我们的事情发生得这么快，还没见过她姑父和姑姑。听说她姑父在县供销社卖文具，人很倔。她碰到什么麻烦了？岁数差得大点？

晚上她来了，依旧有说有笑，却不提办手续的事。我发觉她的快乐有点造作，眼圈浅浅发红。我问她出了什么事。一朵愁云罩在她那美丽的小脸上。她说：“我只问你一句，你曾经犯过错误？”

“没有，绝对没有呀！怎么回事？”我觉得这话并不能松开她的眉心，便问，“你不信我的话？”

她把头靠在我肩上，“原谅我，不该这么问你。我相信你是好人，我不会离开你的！”

这话使我惊讶。她为什么这样说？

我这人真是糊涂透顶：两个无形的艺术感觉容易连在一起，为什么偏偏不能把她这句话与崔大脚问我的那句话联系起来？

这样，她一连十天没来。这十天，每一天好像有八十个小时。一天比一天时间更长。我有种被抛弃的预感。世界空无所有了。

第十一天，她的声音却忽然从后窗外传来，只见她站在窗框中间那一片开阔的野草地上，朝我招手，鲜黄的小褂在阳光下闪烁。我跑去，她用手指着叫我快看。绿草上有一片刚摘下来的矢车菊的花朵，铺成一尺见方的正方形。她打手势示意叫我拨开这些花，表情快活又神秘。我轻轻拨开这些黄澄澄的花朵，下面一张纸。哈！原来是她从学校开出来的结婚证明信！我举着这张油印的、难得的、香喷喷的证明信，一下子跪在草地上——是啊，我给这女人可爱的个性感染得要发狂了。她斜卧在草地上，对我说："如果我死了，你就这么埋我。这野花和我一个颜色。你必须用它盖在我坟墓上边……"

我用手捂她的嘴。

她掰开我的手，认真地说："没那么便宜。埋完我，你必须自杀！"说到这里，她莫名其妙掉了泪，劝她也不顶事，随后她自己笑了，从我手中夺过那证明信，围着我又唱又跳，像只小羊，还一个劲儿叫着："我们胜利了！"那毛茸茸的睫毛上挂着泪珠，像青草上细小的露珠，"胜利了，你还不庆祝？"

我点头，笑，但不知这"胜利"对谁而言。

我俩的婚事几乎整个县城都知道。这时我才知道，俊俊为了嫁给我，同她姑父闹翻了，也深深伤透她姑姑的心。姑姑没孩子，待她就像亲闺女；但俊俊这一切全不要了。这使我加倍爱她。听说，俊俊的姑父反对我们婚事跟罗家驹有关。这是为什么？如果说当初我在彩画车间时，与罗家驹有一点潜在的紧张，可我去了罗长贵那组，我俩的关系没有丝毫冲突。我忽然想到俊俊第一次来我家，是他带来的。难道他们……我渐渐悟到这里边的原因。

我把毯子盖在我和俊俊头上，说：“这里边只有咱俩，屋里的桌子椅子也听不到咱们说话。告诉我，罗家驹喜欢你吗？说实话，欺骗是有罪的。”

没有她的声音，只有她肉体散发出的特殊的温馨的气息。她没否认。

“你喜欢过他吗？”我又问，“更得说真的。”

她停了一会儿，没回答我，却说：“我只爱你，爱你！从现在到永远永远……”她说得很急促，不等我再说什么，猛地搂住我，用她的小嘴使劲把我的嘴堵上，很久很久没有松开。在黑乎乎、什么也看不见的毯子里面，她没有错吻我的脸颊或下巴，而是一下子吻在我嘴上。她的一切感觉都是这么奇妙和准确。

这样，我觉得，我和罗家驹的关系就无形地紧张起来了。但罗家驹总那样眯眯笑，连眼珠都很难看见，更不知道他的心思。他碰到我还打趣地说：“你结婚时，我可去闹新房呀！”他这么宽宏大量？我真有点被感动了。

我现在要尽一切力量，让我一生中最幸福的一天，过得幸福。我请求罗长贵允许我按照自己的喜好烧几个盘子。罗长贵很开面，答应了。这对我可是格外优待，厂里的陶瓷一向只能照规矩做。我以长时间对花釉的性质、性能、效果的观察，试画了八个盘子。先用装饰变形方法画一个“猴骑牛”。俊俊属猴，我属牛，我想拿这画盘逗俊俊，叫她看，她是怎么跟我调皮捣蛋的。其他七个碟子，我干脆把几种花釉倒在一起，凭感觉用竹片勾出一些图案或半抽象的图形，有个盘子索性搅成一个旋涡。我不叫这旋涡中心在盘子正中，给它一种不稳定的动感。我把这些盘子装进窑时，不知会烧出什么样子。

您知道，瓷窑是一个巨大的魔术箱。瓷器装进去就得由它再创造。几百度到千度以上的高温，一烧几十小时，甚至几天。开窑拿出来，乖乖！出奇的成功，悲惨的失败，绝世的精品，成批的废物都会出现的！有的惊叫，有的狂喜，有的掉泪。一件瓷器一条命，谁知谁是什么命。多高的能耐也得随着命。过去开窑那天老瓷工们都得烧香求菩萨的！

我这八个画盘开窑正是结婚那天。人都说这喜气冲到盘子上去了。一掀开那热烘烘的匣钵，傻了！天底下还有这种奇迹！原来世界最辉煌的艺术创造中心就是这黄土红砖的大窑！你放进一个梨核，它也能给你炼出一件绝顶高贵的艺术品！

那“猴骑牛”盘子，就像涂了厚厚一层油，光滑透亮。原先设想的白猴，竟变成金黄色，正好是俊俊那小褂的鲜黄色，釉彩向四边散开，天然形成绒毛的感觉，一只灿烂的金丝猴！事先打算烧成深黄色的大牛，从窑里出来变成花牛，上边因氧化不匀，白底子上出现几块黑斑，形状和部位都恰到好处，尽心画也画不出来。多漂亮的大花牛！衬底的釉色烧成一种幽深的蓝色，亮堂堂托出猴和牛。尤其这小金丝猴正给大花牛戴花，花儿颜色极淡，极柔，极娇嫩……就像一朵摆上去的鲜花。我哪里会想象出这样绝无仅有的艺术效果。其他那几个画盘，也个个令人叫绝。尤其那搅成旋涡图案的画盘，几种釉彩变成上百种，简直是色彩的大旋涡。你盯着它，就觉得自己往世界的深处走去。沉雄又壮丽，我无法描述出那种不曾见过的境界。这简直叫我美得发狂了！

华夏雨！华夏雨！我对自己暗暗叫着，你不是一直寻求能够把自己所有创造力都投放进去的一种富于张力的工作吗？你不是认为只有充满偶然艺术效果的地方，才能把艺术从黄金律那些最坚实的铁链中解放出来吗？你不是认为只有真正的前所未有的艺术独创才能打败历史上那些闪光的巨匠？你不是认为绘画工具是对绘画本身的最大束缚？今天你竟一下子把这些都解决了！

你发现了一个世界。这个世界如此广阔。

“整个世界展现在我们面前，期待着我们去创造，而不是重复。”

我心中响起这句话，毕加索的话。我面对这几个画盘，半个小时说不出话来。

罗长贵走来，他一见这画盘就怔了，一句话没说，拿起那个彩色旋涡的盘子，转身走了。晚上我结婚，他换一身干净衣服，手托着一个布包包，打开布，又揭开几层旧毛头纸，递给我一件瓷器。素白的荷叶洗子！一看就神韵非凡。荷叶一边上卷，另一边向下弯，仿佛摇曳翻卷的一瞬，那风吹叶动的感觉生动至极！它通用白釉，只在上面画几道洗练的叶筋。釉质细得像玉，翻过来一看却是缸底，粗粗拉拉，还有疙瘩。粗细对比，粗犷又秀雅，飘洒又沉静，那可是在博物馆也见不到的。这是罗长贵多半辈子烧出的几件珍品之一。

他瞧着我的眼睛，似乎瞧我识不识货。

桌上有许多瓷器，这儿喜事送礼都讲送瓷。俊俊的陪嫁，压阵的也是一对祖传的青花穿带瓶。

我将罗长贵的茶叶洗子往桌上一摆，所有瓷器都黯然失色，唯有这洗子卓然不群，带着风韵和意境。可真叫绝啦！

我的兴奋使罗长贵感到了。他说：“送你留着玩吧！”那一晚他都挺高兴。

厂里的工人们待我还好，他们把里间屋也腾出来。别看墙破，我把画挂满四壁，风影，花卉，静物……我的新房拥有整个天地。

罗书记今天没来，他说要去县里开会，这像是一种推辞。俊俊的姑父姑姑几次去请也都没请来，这是我们婚事中最不快活的事。罗家驹带来一个姑娘，县委办公室主任曹加喜的二闺女，长得不错，罗家驹显得挺神气。这样，对我们两人反而是种平衡，互相都自然得多了。可是，俊俊兴高采烈地把我那几个画盘当众摆出来，罗家驹惊呆了。特别是崔大脚借着酒劲，叫着：“嘿！咱整个瓷区也没见过这种绝活！”罗长贵没吭声，也没不高兴。罗家驹的脸好像涂了一遍胶，紧紧绷绷，故意不瞅画盘，似乎没当回事。当大家逗俊俊，不注意他时，他忍不住瞅画盘一眼。我很经心我们的关系，所以留意他。他来时提着一个鼓鼓囊囊的袋子，看意思他想送我一件瓷器，这一来他没拿出来，又提回去了。直到走时，他脸皮也没松开，反正他心里不痛快走的。

别人不高兴你有能耐，那是最不好办的事。

好在那天我太幸福，什么阴影都不会遮住我的心。我得到俊俊，还有画盘，这两样都像无边无际的大画布，心中所有美好的东西都可以恣意涂在上边。天啊，我赢得的是什么呀！不是全部生活和整个世界吗？我相信，那天晚上我绝对算得上世界最幸福的人。

一个司机曾对我说，开车在道上有时怪得很，碰上一个红灯跟着就一串红灯，想快也不行，那才霉气呢！可有时，处处全是绿灯，畅行无阻，四通八达。那么在人生的道路上，我现在碰上的都是绿灯。

这天闹得很晚，送走客人，俊俊刚要去插门，门把儿忽然一动，开开一条缝，一个黑乎乎的东西进来。俊俊吓得大叫，扑在我怀里。我一看，哟，是黑儿来了！也赶来给我祝贺婚礼吗？我告诉俊俊别怕，这是我的朋友，并告诉她我和这狗结识的经过，然后说："它在我最寂寞的时候，自动来和我做伴的。现在有了你，虽然能填满我的一切，但总不能扔掉老朋友吧！"

俊俊给我逗笑了。她光滑的胳膊勾着我的脖子说："我只要你，别的我都不管！"

我就对黑儿说："怎么样，听见没有，我这个老婆够意思吧！过去这儿是咱俩的家，从今起是咱三个的家。我和她住里屋，你住外屋，行吗？"

黑儿进来时还有点怯生。它听我说话，不甚明白地瞅着我，然后走上来用那黑乎乎的鼻子闻一闻俊俊，高兴地摇起尾巴来。显然，它同意照我说的做。我便在外屋一角铺块画画用的旧毡头。它立即趴上去，服服帖帖、安安静静地睡了。从此，它只要来就睡在外屋，我依然像以前那样待它。公休天，我画画，俊俊忙着家务，黑儿还能帮着把扫帚、蝇拍、铁壶和炉盖叼来叼去。多圆满的生活啊！但我时时有种隐约的不安。不知这是幸福的人都会产生的那种无名的忧虑，还真是什么不幸的预感。

您是作家，对预感这玩意儿肯定有高深的见解。随您怎样解释，您也得承认，它常常能够灵验的。

四

我们那小县城的政治色彩一向很淡薄。相当一些人连中央的领导人的姓名都说不清楚，只知道北京在“南边”，对首都的印象就同普通八分邮票上的图案差不离儿：天安门和那根缠龙的柱子。六六年七月份忽然大街上使劲敲锣，人们以为出了什么大急事，跑出来一打听，说是“十六条”下来了。很少有人知道“十六条”是怎么回事。敲锣的人就说，都得排好队走一圈。大家就乱乱哄哄在城里走一圈。随后厂里开了会，墙上刷几条大标语，以为闹腾一阵就过去了。我吗？历次运动都不沾边儿。我只对色彩、生活和美有兴趣；对这些你死我活的事，向来是局外人。谁知这一次大大地特殊了。

那天，我正在窑前，等一批新试验的画盘出窑。自打我结婚那天搞出八个盘子，罗长贵就放手叫我干画盘了。一个和我不错的小伙子，悄悄趴在肩上说几句，我不信，只当他吓唬我，找个乐儿。谁知到前院一看，聚着一些人，还有几个年轻人在贴大字报。他们见我来纷纷避开。这里的人不习惯搞运动，连那几个贴大字报的年轻人，也不叫我认出他们是谁，赶紧掉头走了。我感到空气有些发紧。一条大标语跳进眼中：“挖出漏网大右派华夏雨！”再一看，没错，还是华夏雨！我蒙了。哪的事儿？右派不右派与我什么相干！

反右时我像海边远远一个小石子，浪花也没溅到我身上。我想仔细瞧瞧大字报上写的什么，是不是搞错了。但我两眼的焦点并不到一起来。只看见东一个、西一个吓人的字眼。我强使自己镇静些，但在大字报上看不到什么事实。我赶紧去找罗家驹。他在一周前被县委宣布为我厂的“文革主任”。厂里大小会都由他召集和讲话。罗书记像瓷罐摆一边。那时叫“靠边站”吧！

罗家驹不在车间画瓶子，他搬到一间平房办公。来不及挂牌子，只用黄纸写上“文革办公室”几个字贴在门上。我一推门，里边七八个人挤在两三张桌子旁，好像在写大字报，翻材料。他们见我一怔，有人马上掉过屁股挡住我的视线，不叫我看见他们在做什么。罗家驹迎面走来，用平板一样的胸脯把我顶到屋外边，随手带上门。我问他院里的大字报是怎么回事，他干巴巴的声音像摩擦瓷片：“你自己的事干吗问我？”

他不像平常那么笑眯眯，我头一次看见他的眼珠，非常小，灰蓝色，但比黑眼珠还亮，目光前边好像带一根刺，直扎向你心里去。

我的心完全乱了。只想回到房间静一静，走道两旁又贴出不少大字报，糨糊湿漉漉的痕迹还浸透过纸面来，墨汁汪着亮光，还有种廉价的臭墨味儿。每张大字报上都有我的名字。我从来没害怕过自己的名字。它们好像枪弹，四面八方朝我射来。

我突然想起，前几天罗家驹的态度就有些异样。他总躲着我。其实，一个人想害你，他反倒怕你。他在有意和我疏远。我又想起，大前天中午下棋时，几个小伙子起哄要我和他比比高低。下棋时他不跟我说话，却借着棋步反反复复地说一句话：“你该死啦，就怪不得我了！”这句双关语表示他要下狠心吗？为什么当时我没多想一想？话又说回来，我毫无问题，怎么可能对这种话敏感呢？

我走着想着，忽然撞在一个人身上，好像撞在一堵墙上。是崔大脚！他直眉瞪眼冲我叫："我说你是反革命吧，你还装傻，人家罗家驹从来不骗人。等着瞧，我非革你命不可！”说完一脚把一棵小杨树踢得哗哗直抖。我一直觉得这愚鲁的人身上有股野性，好像要往外发泄了。

我不知这横祸由何而来，也不知将会怎样，但觉得自己有种任人宰割的滋味。

晚上，俊俊站在我面前，脸色煞白，我俩很长时间谁也没跟谁说话。那时，时间仿佛没有长短了。忽然她问我："你为什么骗我？”

这又像责怪，又像质问。

我受不了自己倾心相爱的人这么问话。"骗”字是个多么可怕的字。我怎么能骗她。爱，不就是把自己全部交给对方了？

"我没骗你！我自己也不知道怎么回事。反右根本没我的事。我的话全是真的，相信我吧，俊俊！”我每一个字都认认真真地说，就像我画画时每一笔那样。我还告诉她，"我担心有人害我，我想不出这会是谁。我有点怕，是的，俊俊，我很怕！”我好像听见我的心在哆嗦，突然变得很软弱，流下泪来。

她把头靠在我肩上，抬起毛茸茸的眼含着微笑说："无论你怎样，我都跟着你。你挨斗，我就站在你身边；你入大牢，我就天天给你送饭；你被枪毙埋起来……我瞎说呀！我就挖个坑，找到你，躺在你旁边。只要你不把我扔出来就行……”这柔情，这真挚和忠诚，抚慰着我撞疼的心。我像四面受敌时，忽然背靠在一面墙上。这面墙牢牢在背后托护着我。“我给你唱支歌好吗……”她便轻声哼哼起一支曲调。

我的心陡然松开了，话也轻松一些。

“我不怕了。你更不能怕，咱们的小宝宝还在你肚子里呢！为了他，我们也得坚强些。”

确切地说，我这是给自己打气。

她朝我笑着频频点头，口中仍哼着那支歌。她用歌声驱逐我心中的烦恼与忧虑，给我安慰和温暖……我没听过歌声可以包含那么多内容，听着听着，我感觉这歌声有点苦，有点伤感和凄凉，隐隐像在悄悄啜泣。我忽然难过起来，内疚起来，心想叫这么一个好女人跟着自己担惊受怕，真不该！我胡思乱想起来。想到我被弄到遥远的北大荒劳改，她自己就在这小屋里孤独过活，在昏黄的灯光里，哼着这支歌等着我；或者若干年后，领着我们的小宝宝踩着漫长泥泞的、混着雪水的路，找我去了。一路反反复复哼着这歌。我在守林人住的小木屋里听到这歌声，跑出来，把她，把孩子，都抱起来，她毛茸茸的睫毛上凝挂着细小的冰珠，我的好女人！

歌声没了，幻想散了，她靠着我睡着了。我们一直没开灯，屋里漆黑，月亮从后窗户照进来，清冷的月光投照在她熟睡的脸上，光滑可爱的脸蛋那么苍白，嘴角还挂着一点点笑。我忽然想到我们都没吃东西，却不敢扰醒她。她睡得好香，把全身重量都压在我的半边身上，以致我感到我们未出世的小宝宝在她肚里偶尔一动一动，惹起我一种将要做父亲的幸福。感受到这种幸福，我彻底松弛开，感到了困倦，迷迷糊糊似睡非睡时，忽然产生一种奇想，多么希望一觉醒来，这一切原来是场噩梦，并不是真的。

过去，我总是希望把梦变为现实，头一次希望现实变为梦。

不是真的，不是真的，不是真的……整整一夜，这几个字混在一团无形、破碎又沉甸甸的梦里，第二天醒来，现实变得更糟。俊俊去学校不久，后院也贴满我的大字报，把我的问题详细公布出来。都是我对五七年“反右”斗争不满的话。真叫我吃惊！每一句话都像我说的，口气也像，但怎么也想不起对谁说过，谁揭发的呢？如果真说过，还不早打成了右派？可这的确又都是我当时的想法，想法别人怎么能知道，难道世界上还有挖人思想的探测器？

不容我申辩，各个车间班组纷纷贴大字报对我的问题表态。我想回屋躲一躲，只见门上贴一张大白纸，警告我必须服罪。下边署名是赤卫军，也不知这赤卫军是哪儿来的。我的名字像被判死刑的囚犯的名字，用鲜红的笔粗粗打上大十叉。情况不包含任何希望了。

这天，很晚俊俊还没回来。我真担心，却不敢出去，怕人误认为我要逃跑。厂外边到处都在揪斗，乱糟糟喊杀叫打，呼口号声，远远近近此起彼伏。焚烧“四旧”的浓烟，带着纸灰到处飘飞，有的像大雪片一样飞进我屋里来。这阵势来得比五七年更凶猛。平静得如同山林般的小县城，好像有种“神经错乱菌”传进来，人人都疯了。我想到俊俊说过她学校的学生已经闹起来，愈等心里愈没底儿，屏住气听外边有没有她回来的脚步声。

没听见她脚步声，她却站在门口，那样子吓我一跳，脸刷白，嘴唇也是白的，眼圈发黑，头发挺乱，她的小辫被剪掉了！一副垮掉了的样子！

“你、你怎么啦？”我问。

她没回答，反来问我：“院里那些大字报写的是不是事实？你不能再瞒我了！原来学校的红卫兵不准我回家。罗家驹到我们学校说，我确实受骗了，才放我回来，红卫兵叫我必须劝你交代。”

“我怎么交代？我承认有过那些想法，但我并没对人说过呀！我跟你说过，我对政治没兴趣，从来不跟别人瞎议论。”我说。

她一听就倒在床上哭了，“完了，全完了！你还骗我！你没说，别人怎么知道的？”

我只能看着她哭，哭得没劲了，就直着眼盯着屋角，一动不动坐了一夜。她毛茸茸的睫毛中间好像没有眼珠了，只有一对空空的黑洞。我不知该怎么劝她。我把手放在她肩上，被她推开了。她不叫我碰她。

一早，她什么也没说就走了。

九点多钟，生活在我面前拉开一个阵势。是啊，生活是有脾气的，有时可真凶呢！

厂里所有人都被集中到后院里来。“‘文革’小组”的人也到了，只是没见罗家驹。崔大脚带着一些人，胳膊上都套着半尺宽的大红布袖箍，上边用黄漆写着“赤卫军”三个字。他揪着我的衣领，扯到院当中。罗铁牛站在我身旁陪斗。他低头猫腰，破鞋盒的身子仿佛压得更瘪。这时，气氛相当紧张，几乎没有人说话，只听崔大脚咋咋呼呼的声音。

忽然，院门大开，两队红卫兵挺着军事操练用的木枪，齐刷刷走来，中间押着一个女人，是俊俊！红卫兵叫我俩相隔两米远的地方面对面站着。拿来两个白纸糊的无常帽，扣在我和俊俊头上。可怜的俊俊，那样子惨极了！她苍白的脸与白纸帽连成一个颜色。我真想上去把那帽子拉下来扔了。但不管你是多么勇敢强壮的男人，那时也无能为力。勇敢就是愚蠢——生活就是这样扭曲它原来的一切概念。我脑袋一热，叫道："这没有俊俊的事！是我个人的事！"

一个又黑又壮的红卫兵问我："你说，大字报揭发的是不是事实？"

"是、是、是！"我迫不及待地想解脱俊俊。

"好，算你交代了一半。你再回答，这些话对谁说的？"红卫兵问。

我想承认也无法承认，便说："我记不起来了。"

"我叫你说！"

"时间太久了，我得好好想想，反正事实我都承认。"我说。我只有这样说，才能尽快使俊俊从屈辱中解脱出来。为了她，叫我承认杀过人也行。

这红卫兵转身拿木枪使劲一捅俊俊的肩膀说："你今早还说这不是事实，人家自己都承认了。你知道包庇反革命是什么罪吗？"

我着急地大叫："别怪她。我骗了她！她不知道真情！"

罗家驹突然出现在我的左边，对我说："你再说一遍，你这些问题，是不是一直瞒着罗俊俊！"

我从罗俊俊愁惨的灰蒙蒙的眼里，完全明白她不希望听到什么。但我没有别的办法，只凭着一种保护她的本能说："是的，我一直欺骗她。"

不知道这句话是避免她受伤害，还是正伤害她。

罗家驹露出满足的神气，可是他用讥讽的口气说："欺骗女人，哼，好一个正人君子！”他表现出十分生气的样子。

我抬眼一瞅俊俊，纸帽下一张脸充满气愤，那双眼的睫毛好像都掉了，亮光光散发着仇恨。我的心感到发疼。我觉得一切都完了！

罗家驹上去摘掉她头上的纸帽子，手指着我，对俊俊说：“你还愿意跟这种人生活吗？如果不愿意，可以拿走你的东西，回你的家。”

于是，我眼瞧着俊俊毫不犹豫地进屋拿走她的被子和一包东西。她留给我的目光，除去愤恨，还有一点鄙夷。

留下来的红卫兵和崔大脚的赤卫军，将我的小屋捣得粉碎，又把乱七八糟东西弄到院里焚烧。四周人群一阵阵举拳头呼口号。我感觉，这好像一个乏味的闹剧的场面，跟我没关系。

从此，我就像个玩具一样，受他们残忍的耍弄。其中一次差点要我的命，那是崔大脚，说我生来就不合格。非要把弄我回窑重新烧烧不可。他把一桶釉浆浇在我头上，把我推进窑，眼看要拿砖块黄泥封起窑门时，罗长贵手举着语录本喊着：“要文斗，不要武斗！”把我从窑里拉出来。您以为这是最厉害的吗？不不，最厉害的是从库房抱出我几年来呕心沥血烧制的画盘精品，总共五百多个，一个一样，十个一排，几十排几乎铺满整个后院，再给我一把榔头，命令我挨个全砸碎。您要知道那画盘怎样精美绝伦，拿起它都会小心翼翼，生怕碰坏的。当然您是没法见的。有意境的艺术是根本无法复制的。真不知这狠毒至极的主意谁出的，好比拿一把锉去活活地锉我的心。我不能不砸。说也怪，当我砸头几个时，恨不得当头给自己一下，完蛋了事。但砸到五十个之后，我好像砸的不是画盘，而是些普普通通的土块。我像机器一样，一下“哗啦”一个。随着崔大脚们叫嚷着：“砸！砸！砸！砸！”我忽然起劲地砸起来。我浑身有股狂劲要炸裂开来，我挥动的胳膊奇怪地变形，砸碎瓷器的声音在我血管里乱钻，可能我用力太大，崩起的碎碴把我的脸都扎破了。一切都不要了，一切都不必揪心，不必在乎了！可是那些赤卫军的喊叫反而愈来愈稀稀落落。一些人喊不出声音，倒比我犹豫起来。因为这些干了多年的瓷工，完全知道我砸毁的是多么宝贵的东西……

几天后，全厂斗争目标转向罗铁牛。罗铁牛平时得罪不少人，人们对他的劲儿更大。赤卫军给我的任务是，每天跪在那些碎瓷片上，一遍遍读批我的大字报，直到会背诵。这样一连两天，膝盖就被割出血。跪久了，碎瓷碴穿破裤子，嵌到肉里去，晚上回屋再一点点抠出来，但我并不觉得疼。我想俊俊，愈来愈想。我怕她还在受折磨。她怨我、恨我都没关系。她不会真恨我的。只要她想到我们那些真诚的爱，不需要我再做解释，就会回来的。正像她说的，无论我怎样，她都跟着我，我深信！可是她为什么不来？我身边的所有空间，好像都为她而空着。我在为等待她而活着。

五

这天一早，不等我去跪读大字报，崔大脚等人闯进来，把我揪到外边，劈头盖脸打一顿，说我撕毁大字报。您是知道的，谁这么干，在当时可是打死白打死的。多亏我不经打，几下就趴下了，他们也就没有再打的兴趣，如果我像牛一样强壮，说不定反会被打死。可是我一看，院里的大字报确实给撕扯得七零八落。这是谁干的？不是要置我于死地吗？

赤卫军责令我把所有撕破处都粘上，不能看出破来。我整整粘了一天。

当晚我在屋里，外面没风，极静。

几天大火燎原似的揪斗高潮过去了。夜深人静时，只是偶尔从远处传来断断续续的恐吓声，嗡嗡的呼口号声。忽然，院里有"嚓嚓"撕纸的声音，我的心提到嗓子眼儿，悄悄趴窗往外看，月光照亮的院子空无一人，一片碎瓷闪着青幽幽的光点。我发现墙角蹲着一个人，那里光线暗，只能看见一团黑影，正在撕大字报。谁？分明用这种手段毁我。我一急发出声音："干什么？"

那人停着没动，也不站起来。似乎想借着黑暗不叫我认出他来。

"谁？"我又问。

他忽然飞快跑掉。

这一跑，我认出来了。哪里是人，是狗，黑儿！它撕大字报干什么？为我报复吗？真是帮倒忙！但它怎么会认得字呢？这是怎么回事……后来我猜想，可能它白天躲在什么地方，看见我面对大字报罚跪，觉得这东西对我有威胁，夜时偷偷来撕。是的，准是这样！

转天，我因大字报被撕，又被赤卫军拉去受罚。他们在地上摆一个大口瓶，叫我跪在上边。如果瓶子歪倒摔碎，就是“破坏国家财产，现行反革命，送交公安局法办”。

我虽然只有五十一公斤重，跪在上边也必须提气。不一会儿，瓶子就晃起来。崔大脚们围着我大声吓唬，不准晃倒瓶子。这纯粹拿我开心。我愈紧张，瓶子晃得愈厉害，马上就倒了。

忽然传来一声吼叫。狗？啊！黑儿来了。它站在一丈多远的地方，一声声怒吼，每叫一声，下巴使劲一仰；浑身黑毛像大鬣一样向四边一张，气势非常凶猛，它救我来了！

两三个赤卫军上去用木枪打它，它勇猛又敏捷，来回几蹿，一下没挨上，反把一个赤卫军裤腿用牙扯破。逼得谁也不敢靠前！

崔大脚来了兴致。这几天他身上那些残忍的凶狠的东西全被释放出来，由着他随意发挥。他兴奋得全身肌肉都在不停地跳，能耐也显得大了。他叫我从瓶子上下来，递给我一支木枪，叫我去打黑儿。

“你不打它，就是跟它合伙一起迫害革命群众。今儿我们就把你揍死！”崔大脚说。

我接过木枪，叫黑儿。我一叫，黑儿立即不叫了。它迟疑一下，慢慢向我走近。崔大脚的赤卫军向后退了两米。他们都怕它，却朝着我叫着："打呀！你到底打不打？"

我举起木枪，黑儿非但不动，却以为我逗它玩。直起身子，尾巴欢快地直摇，跳两下，想用前爪子够木枪。我怎么下得去手？便小声对黑儿说："你走，走呀——"

它不走，反而倒在地上打滚儿，对我撒娇。

"你不打，我们就劈了你！"崔大脚朝我大喊。

我对黑儿严厉又轻声地说："你不走，我可真打你了！"

黑儿爬起来，瞅瞅我，好像明白了我的意思。但是它不走，它要保护我！它不相信我会打它，目光充满信赖。

"我喊一二三，你再不下手，我们就把你和这狗全打死！"崔大脚叫着，"我数啦，一二——"马上数到"三"了。

我被逼得心一狠，打下一棍子，只听到木枪头那里一声嚎叫，黑儿蹿得几乎和我木枪一般高，落到地上就要朝我扑来。颈上的毛全都乍起来，它被激怒了！

赤卫军高兴地叫着："咬他，咬他，黑儿！"但它没扑上来。它垂下尾巴，难过、埋怨、伤心地望了望我，然后扭身跑去，在仓库那边一拐就不见了……

我至今也不原谅自己那一棍子。为了这棍子，我常常痛苦极了。我不仅仅恨自己，还瞧不起自己。您是懂得的，瞧不起自己，才是更深一层的痛苦呀！

我看着空空的仓库拐角有些发呆。崔大脚们不会给我时间发呆的。他们说我教唆这狗迫害群众，狠狠收拾我一顿。这次他们专门折磨我的两只手。他们说我的手是"黑手"，叫我自己一手拿着砖头砸另一只手，来回砸，直砸得手抓不住砖头。

那天夜里，我被搞得筋疲力尽。

我的床在红卫兵抄家时就拆了。地上有块草垫子。白天屁股重重挨了几下，躺着疼，我只好趴着。两只手朝前伸——这双砸坏的手火烧火燎的，这样好让门外透进的夜凉吹一吹。

我的门窗都被赤卫军卸掉，为了好监视我，电灯电线都拆去，说是怕我自杀。黑乎乎的，倒很适合睡觉。一睡着，各种痛苦都不会感觉到了，我觑眼瞅着门外月色朦胧的院子，心里反复想着这两个字，黑夜，黑夜，黑夜……我感到自己的身子舒舒服服地往下沉。我好像不是趴在地上，而是趴在柔软的海上。这时，只觉得一只温暖的小手在抚摸着我受伤的手。这感觉非常甜美，又异常逼真，不像在梦里。这是俊俊吧，只有她能在这种时候，来给我以体贴、怜惜和抚慰。只有她！

但我睁眼一看：啊！竟是黑儿！它用软软的舌头舔我受伤的手。它没有记恨我白天打它的一棍子，找我来了！

“黑儿！”我艰难地低声叫着。

它就蹲在我脑袋前边。身后是一方给月色弥漫的门，灿烂又迷茫。它逆光的身子却更加乌黑，连眼睛也看不见。月光在它的外轮廓上镶了一道银色的、极亮的、毛茸茸的光圈。它像一头雄狮，不，说得更准确些，像神，活像一尊庄严、崇高、慈悲的神，又凝聚着那么浓烈、忠诚和执拗的人的情感……

“黑儿……”

我被深深感动了。声音没有节奏地抖颤起来。

它应声站起身，走到我旁边，紧贴着我的身体卧下，一声不出，只是肚子里发出亲热的呼噜声。它的爪刚接触我的皮肤时还带着夜凉，很快就把身体的温度传给了我。

我闭上眼，尽情享受这人世间最温暖、最纯净、最难得的东西。我感觉心里有种热烘烘的东西在流，是流血，还是流泪？心也会流泪的……

此后，它断断续续来。总是夜间来，和我亲热一阵子，天没亮就走了。

我在一次大会批斗后，被送到青石山劳改。赤卫军把我押上一辆“老解放”的车槽里。开车的是崔大脚。罗家驹也坐在驾驶室里。他去，是因为青石山那边准备好一场批斗会迎接我。他是主持人之一。

我很少见到罗家驹。虽然我现在是他手里的鼠儿鸟儿，他从不参与赤卫军捉弄我的行动。他一直在忙于搞罗铁牛。我觉得恐怕因为我们都是画画的，碍于面子，不好意思下狠手整我。我真傻！其实那天把红卫兵找来，斗我和俊俊，逼我砸画盘，叫崔大脚们毁我手，这些最要命的主意，都是他出的。只不过他不出面罢了。

我在车槽中间，七八个赤卫军围着我坐着；我还给绳子捆着胳膊，大概怕我跳车。在厂门口一百多人的口号声中，车开了。穿过县城时，街上的人都往车上看，还用手指我。刚刚出城门，车上一个赤卫军忽叫：“瞧，追来了！”

追？谁？我伸脖子往下望，是黑儿！它打哪来的？怎么知道我被弄走的？

它跑得很急，很快就与汽车平行。边跑边向车子叫。

驾驶室的后窗户没玻璃。从车槽里可以看见罗家驹和崔大脚的背影，还能透过挡风玻璃看到车子前边的路。罗家驹回头问谁在追。那个赤卫军说：“那黑狗！”罗家驹便对崔大脚小声说句什么。车子陡然加快，看样子又是想把黑儿甩掉。我从赤卫军的臂膀中间的缝隙里，瞧见黑儿在车后奔命追赶的身影。车子颠簸，一会儿看见，一会儿看不见，而且身影愈来愈小。最后给车子扬起的厚厚的尘土遮住。看不见时还听到远远几声叫……直把黑儿甩掉，车速才放慢。

将近中午，汽车停在路旁一个小饭铺前。他们把捆我的绳头拴在车槽的木帮上，都下车去吃饭。大约二十多分钟，我忽然看见来路的端头出现一个小黑点，渐渐愈来愈大，在距离车子一百米左右的地方，我认出是黑儿。它颠颠地赶来了。跑到车前时，我发现它变了颜色，是给尘土盖了一层，我把身子挪到车槽旁，它使劲往上蹿了几次，蹿不上来。肯定在长途追赶中耗尽力气。我的胳膊被捆着，没法帮忙，就把一条腿伸到车槽外，黑儿抓住我的脚，我用力收腿，才把它拖上车来。它一头扎在我怀里，朝我叫几声。大概嗓子干裂了，只发出一种刮木片的声音。我听不懂它的叫声，却完全懂得它为什么叫。世界上再没有这情景叫我感动了。我掉了泪，泪水滴在它脸颊密密的毛上，闪闪发光，好像它也在落泪。

这时，罗家驹、崔大脚他们酒足饭饱，红着脸，挺着肚子走出饭铺，上车发现了黑儿，都叫起来：“这畜生怎么赶来的，成精了？”黑儿不等他们抓，跳到驾驶室的顶子上去，龇开牙要与他们厮拼，却给一支木枪横扫到车下去。

黑儿爬起来，在道旁朝着汽车叫着。

罗家驹说：“开呀，快！”

崔大脚打开发动机，刚要起动，突然发现黑儿出现在汽车前面七八米远的地方，横卧在大道中心！它宁肯一死，也要拦住车。这种决死的、庄严的、泰然的神气，使车上的狂夫们看傻了。他们给一种神秘又伟大的力量镇住了，没人再喊叫，崔大脚按了几声喇叭，它依旧一动不动，面对着嗡嗡响的汽车，毫无惧色。罗家驹朝崔大脚说："轧过去！"

我急了，对黑儿恳求地大喊："你躲开呀，黑儿——"

我虽然还没孩子，但只有我孩子要遇难时，我才会这样喊叫。

黑儿卧在那里，望着将要轧过去的车子，那种镇静，连一个人都很难做到的。决死，是世界上最大的决心了。

汽车似乎没有开动。气氛有点异常。

罗家驹对崔大脚叫道："你怎么不开？我叫你轧！"

大约停顿半拍吧，崔大脚忽然放声一吼："好——轧！"

汽车开起来，夹带一股风，直朝黑儿冲去。在我绝望的叫喊声中，在车身陡然猛烈的扭动中，只听车槽下黑儿发出一声尖叫。我的心一下揪紧，并因揪得过紧而针扎般的剧痛，全身顿时软得像团烟。眼前的一切来不及变得模糊就不存在了，自己也不存在了。就在意识消失前的最后一瞬，我似乎还要抓住什么，但什么也抓不住，世界突然变成一块绝对的纯白。我想，这是死的感觉。我临到终了那时候，还会体验这种感觉的。

六

青石山是座巨大的采石场，那里的活累死人。打山里采到长石，要用独轮车推着翻过一道小山，送到作坊里碾成粉状的瓷土。车上的重量足有一两吨，推车时，你必须与车身呈一条差不多平行的斜线，才能使上劲儿，爬坡时戗住它别往回滑。这里的人，成年累月跟石头打交道，性情不是像石头一样见棱见角，又粗又硬，就是像石头那样沉默不语。我刚来到这里，一起干活那帮人把我叫去，一人手里拿块石头，那架势，似乎只要说差半句话，就开了我。这帮人领头的叫秦老五，脸皮紧得像鼓皮，身上没有多余的肉，每条肌肉都像石头条。他们问我偷过谁家的钱箱子，玩过谁家的女人。以前常有服劳役的犯人送来，都是经过这阵势。山里人就恨小偷和淫贼，说实话也得一顿死揍。我说，我是画画的，只是“思想问题”，没干过别的事。他们便把手里的石头都扔在地上，从此待我很好，只告我：不许跑。

秦老五在这帮人中间很有点权威，他拿得住人，斗嘴也没人是对手。逢到雨雪之后，山路难行，必须大伙一起使劲往山外推车的时候，他领头喊号子，就把这些干活的人的老婆，全都编到号子里，胡数一顿，气得大伙奶奶娘地骂他：同时还得哎哟哎哟答应着，谁也不能松劲。秦老五却唯独不说我老婆，不知是否因为我是外人，不好意思开玩笑，还是知道我无时无刻不惦着俊俊。我们那小宝宝在她肚里已经六个月了，我还清清楚楚梦见过我的小宝宝的模样，几乎和俊俊一样。俊俊说过，两个人中，谁爱谁更多一点，孩子就像谁。

一天，外边刮大风，秦老五提着酒壶走进我的小屋。他对我说："伙计，对嘴来几口，喝醉了，我告诉你一件事。"

我问他什么事，他不说，等我俩灌得半醉时，他说："你老婆多半要和你离了。"

"去你妈的！"我第一次骂街，分明上了酒劲，也想撒撒野，"我能揍死你，你——不怕？"

他红红的眼睛像一对红果，直盯着我说："谁怕你，你老婆把肚里的孩子都打了，还是个儿子！"

我的脑袋轰地一热，酒劲冲上来，我抓起酒壶一扬，在墙上撞得粉碎。然后挥起双拳，像捶鼓那样，"咚咚咚"捶着秦老五石板一样的胸膛，哭叫着："你还我儿子！你还我儿子！"秦老五一动不动，挺着胸脯让我打，等我打得没力气了，忽然猛地一拳，把我从床边打得一直滚到床里边。这一拳像一炮，打得我的酒劲登时全没了。只听他叫着："算什么汉子，没囊没气！"他的眼珠都快瞪出来了。

我有生以来，没挨过如此痛快的一拳。它把我涌满心中死死的一块击碎了。

于是，我趴在床上大哭。

他看着我哭，也不劝，看我哭得差不多时，他打怀里摸出一个青萝卜，"叭"掰成两半说："吃下去！"扔给我一半，又说一句：

“心里不热，都不算事。”说完撩起门帘走了。

说也怪，这么痛苦的事，碰上还不疯？但给他这么一来，也就经住了。脸上挂着泪，嘴里嚼着凉滋滋的青萝卜，心里倒还舒坦。

老婆和家全完了。我不再惦着罗俊俊。对一个女人来说，还有比除掉自己骨肉更情断义绝吗？我那可怜的儿子！连名字都给他起好了。我不能念出那名字，虽然他并没出生，却像一个死去的亲人的名字……

这时，一个毛茸茸的可爱的影子，从我内心深处渐渐浮上来。黑儿！

这影子总跟着我，随时随地出现，你不去想它，它也会出现。这不是病态的幻觉，而是一种美丽的想象。推车时，我想象它用前爪子帮我推车轱辘，从河里洗完澡上岸时，就想象它给我叼来鞋子；吃饭时，菜里只要有一块带肉的小骨渣，我就想象地说：“黑儿，抬起左爪子！”它立即聪明地抬起左爪子，我说：“抬起右爪子！”它立即抬起右爪子，我便把小肉骨头放在它鲜红的、流着口水的嘴里……

但是，只要我眼前出现拿木枪打它时它那难过的、埋怨的、伤心的眼神，我立即就把目光转到另一件东西上认真瞧一瞧，好顶掉这复活了的记忆；只要我耳边出现车槽下黑儿被轧死的凄厉的嚎叫，我不由自主要大声哼哼两句语录歌，盖住那曾经深钻入心、摆脱不掉的强刺激。我要把过去的一切忘掉，忘掉瓷厂、画盘、罗家驹、崔大脚、罗俊俊……忘掉黑儿的过去，忘掉它的死。硬叫它在我的感情中活着，陪伴着我。因为这时我才感到，才坚信，只有它能陪伴我，不管经历怎样的苦难。

但是，你想忘掉的，不正是你无法忘掉的吗？

我不能总沉在想象中，就用瓷土捏一个五寸来大的狗儿，用墨汁涂黑。叫它和黑儿一模一样，尤其那神气。最初我把它放在窗台上，夜晚，月光从窗外照进来，在它的外轮廓上镶了一层银蓝色的亮边，就像我挨打那夜，它蹲在头前，舔我手时那样。它给了我多大的抚慰与温存？我反而不能再看到这样子，赶紧从窗台拿开，让窗台和世界一样空空的，只有无情的月光，静静照着窗棂。这时我的心情真如死灰，如果说感情，大概只剩下一种：我恨崔大脚！

没想到，由于这个瓷土捏的黑儿，竟碰上一次崔大脚。

七

那是转年春天。一个山里的孩子跑进我屋，看见桌上的小黑狗好玩，非要不可。他哪里知道这小黑狗在我心里的地位。他见我不给，跑去拿一个小泥狗，说要跟我换。我一见这泥狗，吃惊地一叫，吓得那孩子后退两步，好像这泥狗活了，咬我一口。

我敢说，我没见过这样令人叫绝的泥玩具！这样辉煌的胆大包天的艺术！它怎么敢这样使用夸张？任何勇敢的艺术家在它面前都是缠足女人。这泥狗单是脑袋占了一多半，四条腿干脆就是四个疙瘩，山芋似的小尾巴向上逗人地一撅。两只眼直盯着你，大嘴傻乎乎咧着，好像一只蚂蚱跳到你鼻尖上。它胸前戴个大花团，脑袋上莫名其妙顶颗大珍珠。富丽喜庆，膨脝饱满，健壮有力，你马上会想到几千年来中华大地上农民们对生活那些实实在在的热望。别看只在泥胎上刷一道白，仅仅用红黄绿蓝黑五个原色抹几笔，根本不用调和色和覆盖色，一切都是单摆浮搁。这几笔不比“八大山人”更粗豪洗练？在学院里是学不会的。教授们用“修养”画，农民用“兴致”画，到底哪个才是艺术？你只要照样描一个，保证每一笔都是死的，它每一笔绝对都是活的！怪不怪！真没想到，在这穷乡僻壤，泥土里不单埋着花生和山芋，还埋着真正的艺术！尤其这儿喜欢使蓝颜色，蓝色一上去，把所有颜色都稳稳当当压住了。奇妙至极!

我问孩子，这泥狗是从哪儿来的。他说是“臭老头”担挑来卖的。我打听好几个人才得知，“臭老头”是邻县抬头庄人，那庄上人人都会捏泥人。

一天闲工，我谁也没有告诉，把所有的钱——四元一角七分，全掖在腰里，再捎上一个准备装泥玩具的空麻袋，借着晨雾偷偷溜出青石山。我被监改，如果告诉别人，是没人敢放我去的。

进抬头庄，向一个农民打听“臭老头”。这农民一听说我买泥人，马上把我领到他家房后的柴屋。把几捆柴一掀，满屋泥人，真称得上民间的卢浮宫。大泥人足有两尺高，小泥人如同手指头，泥人泥马，泥猫泥狗，穿红披绿，顶蓝戴黄，一个泥人一个神气，个个都用自己的神气瞧着你。我的眼看花了，平静下来，才挑出一些神气十足的精品。

这农民把我当作杂货贩子，向我要价。我担心钱多拿不起，没想到他一开口只要两块钱，两块钱买这么多宝贝？我一激动给他三块。他高兴得帮我用稻草包好泥人，又送我一些烂棉花垫在麻袋顶底下。闲话中提到隔河的半铺子村，有位黄老婆子，山东长岛人，善剪纸，人称“神剪黄”。她当年嫁到这村来时，陪嫁中有一百零八个泥模子，是水泊梁山的一百单八将。有人见过，据说个个都比戏里的人还有精神。黄老婆子从来没拿它扣过泥模卖，她舍不得。听说是她家祖传，在长岛也只这么一套。

我听了，几乎是背着这袋泥人跑去的。蹚水过河时，脚步那么轻快。溅起的浪花，像一丛丛水晶的花。

进村找到黄老婆子，她说我找错了人。可是当她听说我是画画的，才掉着泪告诉我，她那一百单八将泥模，在六六年热天里，被公社派来的工作组逼着交出来，说是“四旧”，给敲得粉碎。我联想到自己那些画盘，觉得一下子和她贴近了。她从箱子里摸出一个小泥碗似的东西，原来是块泥模残片，这是她唯一捡到的一块。上边刻着半张验，一眼就能认出是时迁！那股子机灵劲儿从泥碗似的凹处往外闪着。我对这艺术杰作惊喜得直搓手，好像它刚出窑，烫手，不敢摸它。我相信，世界上只有这一套，现在一套也没有了。

黄老婆子被我的真情打动。

她满脸的皱纹又细又长，愁苦时这皱纹就像一张蜘蛛网罩在她脸上，现在这些皱纹忽然变浅，她的脸仿佛从蜘蛛网里冲破出来，她笑了，翻过炕上睡觉的小孙女，爬到里边，撩开炕席，拿出一个布兜和一张折叠的黑纸。

她从布兜掏出一把锃亮的剪子，打开黑纸，这纸有桌面大，她对我说：“我给您剪张纸吧！”剪子在她手中闪闪发光地转起来。随着清脆的咔嚓咔嚓剪纸声，一些细碎的黑纸屑纷纷落下来。她一边把纸这样一折，剪几下，又那样一折，剪几下，黑纸就像一只小燕拍打翅膀。大约半小时后，她把这张三尺见方的剪纸铺在炕上，笑眯眯说：“两年不剪了，手都生了，这叫‘金玉（鱼）满堂（塘）’！”

我直眨眼睛，不相信有这样的奇迹。你能相信靠一把剪子和一张纸，能将整个海底世界的光怪陆离、神秘莫测、无比丰采的景象，全都呈现在你面前？你能相信夸张、变形、荒诞等等这些捉摸不定的艺术手段，居然给这个村婆运用得如此随心所欲、浑然自如？线条的变化如同想象那样自由。忽而细如发丝，忽而粗如牛尾，尤其那些大块的黑和疙疙瘩瘩的线，奇异地充溢着一种生气……

我过去一直有种模模糊糊、不敢确定的想法，我以为，中国古代艺术，在汉唐时代那些瑰丽的狂想，雄强的气势，对生活大胆的再创造，对美恣肆的发挥，以及那种震撼人心的艺术力量，随着漫长封建王朝日趋衰败而走向柔弱和媚俗。但这只是宫廷艺术如此。其实这条生气勃勃的主流至今没有断绝。它在民间！从远古的壁画、石窑、青铜器、画像石、俑……直到今天民间的年画、泥玩具、剪纸、蜡染、陶瓷。这股民族的沛不可当的艺术元气，依然流贯在我们辽阔广大的民间。我们的高等艺术学院为什么不搬到民间来呢？我看着这普普通通的村婆，心里火辣辣地想，我们的毕加索在民间，我们的马蒂斯在民间，她才应当是现代艺术中心的皇后！

她告诉我，从小她生活在海边，这些鱼都熟悉。她指给我看，哪些是海马、墨斗、比目、鲳鱼、狼牙鳝……但她独独不剪鲨鱼。她丈夫三十岁时下海采珠，叫鲨鱼咬破肚子，使她守了寡……她说这种黑剪纸在长岛是贴在屋顶上的，躺在炕上可以细看，看着看着就想入睡。因此她不能叫鲨鱼天天总在眼前，她会睡不着的。

我点头，表示我能理解。理解的基础往往是相似的经历。

我不知该怎么酬答人家，只能尽其所有，把腰间剩下的钱全掏出来。这使黄老婆子真生气了。脸一板，皱纹全成了直线。她说，这大概是她剪的最后一张了。最后一张是不卖钱的。

我把这剪纸折成四折，用两块破席夹好放进麻袋。在与这真正的艺术大师告别时，还是趁她不注意，悄悄将仅有的一元一角七分钱塞在炕上那熟睡的小女孩的枕头下。

回去的路上，赶上雨。雨下大了，浑身淋透倒不在乎，只怕淋坏麻袋里那些宝贝。我钻进一家大车店。这店是一间苇笆糊泥的大屋子，茅草顶子，中间放一个汽油桶改制的大炉子，没烟囱，炉子上熬面汤，热气和浓烟弄得雾腾腾；一群车夫和出远门的人，围在炉子四周，躺在草帘子上，身上盖着破棉大衣，呼呼大睡，没有棉大衣的就挤在人中间。不知屋里太热，还是炉火映照，人脸像柿子那样红。我对店主说，我没钱，能不能叫我歇歇，给我点吃的。店主瞅瞅我这狼狈相，用小脸盆盛半下子热面汤给我，只是汤多面少。嘿！有吃的就很好了！跑了一天，再给雨淋，肚子像敞口的袋子，就等着往里填东西。我接过脸盆，像猪那样，一口气吃得连盆底的沙粒也吞下去了。

我不能再耽搁。回去再晚，秦老五他们会以为我跑了。我启程赶路，刚走出半里地，后边开来一辆大卡车。我忙站在道边给它让路，它却放慢了速度，在我身边刹住车，车门一开，“上来吧！”司机在里边说。

我挺感动，心想碰见好人了。说句“谢谢”，一脚登上车，把麻袋塞在腿前边。

车子开起来。

司机问我：“你到哪儿去了？”

我刚要回答，忽想他干吗问我到哪去了。他认得我？这声音好熟，我扭头看他。他把口中烟卷使劲一吸，烟头照亮他的脸，啊，崔大脚，是他！这车子就是轧死黑儿的那辆车！

“停住，叫我下去！”我说。

他不理我，往前开。

“叫我下去！”

“你坐好，我送你回去！”他说。车子开得很快。

我跳起来，要拉闸杆，口中叫道：“我不坐你的车，永远不坐这辆车！”我和他抢方向盘。

忽然他刹住车，沉一沉之后，对我说：“好，你下去吧！”

我下了车。他唰的把车开走了。在漆黑泥泞的路上，我虽然尽力往回赶，但鞋子常被泥巴粘下来，走了五个小时才回到青石山。

我在石崖下边，雨淋不着的地方，把麻袋里的东西掏出来放好，盖严实了，再揪一些青草蒙在上边。回到屋子前面，只见里边亮着油灯，原来秦老五和两三个汉子沉着脸坐在屋里。我还以为崔大脚先来告发我了呢！其实崔大脚根本没来过。

“我们待你不错，你想干什么？”一个汉子朝我怒气冲冲地叫。

“不，我没跑！”我说，外边的雨忽然大起来，说话的声音必须加大。

“你干什么去了？”那汉子问。

我实话实说。秦老五困惑地瞅我一眼，忽叫我带他去看看买来的泥人，看来他不大信我的话。他们都披上挂胶的雨衣，秦老五拿一只装四节电池的大手电筒。大雨中，我带他们到了石崖下边，掀开麻袋，秦老五拿手电照了照，一仰下巴，那神气似乎要说，你买这些破玩意儿干吗？但他张嘴却换了一句话：“快把这玩意儿弄回去吧！”他把雨衣脱下来扔给我。

我怀着感激解释道：“我不会逃跑的。”

“谁怕你跑，我怕你寻短！”他说完，钻进另一个汉子雨衣下边走了。

我拿着雨衣没穿，任凭冰凉大雨，酣畅地浇头而下，美滋滋地说：“世界上这么多可爱的事，我才不死呢！”

八

七百多天监改的日子过去了。

我被宣布为“有严重历史问题，按人民内部矛盾处理”。同时又是“不戴帽子，回厂劳动，以观后效”。概念互相矛盾，您别笑，我们那地方就是这水平！这样处理算很宽了。这可是我争取来的。自打我接触到青石山一带的泥人和剪纸，两年里，我几乎浪迹整个山区。结识到一些石匠，他们祖传雕刻佛像，地道的北魏风格。“文革”以来都洗手不干了，每天靠砸石子吃饭。他们大多不识字，艺术感觉却极好，人又义气，你只要喜欢他们的艺术，他们就跟你肝胆相照。他们把我领到山沟里，把偷偷埋藏的佛像刨出来给我看。这些雕像，绝对和米开朗琪罗、罗丹、亨利·摩尔是一个等级的。他们要送，可惜我无法背走，也没处放，只好再埋起来。

受了这些民间艺术大师的启发，我对艺术的理解有了非常关键的突破，脑袋里全是新想法，渴望表现。我必须快快离开青石山，回到瓷厂，我有把握搞出当代最独特的画盘，没错！

我就拼命“表现”！白天在山上采石，晚上还要推大石头碾子，转动球磨机的大铁桶，研磨瓷粉。天天累得骨头架子要散了，谁劝也劝不住，都说我傻了。

离开青石山那天，秦老五给我开张回厂报到的证明。这证明和当年学院给我那报到通知单可不一样。那张是黑的，这张是透明的；我的心也变得透明了，从胸膛外边可以看进去。

秦老五说："我送送你吧！"他给我提起包儿来。

我有点依依不舍，自从买泥人那天后，每逢公假，我再到哪儿去他也不管。虽然他不知道我想干什么，他见我心里变得快活，就不闻不问了。

他一直把我送到山口，二十多里地，一路上竟然什么也没说，只是嗓子眼发出断断续续"哼哼"的声音，好像什么东西哽在那里。难道他的感情就这么难于表达出来？到了一个小山头上时，他把包儿给我，说："伙计，就在这儿打住吧！咱说好了——你走你的，我转过身走我的，谁也不准回头看谁！"听了这话，我有种情感涌上来，想上去拥抱他。但他异常地、石头般地沉静，使我抑制住自己。

我点头，同意按他的话去做。

我俩同时转身，各走各的。我往前走，憋着劲儿不回头，一直走下山。可是走到山路转弯的地方——转过去就出山了——忍不住回过头来，只见秦老五竟然站在原处，根本没走。他好像一只山羊，一动不动立在山头上。顿时，我整个身心被一种热烘烘的情感占有了。大声叫："秦——老——五——秦——老——五——"

声音根本传不上去，山太高了。

我使劲朝他摇着两条胳膊，他看见，却扭头走了。我流下泪来，也不去抹，一边走，一边任使泪水簌簌流。不知这是一种痛快的宣泄，还是享受。直到泪流干了，面颊紧巴巴的，才揉揉脸。

我又一次扛着行李，站在厂门口往里看。这跟我头次来可大不一样。这心情你自管体会去，酸甜苦辣都有。我走进后院时心想，我那女人肯定不住在这里了。果然！那小屋门上交叉钉着几根大木条，就像当年大字报上，我名字上打的大十叉。

到了办公室，知道罗家驹早已调到县委去当革委会副主任。一个新来的年轻人管落实政策。他完全知道我是谁，使眼扫我一下，就拿着家伙去给我撬开门，里面的东西都被尘土阴暗的灰色厚厚涂了一层。不一会儿，这年轻人又提来乱七八糟一大捆杂物给我，说："罗俊俊把她的东西都挑走了。她说这都是你的。我那儿有罗俊俊拿走东西的清单。你要看可以去看，核实核实。"

我苦笑地摇摇头。谁还想跟痛苦去核实？

我打开这捆儿一看：资料，调色板，一束笔，几件沾了颜料的破衣服，单只的手套，破枕套……都是早已忘记、看见才想起来的东西。忽然眼一亮，一个画盘！用手抹去尘土，我的心像锣一样被"当"地敲响。这就是结婚那天烧的"猴骑牛"呀！瞧，调皮的小金丝猴骑在大花牛上，正给大花牛戴花。由于愚弄了大花牛，得意地扬起双脚，几乎掉下牛背来。这盘子，这画面，使我感到，往日的温存像一阵温暖的风，透过冰雪般残酷的岁月，扑入怀间。我多么强烈地想把昨天、前天、大前天，都拉到眼前。忽然我又想，为什么罗俊俊来领取自己的东西时，不把这盘子拿走？这是我们两人在一起的象征。想到这儿，我一下子更明白了，心中又吹进一阵肃杀的风沙。

通过罗俊俊的姑父，我和罗俊俊见了一面，我对她说："我没骗你。红卫兵斗咱们那天，我之所以承认骗你，是怕你再受折磨。直到如今，我也不知道五七年那些事是怎么来的……你肯定误会我真骗了你，伤透了心，对吗？”

谁知，她对这么关键的话毫无兴趣，冷冰冰地说：“我不关心这些。没用！”

“没用？你指什么……”

“全没用。”她说。

“我不明白你的意思。”

“我必须实际了！”她说。

这句话说明她现在最真实的一切。我忽然感到她眼睛那毛茸茸的感觉没了，好像两汪死水，睫毛像一根根枯草。她所有线条也不那样朦朦胧胧，一切都清清楚楚。

您也许要问我，这女人那些诗情画意跑到哪儿去了？嘿嘿，生活才是最伟大的雕塑家，它不但能改变人的形象，也能改变任何雕塑家都不可改变的人的内心。一个人变实际了，就不会变回来了。我俩已经像油和水那样不能融合一起。本来我还想努力试一试，但我一看她打掉孩子而瘪下去的肚子，我……我们办了离婚手续。

当然，我拿着离婚证书，连同那“猴骑牛”的画盘，到后窗外那片野草地上，用树枝挖一个坑，把离婚证书盖在画盘上，用土埋了。再依照当年罗俊俊的话，采了一大捧金黄色矢车菊的花朵覆盖上边。这时，我的心从来没有这样平静，这样淡漠，这样不动感情，只发了一阵奇想，想到几百年、几千年后，考古学者挖掘出这个美丽的盘子。上面覆盖的离婚证书早已烂掉，他们怎样考察也无法得知这盘子上的一个故事……

于是，我的心有点茫然。

当天晚上，我去看罗长贵，听说他瘫了许久，恐怕不会活得再久。我总记着，他当初挥着语录本，把我从窑里拉出来那件事。

罗长贵不行了。他喘气的声音比说话的声音大，眼珠混浊不清，脸上的肉全塌下去，骨头突出来，像我房后落潮时的河滩。我觉得，他要慢慢融化在这床上，再也直不起那滚圆、笨拙又可爱的身子。

他见我来，激动得鼻孔都张大了，说出一直没肯说出的话："我……我、我佩服你的手艺！有你……瓷器这行就不会绝。你要是姓罗就好了……"

我忽然想到在心里存放已久的一句话："老师傅，为什么您拉的坯，不论瓶子罐子，哪怕一个小碟儿，也是活的呢？"

罗长贵听了，久已瘫痪的身子竟然动一动，想要坐起来。显然我这句话摸到他藏在心底的按键，全身霎时都通上电。他叫我拿过桌上一个小葫芦瓶仔细瞧瞧。我翻过来掉过去地看，他问我看出什么没有。我说："好像有你的手指头印。"

他高兴得眼睛竟闪出一道光来，"活气在手上，记住！拉坯……就怕把这些地方都弄光。这叫'眼'。你画人，没眼就是死的，有眼不就活了？"

我忽然想到古代那陶俑、陶鬲、陶瓮，歪歪扭扭又妙趣横生的形态；想到黄老婆子剪刀疙疙瘩瘩又神气活现的线条，艺术的奥秘不正在这里边？我急于知道打开这奥秘的钥匙，它肯定在罗老汉身上，"这'眼'还有什么讲究吗？"

罗长贵沉吟一下，目光渐渐收缩回他黯淡的眼珠里。他说："下次再告诉你吧！"然后叫一个侍候他的女孩——不知是闺女还是亲戚，拿出两样东西，一样是猪尿脬上插着一个削去尖儿的钢笔帽，一样是四四方方旧红木匣子。他说："这猪尿脬是……立粉用的，很好使，我使它整整三十年，以后用不着了，送给你吧……那匣子，你打开——"他等着我打开木匣，一边费力地喘粗气。

原来匣子里是副麻将牌。质地像玉，细看是瓷，上边的花都是刻上去的，活灵活现，真是陶瓷艺术的杰作。罗长贵说："这东西，你好好收着，别叫人当'四旧'砸了，这是我祖传的东西。你识货，就拿去吧！我老汉再没什么东西可以送人了……"

我感激得说不出话来。

后来提起崔大脚，罗长贵说："那也是报应。挺宽的山路，也没冻冰，他开了二十年车了，怎么愣开到山沟里去了呢……好在他一个人，没留下孤儿寡母。不过，他和家驹不一样，缺心眼，其实以前他不那么狠，不知那时人怎么都变成那样……"

"我不能原谅他轧死黑儿！"我说。

"你说那条狗？这你可别冤枉他……他并没轧死你的狗……这是他亲口对我说的。"

"他骗您。当时我在车上。"

"不……他告诉我，当时……他把轱辘扭一下，想让过去，但是太近了，扭不过把，压伤那狗的一条腿。"

"真的？"我叫起来。我还是不相信崔大脚没有轧死黑儿，他不会这么做！可是，我忽然想起，当时车子向黑儿冲过去时，确实猛烈地扭动一下。"真有这事？黑儿还活着？"我不敢信。太希望就反而怕了。

"活着，真的。我还见过那狗……你走后，它到你房前叫了好几天，瘸一条腿……"

我顿时觉得罗老汉的小屋全亮了。我，我应该感谢谁呢？生活真是好极了！它不会叫你绝望，总会给你喘息的空间，总会给你转机，给你补偿，给你希望，给你明天、后天和宽阔的未来；在你一片渺茫时，从你脚尖铺展开一条路来……

我感觉我的心被一种液体，肯定是红色的液体充满了。

于是，我到处寻找黑儿，逢人便问，人们的说法不一，有的说见过，有的说根本没见过，后来有了一条线索：一个担挑卖烟的说，不久前他在县城西边二十多里的村道上，见过一条瘦瘦的黑狗蹲在路边，看样子饿得没有劲了，卖烟人可怜它，给它一块饽饽，这狗吃了，跟着卖烟人走了段路，又走开了。卖烟人说这狗的一条腿有点瘸。有了这消息，我充满信心。

我每逢假日，就买一块肉，用细麻绳穿起来提着，去到县城四处远远近近的田野、大道、集镇、村落，去找黑儿，找着找着，渐渐感到世界太大了，任何东西掉进来，都不易找到。

又是一个星期天，我提一块肉，从早晨走到中午，仍然不见黑儿的影子，最后累得只凭意志而不是凭感情去寻找。但我绝不放弃寻找黑儿的念头。我相信，它当初也这么找我的。我走进一个镇口时，两条腿已经很难挪到身体前边来，重心也不知在哪儿。我便在道边一个小吃摊上买碗米粥，伸开两腿歇一歇。忽然听到小孩子的叫声："打它，打它，打这狗！"我望去，只见几个野小子用柳条抽打一只狗。那狗一动不动，也不反抗，卧在墙边，完全是要死的一条狗。啊！那狗是黑的！

我的黑儿？顿时心都快跳出来了，赶紧跑过去。

我第一眼看它，是黑儿！再瞧又不像。这虽然是条黑狗，毛好像比黑儿的短，身体瘦得像段木炭，满身土，脏极了，它仿佛没有力气抵抗孩子们的袭击，侧身躺着，闭着眼。

“黑儿！”我试着叫了声。

它应声忽然唰的立起来，吓得孩子们往后退了几步，它伶仃的、脱了毛的四条腿抖颤地支撑着衰弱的身体，向前倾斜。仰起它瘦瘦的小脑袋，睁大眼瞧着我。

我对它说：“抬起你的右爪子，黑儿！”我的声音都变调了。

它勉勉强强、哆哆嗦嗦送来沾了泥巴的右爪子。黑儿！我的黑儿！是我的黑儿呀！我张开胳膊猛地把它抱在怀里，抱得那么紧。它的全身抖得好厉害，以致我觉得是我自己在抖。实际上我也在抖。同时还分明感到，它的脑袋一下下用力地、热烈而激动地往我怀里扎……我还说什么呢？我觉得，我重新又把世界，把整个世界和全部生活全都抱在怀里了……

“不用说，我再不能把它丢掉，无论到哪儿总带着它。为了它，宁肯坐软席，因为软席检查不严，保险一些。它很懂事，不叫它出声，它是绝不会出声的。我怕和它分开，怕那将是永远的分开……几年来，它好像老了，不再出去野跑，吃得很少，长不出当初那一身漂亮的黑毛了。整天在我身边一趴，但只要听到院里汽车开动的声音，它立即显得不安，瞪眼，龇牙，后脖子上的毛全乍起来……哎，故事讲到这儿，我上边那纸箱里装的什么，您心里明白了吧！”

这位名叫华夏雨的“无名”画家，自述他异常奇特的经历后，我的喉咙给翻腾上来的情感塞住了。我抬头看看那纸箱，里边一点动静也没有，我却深信，那里装着一个令人心酸的故事，一颗赤诚又不安的灵魂。往事的追述，使我更关心华夏雨的现在，“你在搞画盘吧！”

华夏雨却笑着摇摇头。这笑好像在嘲讽自己。我问他何以笑得这样令人费解。他又笑一笑说：“说出来，您会笑话我的！本来我落实回厂时，分配到原车间搞画盘，可没过半个月就变了。原因是件小事—— 一天我在城外路上走，刚下过雨，所有景物都像从水里捞出来一样，又浓又深，又鲜又亮。这时迎面出现一块白，白得那么纯净，它一下把周围所有颜色，像钢琴演奏时忽然提上一个八度。我的心都亮了，叫人快活又激动！这块白色到面前，原来是穿白衬衫的罗家驹。我已经两三年没见到他了。不知为什么——可能我被这雨后清新的景象，被这块纯净的白颜色所感染，一下子把过去的事全忘了。他关心地问我的情况。我说，我正在搞画盘，并说我有许多新想法，非搞出高水平的画盘不可。谁知第二天，厂里不说任何原因，把我调到窑上烧瓷。您说我傻不？”

“不，你这种人大概常被自己欺骗！”

“哎呀，您说得太对了。我就是这样。但说回来，我并不觉得这样会失去什么，在窑上，我反而能掌握许多焙烧的规律。窑工们常说‘三分做，七分烧’，‘不懂烧就不懂瓷’嘛。正是这么一来，使我对画盘的效果更有把握一些。您说怪不怪，害我的人总是从另一边帮忙，您说这是为什么？”

我怔一怔，心里许多新想法还没成形，嘴里便说不出来。这个古怪的人使我思维的轮子不可抑制地转动着……但我还不能回答他，只能问他。

“你从罗长贵那里，问来瓷器上所谓‘眼’有哪些讲究吗？”我问。

“没有。就在我看他那天当夜，他就死了。那天他没对我说，就是打算那绝招至死也不告人的……”华夏雨感慨地说，“他可以把祖传的宝贝送给你，手艺却绝对不传给你。保守，使我们每一步，不免要先重复前人走过的路；但保守，又致使我们的艺术更具有自己的独特性，更带着永远无法破解的神秘性啊！不过，罗老汉对我就很够意思啦，他说的那几句，使我进入到艺术更深的一层。如果将来我能回到车间搞画盘……我非常自信，您信吗？”他的目光如同晨星闪出极亮的光。

火车在茫茫黑夜中，也是在冰天雪地里穿行。旅客大都睡了，走道上没人走动，只有沉重的车身在铁轨的接缝处跳动时，发出震耳而又有节奏的声音，刚才那么长时间，我几乎没听到这声音，甚至忘记自己在哪里。

“您困了吗？”华夏雨看了看手腕上发黄、玻璃罩破裂的旧表，“哟，五点半了，天快亮了，不到一小时我就到站，真对不住，耽误您整整一个夜晚。”

“不不，你的故事并没说完。你说，你的一切不幸都与五七年那些事有关，你还没说到底是谁陷害你。”

“没有谁。”

“那是罗家驹捏造的？”

“不，他只是利用了过去的材料。材料都是档案里的。”

“这倒怪了。既然没人陷害你，怎么档案里会有材料？我真糊涂了！”

华夏雨犹豫了一下，最后把真情告诉我：“……这么说吧！就在一个月前我来东北时，也是乘坐这辆车。在沈阳车站忽听有人叫我名字。一个女人，杨玫玫——我刚才没告诉您她的名字吧！就是在学院里相好的那个女同学，现在结婚了，一看她的精神和穿戴，就知道她生活得不错……甭提她在哪儿工作吧！她出差办事，没想到与我碰上，许多年没见，从她惊讶的表情上看，大概我的变化很大。聊不几句，她迫不及待把我拉到背静的地方，问我‘文革’初期挨没挨斗。然后她用真诚又忏悔的口气告诉我，我们在天坛一次约会中，我曾把对反右运动的一些怀疑与不满对她讲了，她听后心里很害怕，担心这种可怕的思想妨碍我进步，就怀着天真与虔诚，原原本本汇报给了党支部。结果，这些都被记进了档案。‘文革’期间，瓷厂找她外调，核实材料，她猜想我肯定为此遭殃。她不安、内疚，但不敢给我写信问问。她说：‘你肯定给我的愚蠢害苦了。’我听得像吞进一罐冰水，从心里到皮肤外边全凉透了。我只是苦笑着。的确被她害苦了！同时还有点后怕——她既然告发了我，怎么还一直表示爱我呢？如果当初我留校，她多半会嫁我的。她怎么能够心安理得跟我一起生活呢？这真是不可思议。真叫人毛骨悚然呢！”

“你应当告诉她，就因为她，你被搞得妻离子散，家破人亡，差点把你整死。如果她有良心，叫良心折磨她去！”我气愤地说。

“良心人人有。不过有人凭良心做事，有人捂着良心做事。她既然肯把事情告诉我，自然是天良发现了！”

“你怎么对她说的？”

“我告诉她，我没挨过斗，一切挺好。而且说，她的话使我意外。”

“这——她怎么会相信？”

“当然不信。但她也不再追问下去了。她宁愿相信这是真的。您是作家，肯定能懂得她这种心理。凭我这句话，她能平平静静、心安理得过日子去。当我俩分手时，她把这么多东西塞给我，拒绝不了。糖、点心、肉肠，慌乱中还有她一只绒线手套。她终于在我这里得到一种解脱，自我的解脱。她像一只飞出笼子的小鸟那么快活，声音也像小鸟那么明亮……怎么，您笑我傻吗？过于宽厚吗？不，我已经为那件事付出几年苦役，何苦再把它压在另一个心灵上……她不是坏蛋，叫她快快活活去吧！”

我受到深深的感动，充满爱怜地瞅着这个温厚又不幸的人，动感情地说：“忘掉过去吧，未来一定比现在好。”我因为自己对生活无望，话说得不带劲，又大又空，不过是句流行的套话！

他的回答使我吃惊：“不，如果我今天死了，我也要说，感激生活给予我的一切。如果我活下去，就该轮到我去报答生活了。”

我听着，感到自己不知不觉地被带进一片迷人、感人、冲击人的境界里。我这个对生活抱着恐惧、淡漠、拉开距离的人，重新感受到生活热浪的澎湃有力的拍打……我沉默了。当一种情感涌上来，最好把它先留在心里，让它慢慢回旋。那时是最幸福的。

车窗已然微明，窗口的东西模模糊糊显出它的颜色。我是不是受了这画家感觉方式的影响，也开始注意事物的颜色了？

华夏雨站起来，把手边的东西塞进包里，对我说：“我该下车啦，我们……我们就分手吧！我，我就祝您一切如意吧！”

“好。那就祝你……”我想了想说，“我希望能早日看见你的画盘！”

他的目光闪闪发亮。对于他，这显然比一切祝愿更好。他说：“一定！一定！”像表达一种信念。

火车的速度放慢了。

他从上边举下那纸箱子，弯腰把嘴对着箱角那个小洞说：“睡得香吗？”口气像对孩子。又说：“咱到家了，你可不准出声音啊！”

我伸过头去，说：“叫我看一眼好吗？”我很想瞧瞧这只人间罕见的狗。

火车一晃停了。车站，小楼，月台，栅栏门，在寒雾中迷蒙的影子出现在车窗上。我往纸箱里匆匆看了一眼，黑洞洞，什么也没瞧见，只闻到一股动物皮毛所特有的浓重的气味。

“哎，您帮我一下行吗？我必须顺利通过那道检票的栅栏门，不能在那儿折腾东西，弄不好叫人发现。不不，不用您送，只要这样就行。”他把画夹斜背在背上，再将纸箱扛在左肩上，右手提起破旅行包，“请您帮我把火车票拿出来，在上衣兜里……好，放在我嘴上，我用牙咬着就行了，对对，嗯。”他用牙咬着车票，不能说话了，便对我笑笑，表示谢谢。

他下车时，我们没法再说什么，只用目光打哑语，表示再见，表示祝福，表示一点点惜别。我从车窗上，看着他随着稀稀松松的人群，走到检票口，有点为他揪心。只见检票员从他嘴上取下车票，问他一句什么，他摇摇头，大概是说不留票底报销，便顺利通过。隔着栅栏，他扭过身，伸着脖子，朝我这边看看，我向他摆摆手，多半由于我把车厢的灯闭了，他没瞧见我，便转身走了……

我望着这扛着纸箱、渐渐走去的背影，我的心有一种泛泛的惆怅。应当为他祝愿什么呢？他的未来又将是怎样的呢？然而……这几年，我南来北往，这样的人见得不少。世人的苦难叫他们尝透了。但你从表面却看不出一点受苦的痕迹。有时，他们向你道出自己那些崎岖坎坷，使你难以置信！他们……他们真像一个奇妙的魔术袋，生活把一件件粗的、硬的、尖利的，强塞进去，不管接受起来怎么艰难，毕竟没把它撑破，最终还是被他们默默地消化掉了。他们的双眼，他们的心，还是执着地向着生活！生活，往往使一个对它绝望的人，也不肯轻易同它告别，不正因为它迷人的富有、它神秘的未知、它深藏的希望吗？那就不管身上压着什么，也勇敢地生活下去，我们伟大的中国人啊……

我在思想的洪流中恣意漫游，不觉眼睛仿佛给一种明澈的亮光照透。原来，火车早已出站，天已经亮了，窗外是一片阳光下闪闪烁烁汹涌的冰河。

一九八四年十一月二十二日

天津云峰楼